大学生创新创业实践

外语类

主 编 ◆ 王纯磊 袁 媛

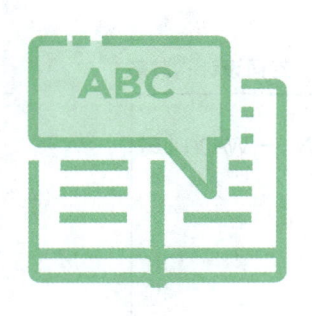

中国水利水电出版社
www.waterpub.com.cn
·北京·

内 容 提 要

本书是对在校大学生进行创新创业思维训练和外语类专业创新实践的指导用书，分为理论篇与实践篇。理论篇从创新创业价值与创新思维方法两个方面让学生对创新创业具有理论认知。实践篇将外语专业知识与技能和创新创业有机融合，以外语专业为切入点，以培养学生创新精神、提升创新创业能力为本位，以项目或比赛任务为主线，以项目负责人或参赛者的视角指导学生进行操作。实践篇分为五大部分，分别是大学生创新创业项目、大学生创新创业类竞赛（"挑战杯""互联网+"）、一般外语类竞赛（演讲、阅读、写作、辩论）、商务英语类竞赛、英语翻译类竞赛，几乎涵盖外语专业学生所有的创新创业及学科竞赛类活动。各章又按照认知、了解、备战的要求分为三个板块，分别是带领学生认知相关项目或比赛、帮助学生了解参加相关项目或比赛的要求、指导学生掌握相关项目或比赛的技巧。

本书既可以作为普通高等院校外语专业创新创业与学科竞赛等课程的教材，也可供有志于提高创新创业及各项外语技能和竞赛技巧的学习者自学或训练参考。

图书在版编目（CIP）数据

大学生创新创业实践：外语类 / 王纯磊，袁媛主编.
北京：中国水利水电出版社，2024.6. --ISBN 978-7-5226-2494-5

Ⅰ．G647.38

中国国家版本馆CIP数据核字第2024UV0474号

策划编辑：崔新勃　　责任编辑：鞠向超　　加工编辑：刘瑜　　封面设计：苏敏

书　　名	大学生创新创业实践——外语类 DAXUESHENG CHUANGXIN CHUANGYE SHIJIAN——WAIYULEI
作　　者	主　编　王纯磊　袁　媛
出版发行	中国水利水电出版社 （北京市海淀区玉渊潭南路1号D座 100038） 网址：www.waterpub.com.cn E-mail：mchannel@263.net（答疑） 　　　　sales@mwr.gov.cn 电话：（010）68545888（营销中心）、82562819（组稿）
经　　售	北京科水图书销售有限公司 电话：（010）68545874、63202643 全国各地新华书店和相关出版物销售网点
排　　版	北京万水电子信息有限公司
印　　刷	三河市德贤弘印务有限公司
规　　格	184mm×260mm　16开本　16.75印张　367千字
版　　次	2024年6月第1版　2024年6月第1次印刷
印　　数	0001—2000册
定　　价	49.00元

凡购买我社图书，如有缺页、倒页、脱页的，本社营销中心负责调换

版权所有·侵权必究

前　言

党的二十大报告强调，"深入实施科教兴国战略、人才强国战略、创新驱动发展战略""培育创新文化，弘扬科学家精神，涵养优良学风，营造创新氛围"。大学生作为中国未来发展的主要参与者，是最具备创新创业潜力的群体之一。培养大学生创新创业的能力，不仅可以促进学生全面发展、帮助大学生就业，对建设创新型国家也起着至关重要的作用。

同时，具备创新精神及创新创业能力，也是普通高等院校外语专业的培养规格要求之一。引导外语专业学生开展创新创业项目、参加创新创业类竞赛和学科竞赛，通过"以赛促学、以赛促创"，学生在理论知识与实际操作之间建立有效联系，增强他们对专业的认知和认可，提升创新思维、创业技巧、综合素养，是深化外语专业教育教学改革、提高教育质量、促进外语专业学生全面发展、推动毕业生创业就业、服务国家现代化建设的重要措施。

本书是一本对在校大学生进行创新创业思维训练和外语类专业创新实践的指导用书，分为理论篇与实践篇。理论篇通过创新创业价值与创新思维两个方面，让学生对创新创业具有理论认知。实践篇将外语专业知识与技能和创新创业有机融合，以学生认知与项目实践过程为原则，以成功结题或比赛获奖为目标导向，指导学生从外语专业的角度认知与理解各种创新创业项目与学科竞赛。同时，本书以创新创业能力培养为本位，以项目或比赛任务为主线，指导学生以项目或比赛的主体身份进行操作，让学生在"做中学"、让教师在"做中教"，融"教、学、做、创"为一体，引导学生积极参与。项目所选素材新颖翔实，可操作性强。

本书由王纯磊、袁媛任主编，参与编写的有詹慧芳、丁爱群、范开芳、杜辉、李莉、魏笑梅、陈为春、闻铭。本书编者是负责各个创新创业项目、学科竞赛的一线指导老师，指导过的学生曾多次获得省级及以上项目或奖项，他们在编写本书相关章节时根据自己的指导经历与经验，选择实用、易操作的案例，便于其他教师指导学生或学生自学使用。

在本书编写过程中，编者借鉴、参考了相关文献，在此对相关作者和外语类创新创业教育、学科竞赛指导专家表示衷心的感谢。

由于时间仓促，编者能力与水平有限，书中可能存在不足与疏漏，敬请同行专家和广大读者多提宝贵意见，不吝赐教！

编　者

2024 年 2 月

目 录

前言

第 1 部分 理论篇

第 1 章 创新创业的价值 2
1.1 创新创业理念 3
1.1.1 创新的概念 3
1.1.2 创新的类型和方式 5
1.1.3 创业的概念 6
1.1.4 创业理念 6
1.1.5 创业理念的作用 7
1.2 创新创业的意义 8
1.2.1 创新 8
1.2.2 创业 10
1.2.3 创新创业的未来 11

第 2 章 创新思维与其基本方法 14
2.1 创新思维 14
2.1.1 创新思维的特征 14
2.1.2 创新思维的基本形式 15
2.2 创新思维的基本方法 18
2.2.1 设问检核创新 18
2.2.2 联想类比创新 22
2.2.3 列举分解创新 24
2.2.4 逆向反求创新 25
2.2.5 聚合交叉创新 26

第 2 部分 实践篇

第 3 章 全国大学生创新创业项目 30
3.1 认识大学生创新创业项目 30
3.1.1 认识项目的缘起和目的 30
3.1.2 项目的级别和分类 31
3.1.3 项目经费、组织和管理 33
3.2 了解大学生创新创业项目申报的要求 36
3.2.1 对项目负责人（第一申请人）的要求 36
3.2.2 对项目申报的要求 36
3.2.3 对项目的要求 37
3.3 申报大学生创新创业项目 37
3.3.1 做好准备工作 37
3.3.2 项目申报书写作及案例分析 39

第 4 章 "挑战杯"竞赛 44
4.1 备战"挑战杯"中国大学生创业计划竞赛 45
4.1.1 了解竞赛目的与流程 45
4.1.2 了解竞赛对象与奖项 45
4.1.3 了解竞赛要求 46
4.1.4 掌握技巧、备战竞赛 47
4.2 备战"挑战杯"全国大学生课外学术科技作品竞赛 51
4.2.1 了解竞赛目的与流程 52
4.2.2 了解竞赛对象与奖项 52
4.2.3 了解竞赛规则 52
4.2.4 掌握技巧、备战竞赛 53

第 5 章 "互联网+"大学生创新创业大赛 59
5.1 认识"互联网+"大学生创新创业大赛 60
5.1.1 认识竞赛目的与内容 60
5.1.2 了解竞赛对象及参赛组、类别 60
5.2 了解大赛要求 61

5.3 掌握技巧 61
5.4 案例评析、备战竞赛 65

第6章 英语演讲类竞赛 67
6.1 认识英语演讲类竞赛 67
  6.1.1 认识"外研社·国才杯"全国英语演讲大赛 68
  6.1.2 认识"21世纪杯"全国大学生英语演讲比赛 71
6.2 了解英语演讲类竞赛要求 72
  6.2.1 了解"外研社·国才杯"全国英语演讲大赛要求 72
  6.2.2 了解"21世纪杯"全国大学生英语演讲比赛要求 74
6.3 备战英语演讲类竞赛 74
  6.3.1 掌握英语演讲技巧 74
  6.3.2 案例评析、备战竞赛 78

第7章 英语阅读类竞赛 86
7.1 认识英语阅读类竞赛 86
  7.1.1 认识英语阅读类竞赛目的 ... 86
  7.1.2 了解大赛级别、参赛方式及奖项设置 87
7.2 了解英语阅读类竞赛要求 88
  7.2.1 了解大赛考点 88
  7.2.2 掌握七大阅读技能 91
7.3 备战英语阅读类竞赛 92
  7.3.1 做好赛前准备 92
  7.3.2 掌握答题技巧 93
  7.3.3 案例评析、备战竞赛 101

第8章 英语写作类竞赛 105
8.1 认识英语类写作比赛 105
  8.1.1 "外研社·国才杯"全国英语写作大赛 105
  8.1.2 "讲述中国"全国英语写作大赛 108
8.2 了解英语写作类竞赛要求 109
  8.2.1 了解英语作文的基本要素和评价标准 109

8.2.2 了解英语作文特点 110
8.3 备战英语写作类竞赛 116
  8.3.1 议论文写作技巧和案例评析 ... 116
  8.3.2 说明文写作技巧和案例评析 ... 123

第9章 英语辩论类竞赛 127
9.1 认识英语辩论类竞赛 127
  9.1.1 了解英语辩论基本知识 127
  9.1.2 认识"外研社·国才杯"全国大学生英语辩论赛 129
9.2 了解英语辩论类竞赛要求 130
  9.2.1 了解参赛资格及赛程设置 ... 130
  9.2.2 了解地区决赛及全国总决赛比赛模式 132
  9.2.3 了解英语辩论赛流程及评分标准 133
9.3 备战英语辩论类竞赛 135
  9.3.1 掌握英语辩论技巧 136
  9.3.2 案例评析 142
  9.3.3 成为优秀辩手 156

第10章 商务英语类竞赛 158
10.1 认识商务英语各类竞赛 158
  10.1.1 认识全国高校商务英语竞赛 ... 158
  10.1.2 认识"亿学杯"全国商务英语实践技能大赛 160
  10.1.3 认识"学研汇智杯"全国高校商务英语综合能力大赛 162
10.2 了解商务英语各类竞赛要求 164
  10.2.1 了解全国高校商务英语竞赛要求 164
  10.2.2 了解"亿学杯"全国商务英语实践技能大赛要求 165
  10.2.3 了解"学研汇智杯"全国高校商务英语综合能力大赛要求 ... 169
10.3 备战商务英语各类竞赛 172
  10.3.1 备战全国高校商务英语竞赛 ... 172
  10.3.2 备战"亿学杯"全国商务英语实践技能大赛 182

10.3.3 备战"学研汇智杯"全国高校商务英语综合能力大赛 185

第 11 章　英语翻译类竞赛 189

11.1　认识英语翻译类竞赛 189
11.1.1　认识"全国大学生英语翻译能力竞赛" 190
11.1.2　认识"LSCAT 杯"笔译大赛（江苏） 190
11.1.3　认识"CATTI 杯"翻译大赛 191
11.1.4　认识韩素音国际翻译大赛 191
11.1.5　认识"普译奖"全国大学生翻译比赛 191
11.1.6　认识全国英语口译大赛 192

11.2　了解各英语翻译类竞赛要求 193
11.2.1　"全国大学生英语翻译能力竞赛"要求 193
11.2.2　"LSCAT 杯"笔译大赛（江苏）要求 193
11.2.3　"CATTI 杯"翻译大赛要求 194
11.2.4　韩素音国际翻译大赛要求 194
11.2.5　"普译奖"全国大学生翻译比赛要求 195
11.2.6　全国英语口译大赛要求 196

11.3　备战各英语翻译类竞赛 197
11.3.1　掌握英语翻译技巧 197
11.3.2　掌握篇章翻译的"功能相似、意义相符"的技巧 199
11.3.3　案例评析 199

附录 1　创新训练项目申报书模板 1 209
附录 2　创新训练项目申报书模板 2 217
附录 3　创业训练项目申报表模板 226
附录 4　第五届全国高校商务英语竞赛真题 236
附录 5　近五年"亿学杯"全国商务英语实践技能大赛主题演讲真题 241
附录 6　"学研汇智杯"全国高校商务英语综合能力大赛线上竞赛样题 250

参考文献 262

第 1 部分
理论篇

第 1 章
创新创业的价值

本章导读

本章主要介绍创新创业的基本概念、创新的类型和方式、创业理念及其重要性、创新创业的重要性以及创新创业的未来等内容。读者应在理解创新创业概念的基础上，重点掌握创新创业的重要性和未来等内容。

本章要点

- 创新创业的基本概念
- 创新的意义
- 创新能力的培养
- 创业成功的关键

案例导入

《喜羊羊与灰太狼》：成功源于创新

《喜羊羊与灰太狼》作为一部成功的动画片，其成功的秘诀就在于以下几点。

一是雕琢内容，吸引观众。就动漫作品而言，形式的唯美无疑是很重要的。它首先凭借视觉冲击力给观众带来震撼，但是内容贫乏会使这种视觉冲击力难以长久。《喜羊羊与灰太狼》能创造较高收视率的关键就在于内容，以内容打动观众。在中国传统文化中，狼是邪恶的化身，而羊是善良的体现。在儿童的世界里，善与恶的争斗就是羊和狼的战争，这种单纯的两极思维符合儿童的欣赏特点。每集羊与狼斗争的故事情节看似简单，内容却丰富多彩，或穿越时空，或寻找宝藏，或遭遇自然灾害。羊与狼在有限时间里斗智斗勇，引人入胜，扣人心弦。此外，每一集的独立故事在简单的搞笑之后还不时有令人回味的哲理性东西，这使得剧本内容富有内涵，吸引了大量成年观众。

二是精心设计人物形象，幽默包装。知名动画片皆有独特的人物造型与鲜明的人物性格，《喜羊羊与灰太狼》的人物造型也很有特点。制作者集结了 100 多个设计师，用了

3个多月时间，创造出了如今广为人知的懒羊羊、美羊羊、慢羊羊、灰太狼和红太狼。这些造型设计搞笑夸张又富有童趣，简单却又符合各自的身份和性格。每个人物都个性鲜明又形象突出，简单的人物和关系、矛盾对立的角色、好人好得不完善、坏人坏得也可爱，这样勾勒出的一个个生动的故事，给人留下深刻印象。幽默轻松是该剧的一大特点，这满足了欣赏该剧观众的心理和情感需要。动画片的主要观众是儿童，他们有着活泼好动的本性，却被繁重的学习压抑着。看电视几乎是他们为数不多的娱乐，这决定了他们对剧情关注点在于是否能释放压力，在于"是否好玩"。《喜羊羊与灰太狼》在"好玩"上用了很多心思，情节上除了勾勒羊与狼的趣味横生的斗争，还描摹了灰太狼与红太狼间富有喜剧色彩的夫妻矛盾，为故事平添了一些轻松搞笑，收获了大批年轻"羊迷"和"狼迷"，以至于网上流传这样一句话："做人要做喜羊羊，嫁人要嫁灰太狼。"

三是长期打造的品牌效应。《喜羊羊与灰太狼》自2005年开播以来，已陆续在全国近50家电视台热播近500集，长盛不衰。在北京、上海、广州等城市，《喜羊羊与灰太狼》最高收视率达17.3%，这大大超过了同时段播出的境外动画片。同名漫画书推出后，也立刻成为畅销书，销量超过百万册。这些品牌化、系列化、持续化、高产量、低成本的设计制作，为《喜羊羊与灰太狼》品牌的广泛传播打下了深厚基础。

四是颇具创意的营销策略。作为《喜羊羊与灰太狼》投资方的上海文广集团，在营销策略上采用分化产业的运作模式，有利于在产品公布后第一时间进行推广。经授权的一大批一线厂商对"羊狼"的附加值进行挖掘，打造出一个以"羊狼"为中心的蜘蛛网产业网络，衍生产品遍及各个角落，相继出现了喜洋洋服饰、喜洋洋文具、喜洋洋日用品、喜洋洋QQ头像、喜洋洋纪念邮票册等等。大到图书出版，小到文体用品，这些衍生产品的出现提高了"羊狼"的知名度，也创造了高额的社会财富。

总之，《喜羊羊与灰太狼》立足于雕琢内容，以简单生动的人物形象、娱乐哲理性的故事、充满机智幽默的情节与台词吸引了大批观众，在打造娱乐效果之际又积极向上，传达了一种乐观、自信、勇敢的精神，加上重视营销，积极开辟市场，使其在激烈的竞争中独占鳌头，成为中国动漫的一匹黑马。

案例来源：http://www.eeelw.com/mflw/83767.html。

1.1 创新创业理念

1.1.1 创新的概念

1. 创新的含义

顾名思义，创新可以理解为"创立或创造新的"，简称"创新"。《广雅》曰：创，始也；新，与旧相对。"创新"一词很早就有了，如《魏书》中有革弊创新、《周书》中有创新改旧。Innovation（创新）这个词起源于拉丁语，它原意有三层含义：一是更新，就是对原有的东西进行替换；二是创造新的东西，就是创造出原来没有的东西；三是改变，就是对原有的东西进行发展和改造。创新是人类特有的认识能力和实践能力，是人类主观能动性的高级表现形式。如果从不同角度看，人类对于"创新"会有不同的理解。

（1）哲学上说创新。创新从哲学上来说是人的实践行为，是人类对于发现的再创造，是对于物质世界的矛盾再创造。创新在哲学上被理解为事物自身蕴含着自我否定的因素，当自我否定向着积极方向发展时，创新便产生了。

创新就是要站在上升的、前进的、发展的立场上，去促进旧事物的灭亡，推动新事物的成长和壮大，实现事物的发展。创新是一种辩证的否定，是一种扬弃的过程，是一种新事物代替旧事物的向上的过程，创新的本质就是发展。因此，树立创新意识也是唯物辩证法的要求。

（2）社会学上看创新。从社会学上看，创新是一种人们为了发展的需要，运用已知的信息，不断突破常规，发现或产生某种新颖、独特的有社会价值或个人价值的新事物、新思想的活动。

创新的含义是指在物质文明、精神文明的所有领域能先于他人，见人之所未见，思人之所未思，行人之所未行，从而获得人类文明的新发展、新突破。

（3）经济学上谈创新。从经济学看，创新概念的来源是在1912年美籍经济学家熊彼特的《经济发展理论》。熊彼特在其著作中首次提出创新理论（Innovation Theory），即创新是指把一种新的生产要素和生产条件的"新结合"引入生产体系，它包括五种情况：一是开发新产品或改造原来的产品；二是运用新的生产方法；三是发现或开辟一个新的市场；四是发现新的原料或半成品；五是创建新的产业结构。

创新是指人类为了满足自身需要，不断拓展对客观世界及其自身的认知与行为的过程和结果的活动。具体来讲，创新是指人为了一定的目的，遵循事物发展的规律，对事物的整体或其中的某些部分进行变革，从而使其得以更新与发展的活动。

2. 创新的内涵

（1）创新的要义是变革。亚马逊创始人杰夫·贝佐斯曾经说过："创新就是让事情变得更简单，让大家更容易接受你的产品、服务方式等，包括你的服务理念。因而我说，创新就是一种让世界更简单的神奇力量。"

创新意味着改变，即推陈出新；创新意味着付出，因为惯性作用，没有外力是不可能有改变的，这个外力就是创新者的付出。

（2）创新的本质是突破。创新不是重复的过程，创新包括许多基本概念的规则突破。有些可传递的知识和过程可以重复使用。但是，就大部分情况而言，创新包括许多规则的突破。创新就是要突破旧的思维定式、打破旧的常规戒律。

创新是人们在认识世界和改造世界的过程中对原有理论、观点的突破和对过去实践的超越。创新者必须在探索的道路上发现解决问题的方法。许多解决各种新问题的方法，常常令传统智慧止步。跳出旧思维的束缚，用先进的创新思维"武装自己"，才能够让自己拥有比竞争对手更强大的竞争力。

（3）创新的核心是新颖。创新是以新思维、新发明和新描述为特征的一种概念化过程。创新说出来简单，可一般人想不到。能想到别人没想到的，做法总是与别人不一样，这就是新颖性的体现。

所谓的新颖，就是指前所未有的，或可以称之为"首创"。这种新颖可以是产品的结构、性能和外部特征的变革，可以是造型设计、内容的表现形式和手段的创造，可以是内容的丰富和完善。新颖性可能以各种形式出现，从新技术到新过程、到独特的市场导入，甚至到成本等。

1.1.2 创新的类型和方式

1. 依据创新所涉及的范围可分为延伸创新和拓展创新

（1）延伸创新。延伸创新是最常见的创新形式，就是在原来的基础上加以改进、提高，使其在材质、功能、外观等方面更实用和多样化。如产品创新，创新的动力源于方便生活。每一个改进都是一种创新，如果是为了方便自己使用，那么就可以对一个生活日用品进行改进或改造；如果是为服务社会而进行的主动的、有目的的设计和研发，它就是一个有市场需要和竞争力的创新产品。其实，刚开始创新时，变化可能很微小，只需很小的改变，就能使现有的产品变得更好，让现有的产品在一个全新的目标群体中变得更有吸引力，使其更能取悦消费者。

（2）拓展创新。拓展创新是对产品的产业链的展开和辐射，针对某些产品的上下游产品进行开发，使产品形成一个可持续的发展过程，同时不断满足人们对于相关产品的心理和精神需求，如文化产品的拓展创新发展。

2. 依据企业发展战略和产品竞争优势创新可分为主动创新和被动创新

（1）主动创新。主动创新是一个企业能自主地、具有前瞻性地开发适合未来市场的新产品，真正把产品做到"人无我有，人有我优"的境地。在当今激烈的市场竞争中，能否做到主动创新是企业生存、长久发展、做大做强的基础。目前，很多企业都投入大量人力、物力、财力组建研发机构或团队，抢占市场先机，掌握市场的主动权、话语权，从而掌握产品的定价权。对于任何企业来说，创新的来源不仅仅是企业的研发中心，也同样源于消费者的信息反馈，源于所有员工自身的经验、知识和智慧，要让消费者和所有员工参与到企业产品的创新中来，哪怕仅仅是一个新想法，都有可能成为发现盈利的机会。

（2）被动创新。被动创新是企业面对产品日益萎缩的市场份额和设备、管理方式等日趋老化、落后的困境，甚至企业自身难以维系生存的时候，迫不得已必须淘汰落后、老化的设备，陈旧的工艺流程和管理方式等内容，更新设备，引进先进工艺和生产线、研发新产品，提高生产率、产品质量及服务，从而为企业生存发展开拓出一条新路。被动创新首先解决的是思想观念、思维方式与时俱进的问题，就像只有经历短暂的、剧烈的阵痛，才会有新生命的诞生一样，只有经过创新，一个全新的、拥有无限希望的新企业，才会茁壮成长、发展壮大，屹立在激烈的市场之林。

创业者要善于抓住市场潜在的盈利机会或技术的潜在商业价值，以获取利润为目的，对生产要素和生产条件进行新的组合，建立效能更强、效率更高的新生产经营体系，从而推出新的产品、新的生产（工艺）方法、开辟新的市场，获得新的原材料或半成品供给来源，它是科技、组织、商业和金融等一系列活动的综合过程。

党的二十大以来，我国大力实施创新驱动发展战略，创新型国家建设取得明显成效，创新能力大大增强，国际竞争力显著增强。2023 年，我国创新指数居全球第 12 位，是前 30 名中唯一的中等收入经济体。中国的创新与发展呈现出良好的正向关系，创新投入转化为更多、更高质量的创新产出。

1.1.3　创业的概念

创业是指某个人发现某种信息、资源、机会或掌握某种技术，利用或借用相应的平台或载体，将其发现的信息、资源、机会或掌握的技术以一定的方式转化，创造更多的财富、价值，并实现某种追求或目标的过程。创业是一种劳动方式，是一种从无到有的财富现象，是一种需要创业者组织，运用服务、技术、器物作业的思考和推理的行为。

近年来，我国新登记市场主体快速增长，2023 年日均新设企业超过 3.27 万户、市场主体总量超过 1.8 亿户，创业热情不断迸发，创业群体更加多元，创业意愿和创业潜力高于国际平均水平；创业投资大幅增长，新三板挂牌数持续增长，IPO 活跃度不断攀升；相关体制机制改革深入推进，创业生态不断完善。对推动经济结构升级、扩大就业和改善民生、实现社会公平和社会纵向流动发挥了重要作用，为促进经济增长提供了有力支撑。

在此带动下，新技术、新产品、新业态、新模式不断涌现，极大促进了经济发展新动能的成长，催生了多种灵活的就业形态。在经济增速放缓的情况下，我国就业不降反增。据统计，仅仅是"平台+就业者"的电商生态就提供了 1500 万个直接就业机会，此外，在关联产业还产生了超过 3000 万个间接就业机会。创业的带动效应可见一斑。

当前创业的发展水平与推动经济高质量发展的要求还有一定距离，主要表现为"三多三少"。一是在商业模式方面体现较多，在技术方面尤其是在颠覆性、原始性技术方面体现较少；二是在"互联网+"领域的体现较多，在生物技术、先进制造等领域的体现较少，特别是紧密结合当地资源和实体经济开展的创业较少；三是创业集聚区较多，但有特色、高水平的创业集聚区较少，而且地区之间的差距也比较大。

1.1.4　创业理念

企业理念是企业在持续经营和长期发展过程中，继承企业优良传统，适应时代要求，由企业家积极倡导，全体员工自觉实践，从而形成的代表企业信念、激发企业活力、推动企业生产经营的团体精神和行为规范。企业理念表现为群体的理想、信念、价值观、道德标准、心理等方面，它一旦形成，则不易发生变化，具有相当长的延续性和结构稳定性。

那何为创业理念呢？创业理念是创业者在创业实践活动中表现出来的思想意识、价值取向、道德规范、创业精神、创新能力、行为方式等要素的结合，具有时代性、科学性和实践性。新时代，高校可结合学生社团等各类学生组织，培养学生自我创业意识、增强学生自我创业能力、提升学生自我创业素养，让学生在创业文化的熏陶下把创业变成自我认同、自发运用的自觉行为。将以教师为主导的"说教式创业文化"变为以学生为主体的"践行式创业文化"，树立和谐共生的创业文化理念。

有了创业理念和一定的创业意识，会让大学生在校期间形成良好的创业氛围，这样大学生将更有积极性、更加热情地去创造自己的价值。

1.1.5 创业理念的作用

通过学校培养和社会培养，以及知识性培养和社会性培养，可以丰富创业者的人生观、价值观，开阔创业者的眼界。那创业理念的培养对以后的创业有哪些重要的作用呢？

1. 对所处的环境有充分的认知

有些创业者将创业报告拟定好，也完成了融资，于是开始创业了。但是因为对环境没有充分的认识，导致最终的失败。《孙子兵法》有云：知己知彼，百战不殆。如果对自己所处的环境都没有充分的认知，那么最后的结果就只能是失败。

2. 优化团队组合

可能有人要问了，创业理念的培养中没有涉及团队啊，怎么优化团队呢？其实不然，在素质培养的后天培养中，就包含了关于团队意识的培养与强化。在知识培养中，创业者本身不可能具备所有的技能知识，可以根据自己的缺陷和不足，来寻找与自己互补的创业伙伴，以期达到弥补劣势的目的。团队的重要性在这里不多细说。

3. 锻炼对问题的应对意识

通过进行知识性培养和社会性培养，创业者可以了解很多成功的或者不成功的案例，通过对案例的分析，可以提高分析与解决问题的能力，并且可以很好地发现隐藏的问题并及时解决，从而避免企业在起步阶段出现危机。如同蝴蝶效应，微小的力量到最后也会产生巨大的影响。尤其是对于刚开始创业的创业者，资金是最为缺乏的，因此需要提高资金的使用效率，把每一分钱都花在刀刃上。

4. 诚信从人开始培养

诚信的重要性对每个企业都至关重要，也是企业立足社会的基础。每个企业的创业者、管理者都希望自己的企业是个诚信的企业，而企业诚信的前提是具有一个诚信的团队，诚信的团队创造了诚信的企业，以实现企业的社会责任。通过创业理念的培养，可以把这种诚信精神深深地烙在创业者的骨子里，让创业者时刻保持诚信的态度，从而组建一支诚信的团队，实现企业的真正成功。

5. 增强企业的社会责任意识

企业社会责任是指企业在创造利润、对股东承担法律责任的同时，还要承担对员工、消费者、社区和环境的责任。企业的社会责任要求企业必须超越把利润作为唯一目标的传统理念，强调要在生产过程中关注人的价值，强调对消费者、对环境、对社会的贡献。增强社会责任意识，可以使创业者在企业发展过程中，心系社会，不忘企业的社会责任，从而创立一家对社会、对环境有利无害的企业，增加企业在社会中的影响力。

1.2　创新创业的意义

1.2.1　创新

1. 创新的意义

在现代市场经济条件下，面对日趋激烈的竞争，一个国家如何提升自己的综合国力？一个民族如何屹立于世界先进民族之林？一个企业如何立于不败之地？一个人如何取得事业的成功？最重要的一点就是要有创新精神、创新能力，要不断创新。创新要求人们以科学的理论为指导，面对实际，敢于提出新问题、解决新问题。

不论是在企业发展上，还是在社会生活中，创新始终占主导地位，对于企业来说就是使产品升级换代、推陈出新，降低成本，提高效率，抢占市场。创新使企业得以生存和发展，企业生存发展、做大做强的直接受益者是本企业的员工，但不应该局限于此，更多的间接受益者应该是社会大众。创新的主体是人，充分发挥人的主观能动性和创造力是创新的动力和源泉。牢牢把握以人为本这一核心，企业才能走向健康发展、和谐发展的康庄大道。

没有创新就缺乏竞争力，没有创新也就没有价值的提升。在企业发展中，技术创新尤其重要。技术创新为企业创新活动的核心内容，它为企业的实施与过程管理提供必要的支撑与保障，越来越多的企业认识到了其重要性。跨国企业每年的研发投入都高达数十亿美元，主要用于支持自己强大的研发机构与团队的创新实践，使企业保持旺盛的创新活力，从而在国际市场竞争中成为赢家。近些年来，我国的华为、比亚迪等公司也加大了研发投入。更令人惊奇的是中小企业也锐意技术创新，在市场竞争中获得了高效益回报，如分布在我国各地高新技术开发区中的大量中小企业，都就是以自身的技术创新成就来创业发展，成为今天以知识为基础的经济发展最重要的部分。技术上的创新在产品的生产方法与工艺的提高过程中起着举足轻重的作用。一方面技术创新提高物质生产要素的利用率，减少投入，另一方面又通过引入先进设备与工艺，从而降低成本。在企业的竞争中，成本与产品的差异化一直都是核心因素，技术的创新可以降低产品的成本。同样，一种新的生产方式也会为企业的产品差异提供帮助，如果企业能够充分利用其创新的能量，就能在市场中击败竞争对手，占据优势地位。当然技术创新本身具有高投入、高风险性，因此在技术创新的过程中，必须通过建立良好的市场环境与政策条件，充分激发企业创新的内在动力，为企业创造最大价值。另外，技术创新也逐渐成为企业一项极其重要的无形资产，而企业作为利益分配主体，就意味着在照章纳税后，企业有权对技术创新收入进行自主分配。这样企业不仅可以有效补偿技术创新投入，而且还可以有效地激励研究与开发人员，尤其对技术创新有突出贡献的人员实行特殊的报酬机制。再者，企业可以根据有效的经济原则，组建研究与开发团队，按要素、贡献分配报酬，激励研究与开发的有效增长。创新还可以促进企业组织形式的改善与管理效率的提高，从而使企业不断提高效率，不断适应经济发展的要求。管理上的创新可以提高企业的经济效益，降低交易成本，可以开拓市场，从而形成企业独特的品牌优势。

在产品创新上，美国硅谷地区的公司以其创新精神、独特的经营模式和雄厚的科技实力闻名世界。硅谷地区的公司有两个特点：一是从事高新技术开发和应用的研究与开发；二是不断推出新产品和新技术。创新不仅在这些公司中表现得非常突出，而且也在整个社会中得到了广泛的应用。

2. 创新能力

创新能力是指人在观察、思考活动的基础上形成的掌握知识、运用知识、进行创新的本领，具体由创造性观察能力、创造性思维能力和动手实践能力等组成。

大学生有一定的专业知识，付诸实践，对一些事物有强烈的好奇心，并能发现事物的一些基本特点，观察出事物的构造，并附加一些自己的想法，要有创新精神，要敢于创新，敢于标新立异，善于发现新问题、开辟新思路、建立新理论、提出新设计。

影响大学生创新能力的因素有很多，包括创新学习能力、创造性个性品质、创新思维、创新技能等。

创新学习能力是指学习者在学习已有知识的过程中，不拘泥于书本，不迷信于权威，以已有知识为基础并结合当前实践，独立思考、大胆探索，积极提出自己的新思想、新观点、新方法的学习能力。

创造性个性品质是创新者各种心理品质的总和，主要表现为具有很强的创新意识、强烈的好奇心、坚忍不拔的毅力、科学理性的独立精神及热情洋溢的合作精神。良好的创新个性品质，是形成和发挥创新学习能力的动力和底蕴。

创新思维是人脑对客观事物进行有价值的求新探索而获得独创成果的思维过程，是创新能力的灵魂和核心。大学生的创新思维处于核心地位，大学生的观察、发现、联想需要创新思维的指导；大学生的创新动机、创新目标的确立需要经过创新思维的审视；大学生的创新活动需要创新思维进行全程判断、分析和验证。创新思维是一种突破常规的、能动的思维发展过程，是一种求新的、无序的、立体的思维方式，是发挥人的自主创新能力，以超越常规的眼界从特异的角度观察思考问题，提出全新的解决问题方案的思维方式。它是人类思维的一种高级形式。

创新技能是创新能力成果转化的重要途径，它反映了创新主体行为技巧的动作能力。创新性技能主要包括实操能力、熟练掌握和运用创新技法的能力、创新成果的表达能力和表现能力及物化能力等。创新技能同样也居于创新教育的核心地位，尤其在我国目前的学校教育中，更要加强以实践基本技能为中心的科学能力和科学方法的训练。由于某些原因学生很少动手实践理论知识，由于各种顾虑他们更少去动手操作。所以想要提高创新能力，必须要大胆去实践、动手操作，提高学生自己的实操能力。

大学生应该培养坚韧不拔、善始善终的创新精神，积极参加学校举办的各类科技创新大赛，激发自身的学习兴趣及创新潜力，培养迎难而上、开拓进取的创新精神，提高创新能力。要积极利用好学校资源，如图书馆、实验室等，这些场所通常是培育和激发创新灵感的绝佳环境。同时，大学生的活动范围不应该局限于校园，还应该主动走出校门，参加社会调研，让理论和实践相结合，在社会实践中发现问题、思考问题、解决问题，并在实际活动中及时反馈，形成最后的成果。

提高大学生自身的创新能力是一个任重而道远的任务，但它对于提高我国自主创新能力、振兴民族科技和发展民族经济起着重大作用，也是提高大学生自身综合素质、担负建设中国和谐社会重任的必然要求。作为大学生，应该积极响应国家的号召，刻苦学习，深入钻研，积极主动地成为创新活动的重要角色，为成功推进自主创新战略的实施做出自己应有的贡献。

1.2.2 创业

1. 创业的必要性

当前，我国经济已由高速增长阶段转向高质量发展阶段，正处在转变发展方式、优化经济结构、转换增长动力的攻关期，国际环境也发生了复杂深刻变化。新的内外部形势，使推动创新创业向纵深发展成为一个"必选项"。具体原因如下。

（1）更好把握新一轮科技革命和产业变革的迫切需要。当前，以人工智能、量子信息、移动通信、物联网、生物医药、新能源、新材料等为代表的重大技术加速应用、实现突破，自然科学与人文社会科学之间、科学与技术之间、技术与技术之间交叉融合，引发人类生产、流通、社交等领域发生深刻变化，为解决人口与健康、食品、资源、环境等重大问题提供新的手段。创新创业不仅符合全球科技革命和产业变革的历史潮流，也符合当今世界进入互联网时代的历史潮流，是大势所趋。

（2）推进供给侧结构性改革、实现经济高质量发展的必然要求。创新创业是一个不断解放和发展生产力、变革生产关系的过程，是提高生产效率的动力之源。把握高质量发展阶段的现实要求，推进供给侧结构性改革，根本上要靠创新。无论是降低企业成本、促进产业转型升级、提升企业发展水平和质量，还是提高要素质量和配置效率，都必须大力推进以科技创新为核心的全面创新，必须激发和保护企业家精神，鼓励更多社会主体投身创新创业。

（3）全面建设社会主义现代化国家、实现中华民族伟大复兴中国梦的现实选择。建设社会主义现代化强国，必须大力实施创新驱动发展战略，切实加强基础研究和应用基础研究，突破一批关键核心技术，提高原始创新能力；必须大力推动创新创业，推进科技成果转化，促进产业结构升级，大力弘扬创新和企业家精神，建设强大的科技实力，切实提升创业能力。

2. 创业成功的关键

创业过程不可能是一帆风顺的，会遇到各种各样的危机与困难，关键就在于创业者能否审时度势、量力而行。

（1）政策。很多成功的企业家在教育和教导中提到过这样一点：每天晚上七点准时收看《新闻联播》。收看《新闻联播》可以准确地知道政府的政策走向、了解政策。有这样一句话：跟着政府走的企业都会成功。政策对于一个企业的帮助可以说是巨大的，例如政府推行的汽车下乡、家电下乡等政策，使得一些企业，尤其是一些以出口为主的民营企业，在出口受挫后，打开了中国本土市场、转向本土化，恢复了元气，而且还扩大了生产，实现了企业做强做大的目标。目前，国家推出的一些面向大学毕业生的无息创业贷款，使得一些苦于没有资金的创业者看到了希望，开始进行创业。

（2）能力。具备创新能力、行动力、学习能力、团队合作能力、领导能力、抗压能力等多种能力的人更有可能在创业中获得成功，因为这些能力可以帮助他们克服各种困难，实现自己的创业目标。

（3）环境。这里的环境是指创业者在创业经营过程中所处的外部的、不可改变的环境，如经济、人口等，这对企业的发展造成很大的影响。如现在中美贸易出现摩擦，商品大量出口美国市场比较困难，那能不能改变方向，转向欧洲或者本土呢？这个是创业者可以控制和决定的。

1.2.3 创新创业的未来

随着互联网、大数据、新能源、新材料等新技术的发展，全球已经进入智能化、数字化和信息化的时代，欧美的"再工业化"、德国工业4.0，都说明当前全球已经掀起了新一轮的产业变革和科技革命。发展"四新经济"是未来我国在全球竞争中抢占制高点的重要战略举措，通过新科技突破、新产业兴起、新业态诞生、新模式应用，培育新市场主体，为经济增长带来新活力、新动力，这是实现经济高质量发展的内在要求，也是当前阶段我国生产力发展的客观要求。中国在发展方面仍具有诸多有利条件，中国经济韧性强、潜力大、活力高，长期向好的基本面没有改变。中国这个庞大的市场正在一点点地发挥着应有的效应，14亿人也正在为经济发展贡献自己的力量，这对于创新创业者来说是个好机会。但是，看到机遇的同时也要看到挑战。我国要实现2035年远景目标，经济增长速度要维持在潜在增长速度的5%左右，所以经济增长的任务比较紧。我国储蓄率目前是45%，还是比较高的，高储蓄率可以转化成投资，是技术进步的资金保障。如果储蓄率下降太快，低于35%，就会对创新发展造成一定的挑战。过去几年，中国经济的主要问题是需求不足，因而我国提出扩大内需，把恢复和扩大消费摆在优先位置。但是从长远来看，消费占GDP的比重如果上升太快，也就是储蓄率下降太快，这样就会影响投资和科技进步。因此，到2035年，储蓄率至少还得保持在35%以上。怎么来统筹调节经济与保持经济活力之间的关系，政府如何保持政策的连续性和稳定性、给市场稳定的预期这些都是人们要面临的挑战。面对挑战，我们需要完整、准确、全面贯彻新发展理念，加快构建新发展格局，着力推进高质量发展，更好地统筹发展与安全，保持经济运行在合理区间。对于创新创业者来说，只要认清自身，培养良好的创新创业理念，将其运用到工作和创业过程中，依托中国庞大的市场，是一定会成功的。从政府角度看，要更好推动创新创业向纵深发展，要重点在以下几个方面发力。

1. 大力推进技术创业

进一步完善科技成果产权管理体制，改革科研人员评价机制，打通科技成果转移转化的"最后一公里"。加快科研体制改革，打破体制机制障碍，大力促进有创业意愿的科研人员更好创业，让更多科研成果得到及时转化，让更多科研人员释放创新活力。

2. 加强对种子期、初创期和高速成长期创业企业的融资扶持

对政府引导基金的投资重点、投资阶段、运作模式及管理制度进行调整，加大对重点行业起步及成长阶段企业的支持力度，调动民间资本投资的积极性。适应创业投资高风险的特点，建立投资失败容错机制，加大现有支持创业投资税收优惠政策的落实力度，同时支持金融机构开发适应"双创"的融资新产品。

3. 为创业者提供更多专业指导

推动创新创业创造服务平台向提升服务功能、增强造血能力转变，进一步完善创业服务产业链，开展强强合作、互补合作，形成资源和信息共享平台，为创业企业提供从项目到产业化的全链条创业服务。充分发挥大企业在市场渠道、资金等方面的优势，加强创业者与大企业的联系，促进创业企业成长。

4. 建立审慎包容、公平竞争的市场环境

适应新技术、新业态融合发展的趋势，进一步完善开办企业的程序，简化中小创业者的审批手续和办事流程。降低创业者进入重点领域的门槛，取消和减少阻碍创业者进入养老、医疗等领域的附加条件，加强事中事后监管。加强知识产权保护，完善相关法律法规。

5. 大力促进国际合作

进一步加大国际先进技术、人才、资金等要素引进来的力度，按照"优势互补、合作共赢"原则，充分发挥我国市场、人力资源等优势，在信息、生物、节能环保等领域建设国际科技创新合作园区，加强孵化、工程化平台建设，推动重大技术产业化示范和应用。

6. 营造宽容的文化氛围

加大对成功创业者和创业事迹的宣传力度，推广优秀创业企业及创业团队的先进模式和经验；在全社会大力弘扬创新和企业家精神；积极倡导敢为人先、宽容的创新文化，树立崇尚创新、创业致富的价值导向。

第 2 章 创新思维与其基本方法

本章导读

培养创新思维是提升创新能力的基本要素。本章介绍了创新思维的特征与基本形式，在此基础上重点讲解培养创新思维的基本方法。创新思维从新的视角思考问题、用创新的思维方法观察问题、用创新技法解决问题。读者应以所学专业为立足点，利用创新思维的基本方法挖掘创新点，多角度、多层面进行尝试，提升创新能力。

本章要点

- 创新思维的特征
- 创新思维的基本形式
- 创新思维的基本方法

2.1 创新思维

创新思维使思维调节局部与整体、直接与间接、简易与复杂的关系，并在诸多的信息中进行概括和整理。

2.1.1 创新思维的特征

1. 独创性

思维不受传统习惯和先例的禁锢，超出常规。在学习过程中对所学的定义、定理、公式、法则、解题思路、解题方法、解题策略等提出自己的观点、想法，提出科学的怀疑、合情合理的"挑剔"。

2. 求异性

思维标新立异。在学习过程中，不随便信奉一些知识领域中长期以来形成的思想、方法，特别是在解题时不满足于一种求解方法，谋求一题多解。

3. 联想性

面对某一种情境时，思维可立即向纵深方向发展，觉察某一现象后，可设想它的反面。这实质上是一种由此及彼、由表及里、举一反三的融会贯通，能使思维具备连贯性和发散性。

4. 灵活性

思维突破"定向""系统""规范""模式"的束缚。在学习过程中，不拘泥于书本所学、老师所教的知识，遇到具体问题灵活多变、活学活用。

5. 综合性

思维调节局部与整体、直接与间接、简易与复杂的关系。把抽象内容具体化、繁杂内容简单化，概括和整理诸多信息，从中提炼出较系统的经验，以理解和熟练掌握所学定理、公式、法则及有关解题策略。

2.1.2 创新思维的基本形式

1. 理论思维

理论一般可理解为原理的体系，是系统化的理性认识。理论思维是指理性认识系统化的思维形式。恩格斯曾指出："一个民族想要站在科学的最高峰，就一刻也不能没有理论思维。"因为理论思维具有科学性、真理性，凡是理论思维混乱，或不符合客观规律，其结果不是收效甚微就是失败。理论思维在实践中应用较多，如系统工程就是运用理论思维来处理三个系统内有关问题的一种管理方法。钱学森同志认为，系统工程是组织管理的规划、研究、设计、创造、试验和使用的科学方法，是一种对所有系统都有普遍意义的科学方法。又如有人提出，"相似论"也属于科学理论思维的范畴。有人看见鸟用翅膀飞行，就根据鸟的翅膀、鸟体的几何结构与空气动力和飞行功能等相似原理发明了飞机，又称为"仿生学"。还有许多地方也常要用到理论思维，如对一些自然规律和社会规律的归纳和总结，对一些问题的认识和分析，所以说，理论思维是一种基本的思维形式。

2. 直观思维

直观思维一般是指，实践中外界事物在人们大脑中产生的感觉，它具有生动性、具体性、直接性的特点，是开发人们创造性思维的基础。直观思维源于观察力、想象力和记忆力。爱因斯坦有一个思维过程的模式：经验—直觉—概念（设想）—逻辑推理—理想实践。在创造活动中，人们往往靠知识的积累程度，知识在人们头脑里储存得越多，创造力的基础也越强。画家必须对自然界的颜色、标志、布局、人物、建筑先产生直观思维才可能进行创造。毛泽东同志的《人的正确思想是从哪里来的？》一文，深刻阐明了认识源于实践、在实践中产生直观思维的道理。法国地理学家魏格纳提出"大陆漂移说"，就是从地图上看出巴西一块突出部分和非洲喀麦隆海岸凹进去部分的地貌形状十分相似，这是从直观印象中想到的。日本化学家池田菊苗发现"味精"，也是因为看到了饭桌上的黄瓜汤。许多创造发明都是通过直观思维创造的。

3. 倾向思维

倾向思维也是一种基本思维形式，即人们在思考过程中往往从一定的目的和倾向出发而进行的思考。在创造思维过程中，这种思维方式也常被运用。倾向思维一般是指创造者通过接触某一事物，从一定倾向出发，即思考某一问题时，在有意或无意、正常或偶然中突然开窍，找到创造的成功之路。人们认识事物不完全是直线的，往往是曲折的，甚至要反复多次才能对事物有所理解。不论何种情况，都会有"触发媒介"的机会，会在偶然或无意中激发新的创造思路，正所谓"多思出智慧"，也有人称之为"灵感思维"。在创造实践中，由于倾向思维而取得成功的例子不少，这种激发往往寓于创造活动之中，如邓禄普发明充气轮胎。邓禄普原是一名苏格兰医生，看到自己的儿子骑着硬轮自行车在卵石道上颠簸地行驶，怕他摔跤，因此思索能否用一种新的、可以减震的轮胎来代替。一个偶然的机会，他发现充气的橡皮管既有弹性又坚硬，于是成功地创造了邓禄普充气轮胎，这些都说明倾向思维可以激发人们的创造能力。

4. 联想思维

客观事物相互之间都有一定的联系，具有各种不同联系的事物往往会在人们头脑里形成各种不同的联想，联想思维就是指由某一事物联想到另一事物而产生认识的心理过程。在一般的思维过程中，联想思维也常常被运用，如由某物想到远方的亲人或由某事想到另外一件事情。联想思维运用在创造发明、激发人的创造力上也有很多成功的事例。

例如，上海橡胶模型厂职工创新制成光电跟踪轮胎模自动绕花机。过去加工橡胶轮胎金属模全靠手工绕制，花费时间多，后来他们在参观上海船厂的自动仿样切割机时受到启发，联想到这种原理可以在绕花机上运用，后通过实践获得成功。现在只要3天就可自动绕制一副轮胎金属模。再例如，上海灯具厂的冲床机械进给制动安全装置，原采用光电控模原理，由于冲床回转惯性存在缓冲距离和不可靠因素，后来他们由火车刹车的抱闸原理，联想到抽键式冲床的机械部分也可改为抱闸式，使光电安全装置更可靠。后来，他们又从平面车床齿轮刹车处得到启发，使两种冲床在光电信号发生之后，滑块可在三分之一秒钟内立即制动，在360度角回转任意位置上均可制动，保证了安全生产。这些都是联想思维启发的作用，也说明联想思维能激发人的创造力。

5. 联结和反联结

思维事物的相关联结和分离同事物内部矛盾双方或事物之间有相互依赖、相互制约和相互转化的关系，这种思维形式在创造活动中也很广泛，经过联结，可使一物品成为具有多种功能的新物品。如把电子表与圆珠笔相联结，成为带有电子表的圆珠笔；把手电筒与笔相联结，可以制成带光源的光笔；既能计时又带有秒表、计算器和报时器功能的多功能表；用电炉原理与保温杯相联结而成的加热杯；带模胶皮头的铅笔是橡皮和铅笔的联结；连衫裙是衬衫与裙子的联结；双体客轮则是两个船体的联结。

反联结思维则是一种与联结相反的分解思维。它使两个以上相结合的物质分解，从而产生新的物质和新的用途。例如，水（H_2O）可以分解成氢和氧，水经过稀土物质吸氧，变成氢燃料，可与汽油等综合使用，以节约能源。又如，常用的雨伞柄太长，不易携带，于是把伞柄分解成可以收缩的两节或三节，这就是折叠式雨伞。杂技团的独轮自行车，也是从双轮自行车分解而成的。还有一种反向思维，就是向某一物质的反方向去展开思维，如由浮在水面的兵舰发展为沉入水底的潜水艇等。

6. 形象思维

形象思维就是依据生活中的各种现象加以选择、分析、综合，然后进行艺术塑造的思维方式。在形象思维的过程中始终不脱离具体形象，并包含着创造者的强烈情感。形象思维是文学、艺术创作过程中所运用的主要的思维活动和思维方式。高尔基说过，文学创作主要靠形象思维。鲁迅先生创造的许多栩栩如生的典型人物，如阿 Q、祥林嫂、华老栓等，都是根据现实生活中的各种人物和事件进行选择、分析、综合概括，给予艺术加工而创作的。形象思维在科技发明中也是经常运用的一种思维方式，如德国化学家凯库勒对于苯环结构的发现，就是在睡梦中看到一条银蛇在起舞，受到启发而获得的灵感。

7. 逻辑思维

逻辑思维与形象思维不同，它以科学的抽象概念揭示事物的本质，表达认识现实的结果。它是人们在认识事物过程中，借助概念、判断、推理等方式反映现实过程的。逻辑思维是严密的科学性思维形式，它必须完全符合客观规律，这种思维能力的强弱与知识广泛性密切相关，它直接涉及创造成果的成功率及时间的长短。电子计算机的发明就是在逻辑思维指引下创造的一种成果。即使在文艺创作中，也不能完全离开逻辑思维。任何创造都不是科学家的主观臆断，而是通过观察分析、判断、推理等得出符合客观规律的逻辑思维结果。在人们的日常生活、工作中，逻辑思维被广泛应用在日益广泛的创造活动中，人们更是有意识地主动使用逻辑思维以培养创造能力。在研究预测、开发未来的过程中，逻辑思维能力将占有极重要的地位。从某种程度上讲，应用逻辑可以从一定程度上预测未来。研究和激发人的创造能力，逻辑思维是一个非常重要的环节。

8. 发散性思维

20 世纪 50 年代后，通过对发散性思维的研究，提出了发散性思维的流畅度（发散的量）、变通度（发散的灵活性）和独创度（发散的新奇成分）三个维度，而这些特性是创造性思维的重要内容。心理学学者编制了发散性思维测试量表来测人的创造性思维，同时通过试题表用智力测试表来测集中性思维，逐渐地把创造性思维和发放性思维画上了等号，以此产生把集中性思维排斥于创造性思维之外的倾向。当然，在现实生活中，存在只用发散性思维的情况，但主要用于具有多种答案的问题，如要求对一个简短的故事提出各种题目，被试者就可做出多种答案。在大多数情况下，特别是一个新问题的解答要得到创造性的解决，必须在发散之后再集中，才能逐步得出正确的结论。因此，人们认为，发散性思维的确是创造性思维最重要的成分，但在创造性思维活动中，发散性思维和集中性思维的相互关系是相辅相成的，是一种辩证关系。

2.2 创新思维的基本方法

如果把创新活动比喻成过河的话,那么方法就是过河的桥或船。法国著名生理学家贝尔纳曾说过:"良好的方法能使我们更好地发挥天赋与才能,而笨拙的方法则可能阻碍才能的发挥。"

创新思维方法或技法是从创造技法中套用过来的。众多创造创新学者经数十年的搜集、整理、归纳,通过对数以万计乃至百万计的专利进行研究、分析,结果发现科学技术的发明创造有一定的规律可循,它们大多是以原则、诀窍、思路形式来指导人们克服心理和思维的障碍,改善思维的灵活性和流畅性,促进联想想象和直觉等非逻辑思维的产生。

2.2.1 设问检核创新

检核法是对拟创新的事物进行分析、展开,以明确问题的性质、程度、范围、目的、理由、场所、责任等项,从而使问题具体化,以缩小需要探索和创新的范围。它有两大特点。一是以提问的方式寻找发明的途径。设问检查的首要特点是抓住事物带普遍意义的方面进行提问,所以它的应用范围很广,不仅可以用于技术上的产品开发,还可以用于改善管理等范畴,因而具有普遍的适用性。二是从不同的角度来进行设问检查,思维变换灵活,利于突破框架,以得到几种不同类型的答案。

检核法诞生以来,在实际应用中深受欢迎,并相继创造了不同的设问检核创新方法,产生了大量的创造性设想。因此,设问检核法被誉为"创新方法之母"。

1. 奥斯本检核法

奥斯本检核法是以发明者奥斯本命名、引导主体在创造过程中对照多个方面的问题进行思考(见表2-1),以便启迪思路、开拓思维想象的空间,促进人们产生新设想、新方案的方法。主要用于新产品的研制开发。

奥斯本检核法是一种产生创意的方法。在众多的创造技法中,其效果比较理想。人们运用这种方法产生了很多杰出的创意以及大量的发明创造。奥斯本检核法的核心是改进,或者说关键词是"改进",通过变化来改进。

表 2-1 奥斯本检核法

检核项目	含义
能否他用	现有的事物有无其他用途;保持不变能否扩大用途;稍加改变有无其他用途
能否借用	能否引入其他的创造性设想;能否模仿其他东西;能否从其他领域、产品、方案中引入新的元素、材料、造型、原理、工艺、思路

续表

检核项目	含义
能否改变	现有事物能否做一些改变,如颜色、声音、味道、式样、花色、音响、品种、意义、制造方法;改变后效果如何
能否扩大	现有事物能否扩大适用范围;能否增加使用功能;能否添加其他部件;能否延长它的使用寿命;能否增加长度、厚度、强度、频率、速度、数量、价值
能否缩小	现有事物能否体积变小、长度变短、重量变轻、厚度变薄,以及拆分或省略某些部分(简单化);能否浓缩化、省力化、方便化、短路化
能否替代	现有事物能否用其他材料、元件、结构、设备、方法、符号、声音等代替
能否调整	现有事物能否变换排列顺序、位置、时间、速度、计划、型号;内部元件能否交换
能否颠倒	现有事物能否从里外、上下、左右、前后、横竖、主次、正负、因果等相反的角度颠倒过来使用
能否组合	现有事物能否进行原理组合、材料组合、部件组合、形状组合、功能组合、目的组合

利用奥斯本检核法可以产生大量的原始思路和原始创意,它对人们有很大的启发作用。当然,运用此方法时还要注意三个方面:一是要和具体的知识经验相结合,该方法只是提示了思考的一般角度和思路,思路的发展还要依赖人们的具体思考;二是要结合改进对象(方案或产品)进行思考;三是使用时可以自行设计大量的问题来提问,提出的问题越新颖,得到的主意越有创意。

2. 5W1H法

此法由美国陆军首创,通过连续提问六个问题,构成设想方案的制约条件,设法满足这些条件,便可获得创造方案。目前,5W1H法已广泛应用于改进工作、改善管理、技术开发、价值分析等方面。5W1H法的实施步骤如下:

(1)对某种现行方法或现有产品从六个角度做检查提问(见表2-2),即为什么(Why)、做什么(What)、何人(Who)、何时(When)、何地(Where)、如何(How)。

表2-2　5W1H法

项目	现状如何	为什么	能否改善	该怎么改善
目的(Why)	什么目的	为什么是这种目的	有无别的目的	应该是什么目的
对象(What)	生产什么	为什么生产这种产品	能否生产别的产品	到底应该生产什么
作业人员(Who)	谁来做	为什么是那个人做	能否由其他人做	应该由谁来做
时间和程序(When)	何时做	为什么在这个时间做	能其他时间做	应该什么时间做
场所(Where)	在哪里做	为什么在那里做	能否在别处做	应该在哪里做
方式方法(How)	怎么做	为什么那么做	有无其他方法	应该用什么方法

(2)将发现的疑点、难点列出。

（3）讨论分析，寻找改进措施。

如果现行的方法或产品经此检查基本满足，则认为该方法或产品可取；若其中某些点的答复有问题，则应在这些方面加以改进；要是某方面有独到的优点，则应借此扩大产品的效用。

5W1H法视问题的性质不同，设问检查的内容也不同。例如：

（1）为什么（Why）：为什么发光？为什么要做成这个形状？为什么不用机械代替人力？为什么产品制造的环节这么多？为什么要这么做？

（2）做什么（What）：条件是什么？目的是什么？重点是什么？功能是什么？规范是什么？要素是什么？

（3）谁（Who）：谁来办合适？谁能做？谁不宜加入？谁是顾客？谁支持？谁来决策？忽略了谁？

（4）何时（When）：何时完成？何时安装？何时销售？何时产量最高？何时最合时宜？需要几天？

（5）何地（Where）：何地最适宜种植？何处做才最经济？从何处去买？卖到什么地方？安装在哪里最恰当？何地有资源？

（6）如何（How）：怎样做最省力？怎样做最快？怎样效率最高？怎样改进？怎样避免失败？怎样谋求发展？怎样扩大销路？怎样改善外观？怎样方便使用？

对于最后一问（How），有时可扩展为两个问题：如何（How）与多少（How much），此即5W2H法。如，多少（How much）：功能如何？效果如何？利弊如何？安全性如何？

3. 和田十二法

我国创造学学者结合青少年儿童的特点，在上海和田路小学试验后提出了"十二聪明法"。

（1）加一加：可在这件东西上添加什么吗？需要加上更多的时间或次数吗？把它加高一些、加厚一些，行不行？把它与其他东西组合在一起，会有什么结果？

例如：MP3加上收音机的功能就更贵一些；海尔冰箱加上电脑桌的功能，在美国大受欢迎；手机加上照相的功能便价格不菲；苹果iPod加上播放器和电影的移动存储功能，利润远远大于电脑；TCL手机加宝石，增加了时尚感；咨询业也强调附加价值（买一赠一）；某文具公司将文具进行组合改进，在盒子上安装电子表、温度计等，甚至通过变化可以将盒子变成一个变形金刚等，迎合了小孩子的心理和兴趣，所以销量越来越大，很快风靡全球。

（2）减一减：可在这件东西上减少什么吗？可以减少时间或次数吗？把它降低一些、减轻一些，行不行？可省略、取消些什么吗？

例如：移动硬盘越小越方便携带，销路越好；大米改成小包装反倒卖得快。目前，市面上有很多功能齐全的数码照相机,但消费者发现其中 90% 的功能都不会用到。这个时候减去很多功能,就意味着成本的降低,也相当于进入一个新的无竞争领域,满足一部分经济型消费者的需求。企业管理也一样,有时候要减少员工数量,实行末位淘汰,这样才能保持组织持续进步的活力。

(3) 扩一扩:把这件东西放大、扩展,会怎么样?

例如:一位中学生在雨天与人合用一把雨伞,结果两人都淋湿了一边肩膀。他想到了"扩一扩",设计出了一把"情侣伞"——将伞的面积扩大,并呈椭圆形,结果这种伞在市场上很畅销。另外,通过变通把雨伞加大一点,成为海滨游泳场的晴雨两用伞。

(4) 缩一缩:把这件东西压缩、缩小,会怎么样?

例如:蒙牛牛奶有一种闪蒸工艺,能够缩掉一部分水分,使得牛奶更醇厚、口感更好、口味更香。海尔电冰箱为了满足美国人的需要,制造出微型电冰箱,深受欢迎。

(5) 变一变:改变一下形状、颜色、音响、味道,会怎么样?改变一下次序又会怎样?

例如:Swatch 手表款式多变,注入了心情、季节、时尚等元素,变得更受欢迎;潘×屹因为善于改变,强调价值创新的勇气和智慧,率先引进了国外流行多年的 SOHO 概念(Small Office Home Office,在家办公)。这是一种思维观念、生活方式的改变。使得他的公司真正做到了不与竞争者竞争,进入了一片蓝海。

(6) 改一改:这件东西还存在什么缺点?还有什么不足之处需要改进?它在使用时是否给人带来不便和麻烦?有解决这些问题的办法吗?

例如:海尔追求创新,将冰箱上部分形状改成电脑桌,结果深受美国学生的欢迎;某品牌饮料把卖点改为预防上火的饮料,迅速火了。

(7) 联一联:某个事物(某件东西或事情)的结果跟其他起因有什么联系?能从中找到解决问题的办法吗?把某些东西或事情联系起来,能帮助我们达到什么目的?

例如:江×春通过电梯门即将关闭时看到的明星海报,联想到在电梯门口安装电视,最终造就分众传媒,带来亿万财富;蒙牛将牛奶与航天载人火箭联系在一起,借势提升了知名度和牛奶的品质。

(8) 学一学:有什么事情可以让自己模仿、学习一下吗?模仿它的形状和结构会有什么结果?学习它的原理、技术又会有什么结果?

例如:松下不做技术的创新者,只做后来的改进者。学而不创,学而改优,令其产品快速跟进并领先;有一位小发明家发明了方便的淘米器。人们平时淘米时,倒水很麻烦,一不小心,米就会流失。该发明家看到米筛台,发现米筛密且不易漏米,便学着做了个半圆形的铁丝网,罩在淘米桶上米就不会流失了。

(9) 代一代:有什么东西能代替另一样东西?如用别的材料、零件、方法等代替另一种材料、零件、方法,行不行?

例如：阿基米德告诉人们称重不一定要秤，用浮力也可以；小学课本上的一则故事是乌鸦喝水不一定非得打翻瓶子，扔石头就行；陈天桥曾经预言的黑盒子家庭娱乐方案——要用电视完成所有的娱乐功能，替代电脑、电话，将是新的"造反"方程式。

（10）搬一搬：把这件东西搬到其他地方还能有别的用处吗？这个想法、道理、技术搬到其他地方也能用得上吗？

例如：舒蕾刚开始投放市场时，宝洁柜台在哪它就搬到哪，和第一拉近距离，不就是第二吗？便利贴最开始的功能定位是粘东西，可是因为黏性不好，就成就了今天的便签纸。

（11）反一反：如果把一件东西、一个事物的正反、上下、左右、前后、横竖、里外颠倒一下，会有什么结果？

例如：以正合，以奇胜，不具备逆向思维，难以取胜。田忌赛马的故事告诉人们，顺序颠倒、要素不变可以改变竞争的结局；别人不走的路"我"走走看，别人不认可的，"我"思考一下，尝试做一下。很多时候坚持与众不同，"你"就真的不同凡响。

（12）定一定：为了解决某个问题或改进某件东西，为了提高学习、工作效率和防止可能发生的事故或疏漏，需要规定些什么吗？

例如：各航空公司都有会员制度，会员积分达到一定数额就能够享受特殊优待，相当于航空公司定标准是必须搭乘它的飞机，以此产生用户忠诚度。

创新来自生活，只要存在问题，创新就永无止境。

2.2.2 联想类比创新

事物间的联系是普遍存在的。正是这种联系，人们的思维得以从已知引向未知，变陌生的为熟悉的。这时，人们脑内发生的联想和类比过程可以看作是事物间的普遍联系在思维中的一种体现。联想和类比法则是这类思维形式在人的创造活动中经验的总结。

1. 联想创新

（1）相似联想。不同事物间总是存在某些相似的地方,从原理、结构、性质、功能、形状、声音、颜色等方面对事物之间的相似之处进行联想，从而导致新的创造发明，这就是相似联想。

美国著名发明家柏西·斯本塞在做大功率的磁控管实验时，放在他口袋里的巧克力被微波加热融化了，发现微波能使周围物体发热，他由此联想到能否利用微波来加热食品。正是运用了相似联想方法，斯本塞发明了微波炉，广泛用于木材、铸造砂芯的干燥和食品的加热。

（2）接近联想。接近联想是从空间或时间上由一事物联想到比较接近的另一事物，从而激发出新创意、新设计、新发明的过程。例如，当你看到蝌蚪会联想到青蛙，因为两者在空间上接近；看到花猫会联想到老虎，是因为它们的形态接近。一般来说，空间上接近的，时间上也必定接近；时间上接近的，空间感知也势必接近，时空的接近往往有内在联系。

（3）对比联想。对比联想就是从周围事物的对立面或相反方面进行的联想。任何事物都是由许多要素组成的，其中包含着本身的对立面或反面，例如由黑暗想到光明，由温暖联想到寒冷等。对比联想往往在一对对立事物之间进行，既反映事物的共性，又反映事物的个性。如黑暗和光明，其共性是二者都是表示亮度的，个性是前者亮度小而后者亮度大。这种联想容易使人们看到事物的对立面，具有对立性、挑战性和突破性。对比联想属逆向思维，常常会产生意想不到的效果。

（4）因果联想。由有因果关系的事物形成的联想称为因果联想。如前所述，美国发明家柏西·斯本塞发明的微波炉就是因果联想的结果。有时为了获得某一种发明成果，须经一连串的因果联想才能实现，叫作"连锁反应的因果联想"。

（5）强制联想。世界上任何事物无不处于普遍联系和变化发展的矛盾运动之中。所以，人们如果强制地运用类比、近似、对比等联想，那么往往可以无往不利，把独立无关、大相径庭的不同事物外在地或内在地联系起来。

现代创新技法中运用的强制联想创新法，就是强制地运用各种联想，天马行空，想尽世间所有事，把不同的事物和不同的设计联系起来，巧发奇中甚至"歪打正着"，创造性地重新组合既有设计，根据实际情况和具体需要加以调整、改造、完善，构成一种崭新的创造性设计。

2. 类比创新

（1）直接类比法。直接类比法就是从自然界或者已有成果中发现与创造创新对象类似的事物，将创造对象与相类似的事物直接比较，在原型的启发下产生新设想的一种技法。

瑞士著名的科学家奥·皮卡德就是运用直接类比法发明创造了世界上第一只自由行动的深潜器。皮卡德原是从事大气平流层研究的专家，他设计的平流层气球能飞到15690米的高空，后来他转向对海洋潜水器进行开发研究。

（2）拟人类比法。拟人类比法就是将人体比作创造对象或将创造对象视为人体，由人及物、以物拟人，从不同与相似之中领悟两者相通的道理，促进创造性思维的深化和创造活动的发展。

拟人类比法亦称自身类比、亲身类比、人格类比或角色扮演。它是移情机制的具体化，从精神到机体上参与创造活动，体验情感、产生共鸣，从而在角色扮演中悟出一些与解决问题有关而平时又无法感知的因素，创造性地解决问题。

著名科学家法拉第在总结其创立电解定律的经验时，曾强调其成功的关键在于往里窥视电解质的实质，尽力浮现眼睛可见的原子活动。这就表明，法拉第是在用自身类比的方法进行科学创造。

（3）综摄类比法。综摄法的研究始于 20 世纪 40 年代，到 20 世纪 60 年代初趋于成熟。综摄法是 Synectics 的译名，又称提喻法、集思法、分合法等，由美国创造学家威廉·戈登提出，由于戈登一直把综摄法的研究和工业中的发明创造联系起来，所以综摄法是美国工业研究领域作为产品开发和创新的有效方法。

（4）仿生类比法。模仿生物功能的创造创新方法称为仿生类比法。自然界的动植物为人类孕育出新事物和新方法提供了模仿形象。生物界所具有的精确可靠的定向、导航、探测、控制、调节、能量转换、信息处理、生物合成、结构力学和流体力学等生物系统的基本原理和结构，为人类创造新事物提供了参考。

2.2.3 列举分解创新

列举是人们思维活动的表现形式之一。通过列举事物各方面的属性，可掌握一定数量的信息，有助于产生新的概念、克服心理障碍、改善思维方式。列举在创新活动中有实际的作用，比如有助于克服感知不敏锐的障碍，把思维从僵化、麻木的状态中解放出来。列举法促使人们全面感知事物、防止遗漏，有利于克服感情障碍，是改进老产品、开发新产品的非常实用的方法。

1. 特性列举法

特性列举法是美国布拉斯大学教授克劳福特发明的一种创新方法。克劳福特认为每个事物都是从另外的事物中产生发展而来的。一般的创造都是旧物改造的结果，所改造的主要方面是事物的特性。此法就是通过对需要革新改进的对象进行观察分析，尽量列举该事物各种不同的特征或属性，然后确定应加以改善的方向及如何实施。

一般说来，要解决的问题越小、越简单，特征列举法就越容易获得成功。例如，要革新一辆汽车，若从整体着手，往往一时难以得出新的设想，因为它涉及面广，很难一下子把握住。为此可对组成汽车的主要系统进行分解，然后针对各个局部加以改进。

特性列举法适用于革新或发明具体事物，特别适合于轻工业产品的改革。此法也可适用于行政管理、机构体制及工作方法的改进。特性列举法既可个人使用，亦可集体使用。

2. 缺点列举法

任何一款产品或商品都不可能是十全十美的，它们或多或少有这样或那样的缺点。然而，由于人有惰性，"初看是个疤，久看成了花"，对于习惯了的事物，人们往往不容易甚至不愿意去发现它的缺点。相反，如果对产品吹毛求疵，有意去找问题，然后用新的技术加以改革，就会创造出许多新的产品来。

缺点列举法是抓住事物的缺点进行分解，以确定创新目的的创新方法。此法与特性列举法相比有其独到之处。特性列举法列出的特性很多，逐个分析需要花很多时间。它的特点是直接从社会需要的功能、审美、经济等角度出发，研究对象的缺陷，提出改进方案，简单易行。

此法主要是围绕着原事物的缺陷加以改进，一般不改变原事物的本质与总体，属于被动型的方法。它既可用于旧产品的改造，也可用于不成熟的新设想、新产品的完善，另外还可用于企业管理方面等。

3. 希望点列举法

希望点列举法是通过提出种种设想，经过归纳，确定发明目标的创新方法。希望点列举法是依据发明者的意愿提出各种新设想，它可以不受原有物品的束缚，是一种极主动的创新方法。

例如，有人提出，希望发明一种"定时安眠药"，在疲劳时可以让使用者安稳地休息片刻，然后定时醒来，继续工作，且经常服用无副作用。这种设想是现有产品所不具备的，所以它常用于新产品的开发上。

4. 专利信息利用法

专利文献记录了大量科技发明的成果，相当于列举了大量创新信息。善于有效地利用科技专利文献，有利于新创造发明的诞生。

专利制度在世界范围内已被160多个国家和地区所采用，具有新颖性、创造性和实用性的发明，其实用新型的外观设计都通过专利文献向全世界各地传播。专利文献具有国际化、情报化的特点，反映了创造发明的发展水平，也反映了现代化科学技术的发展面貌。因此，专利文献是创造发明的一个宝库。

2.2.4 逆向反求创新

逆向反求创新主要是按照逆向思维的方式来进行创新的方法，又称"反面求索法"，是指为了达到某一目标，人们通常将考虑问题的思路反转过来，以悖逆常规、常理、常识的方式出奇制胜地找到解决问题的良策。

1. 逆向反转法

（1）功能性反转。功能性反转是指从已有事物的相反功能去设想新的技术发明或寻求解决问题的新途径，它既可以是功能的直接反转，也可以是功能提供方式的反转。

（2）结构性反转。结构性反转是指从已有事物的相反结构形式去设想新的技术发明和解决问题的思路。

（3）因果关系反转。因果关系反转是指通过改变已有事物的因果关系来引发创意和解决问题的新思路。

2. 悖逆常规法

人们头脑中有各种常识、常规、常理，这对于认识世界、指导实践无疑是必须并有益的，但对于创新思维来讲，却可能是一种枷锁或障碍。实质上，创新就是对习以为常的质疑、对循规蹈矩的突破、对天经地义的反叛等过程中产生的。

我国青年速算家史丰收创造的速算法也是悖逆常规的创造。传统的算术都是从低位算向高位，他却反其道而行之，从高位算到低位，一次性获得答案，运算速度甚至可以超过计算器。

3. 逆反心理法

诸葛亮的空城计为大家所熟知。诸葛亮机敏过人、知己知彼，完全洞悉了司马懿的心理，一反谨慎处事常态，大开城门，悠闲抚琴，以此退敌。这就是逆反心理的利用，以悖逆常规的心理状态来决策处事。

类似地，故意把商店广告写得文句不通、白字不少，使顾客误以为老板绝非精明狡诈之徒而乐意光顾；明明写着"白马商店"的牌子却画了匹黑马，能勾起行人好奇之心而令其驻足；大好的商品却偏偏冠以"傻子瓜子""狗不理包子"等，结果招人注目而"丑名远扬"。

4. 重点转移法

在创新活动中，常常会出现这样的情况，当某一课题或目标从一个主攻方向久攻不克时，人们可试图改变研究方向，把问题的重点从一个方面转换到另一个方面，这样便有可能开辟新的思路，使问题迎刃而解。

5. 缺点逆用法

世界上的事物无不具有两重性。"以毒攻毒"就是我国中医宝库中出奇制胜的方略。技术史上一些别具一格的创新，也有"以毒攻毒"的影子。

例如，金属的腐蚀本来是件坏事，但有人却利用腐蚀的原理发明了蚀刻和电化学加工工艺。机械的不平衡转动会产生剧烈的振动，利用它有人发明了夯实地基的蛤蟆夯，等等。

在创新中，利用事物的缺点化弊为利的方法，就称为"缺点逆用法"。巧妙地利用事物的缺点化腐朽为神奇，寻找新的技术创新。可见，事物的缺点本身具有双重功用。一方面，可以引导研究者通过克服缺点作出发明或革新；另一方面，可以引导研究者去寻找化弊为利的途径，产生新的技术创新。

2.2.5 聚合交叉创新

1. 主体附加法

主体附加（添加）法是指以某一特定的对象为主体，通过置换或插入其他技术或增加新附件的创新方法。此法常适用于对产品进行不断的完善、改进。首先，有目的地选定一个主体，运用缺点列举法全面分析主体的缺点，再运用希望点列举法对主体提出种种希望。之后，考虑能否在不变或路变主体的前提下，通过增加附属物以克服或弥补主体的缺陷，考虑能否通过增加附属物，实现对主体寄托的希望。最后，考虑能否利用或借助主体的某种功能，附加一种别的东西使其发挥作用。

2. 二元坐标法

二元坐标法就是借用平面直角坐标系在两条数轴上标点（元素），按序轮番进行两两组合，然后选出有意义的组合物的创新方法。

平面直角坐标系由两条数轴正交组成，横轴和纵轴的任一对实数都可以确定平面上的一个点。如果在坐标轴上标上不同的事物，那么由横轴与纵轴交叉确定的点就是两个事物的组合点，这样即可借助坐标系把所列的客观事物相互联系起来。而后对每组联系做创造性想象，从中产生前所未有的新形象、新设想。最后经可行性分析，确定成熟的技术创造课题。

利用二元坐标法的坐标元素所造的事物，可以是具体的人造产品，如衣服、床、灯具、机枪、蛋糕、汽车之类；也可以是非人造物品，如风、雨、云、泉水、老虎、太空等；还可以是一些概念术语，如锥形、旋转、变色、中心、闪光、卧式等。

通过组合联想，可以突破习惯观念，克服惰性意识，促使标新立异。

3. 焦点组合法

焦点组合法与二元坐标法都是强制联想法。区别在于焦点组合法是以预定事物为中心（焦点），与罗列的各元素一一组合构成联想点，而二元坐标则是各元素间的两两组合。

焦点组合法可以是发散式结构，也可是集中式结构。发散式主要用于新产品、新技术、新思想的推广应用，集中式主要用于寻求某一问题的解决途径。

4. 形态分析法

把几个独立存在的东西加以组合，往往可以产生新的设想或发明。那么，怎样才能找到更多的组合要素，形成大量的设想或发明呢？美国加州理工学院兹维基教授创造的形态分析法为此提供了形式化的科学手段。

第二次世界大战期间，美国情报部门探听到德国正在研制一种新型巡航导弹，但费尽心机也难以获得有关技术情报。然而，火箭专家兹维基博士却在自己的研究室里，轻而易举地搜索出德国正在研制并严加保密的乃是带脉冲发动机的巡航导弹。兹维基博士难道有特异功能？没有。他能够坐在研究室里获得他人难以获得的技术情报，是因为运用了形态分析法。

形态分析法，是一种以系统搜索观念为指导，在对问题进行系统分析和综合的基础上用网络方式集合各因素设想的方法。兹维基博士运用此法时，先将导弹分解为若干相互独立的基本因素，这些基本因素共同作用便构成任何一种导弹的效能，然后针对每种基本因素找出实现其功能要求的所有可能的技术形态。在此基础上进行排列组合，共得到 576 种不同的导弹设计方案。经过筛查分析，在排除了已有的、不可行的和不可靠的方案后，他认为只有几种新方案值得人们开发研究，在这少数的几种方案中，就包含有德国正在研制的方案。

形态分析法是一种利用系统观念来网罗组合设想的创造发明方法。其思路是先把技术课题分解成为相互独立的基本要素，找出每个要素的可能方案（形态），然后加以组合得到各种解决技术课题的总构想方案。总构想方案的数量就是各要素方案的组合数。

形态分析法的一个突出特点是，所得的总构想方案具有全解析的性质。即只要把课题的全部要素及各要素的所有可能形态都列出来，那么经组合后的方案将是包罗万象的。另一特点是具有形式化性质，它主要并非取决于发明者的直觉和想象，而是依靠发明者认真、细致、严密地分析并精通与发明有关的专门知识步骤。

第 2 部分
实践篇

第 3 章 全国大学生创新创业项目

本章导读

大学生创新创业训练计划的目的是增强学生创新能力和基于创新基础的创业能力，以及培养出适应创新型国家建设需要的高水平创新人才。本章带领读者了解全国大学生项目的缘起和目的、级别和分类、项目经费、项目组织和管理；了解大学生创新创业项目的申报要求，包括对项目负责人的要求、对项目申报的要求、对项目的要求；学习大学生创新创业项目申报技巧与典型案例；了解如何选题、如何规范填写申报书。

本章要点

- 全国大学生创新创业项目的申报要求、结题要求及其他有关项目申报的内容
- 全国大学生创新创业的选题
- 项目申报书的撰写

3.1 认识大学生创新创业项目

大学生创新创业训练计划项目，是教育部通过实施该计划项目、促进高等学校转变教育思想观念，达到培养适应创新型国家建设需要的高水平创新人才的目的。

3.1.1 认识项目的缘起和目的

1. 项目缘起

大学生创新创业项目是教育部在"十二五"期间（2011—2015 年）提出的。2011 年，教育部提出设立该项目；2012 年，正式开始实施。2011 年 7 月 11 日，教育部、财政部发布《关于"十二五"期间实施"高等学校本科教学质量与教学改革工程"的意见》（教高〔2011〕6 号），提出支持在校大学生开展创新创业训练，提高大学生解决实际问题的实践能力和创新创业能力。2012 年 1 月 20 日教育部发布《关于批准实施"十二五"期间"高等学校

本科教学质量与教学改革工程"2012年建设项目的通知》（教高函〔2012〕2号），批准北京大学等109所高校实施16300个大学生创新创业训练计划项目，每个项目支持经费1万元。根据上述文件和通知，2012年3月教育部高等教育司发布《关于做好"本科教学工程"国家级大学生创新创业训练计划实施工作的通知》（教高函〔2012〕5号），开始实施大学生创新创业项目计划。

实际上，在教育部设立"全国大学生创新创业训练计划"之前，部分高校已启动"大学生创新创业行动计划"，并已自主设立"大学生创新创业计划项目"。2005年，兰州大学就已有"大学生创新创业计划项目"，主办单位是共青团兰州大学委员会。

2. 项目的目的

教育部规划国家级大学生创新创业训练计划的目的是通过实施该计划，促进高校转变教育观念，改革人才培养模式，强化创新创业能力训练，增强学生创新能力和基于创新基础的创业能力，培养适应创新型国家建设需要的高水平创新人才。

创新创业能力是国家培养高水平人才必备的素质之一。要提高创新创业能力，首先需要培养大学生的创新精神和创新意识。创新精神是指要具有能够综合运用已有的知识、信息、技能和方法提出新方法、新观点的思维能力，并具有进行发明创造、改革、革新的意志、信心和勇气。创新意识是指人们根据社会和个体生活发展的需要，创造前所未有事物或观念的动机，并在创造活动中表现出创造新事物、新观念或新思想的意向、愿望和设想。具备创新意识和创新精神是成为创新型人才的前提条件。要具备创新精神，首先要具备创新意识，即要有改变传统的思维方式，敢于改变传统、提出问题，思考并提出解决问题的方案。所以说，培养创新意识是培养创新精神和培养创新型人才的起点。

创新是一个国家和民族发展的动力，只有不断推陈出新，社会才会不断发展进步，只有具备领先于他人的创新技术，国家和民族才能屹立于世界民族之林。青年人创新具有先天的优势，因为他们更具备改革创新的能力、信心和意志，更具有不畏失败和不畏艰辛的勇气。大学生是时代的青年，要大胆发问、小心求证、精益求精。大学生代表着无限的生机和力量，建设自己的祖国、让祖国变得更强大，更需要每一位积极向上、勇于创新的时代青年——高校大学生。

3.1.2 项目的级别和分类

1. 项目级别

全国大学生创新创业项目分国家级和省级两种，但国家级和省级项目一般采取同时申报、择优遴选、分级立项的方式进行。

一般来说，按照教育部建立国家、地方、高校三级大学生创新创业训练计划实施体系的要求，高校也会设立校级大学生创新创业项目。为了鼓励学生积极申报此类项目，有些高校的二级学院还会设立院级项目。校级项目和院级项目数量则分别由学校和学院评选后根据申报项目数量按比例择优立项,因此该项目就有四个级别:国家级、省级、校级、院级。

该项目由高校动员并组织本校学生申报。为了方便项目的管理和实施,一般同时开展,择优分别立项且同时开展结题(即国家级、省级、校级和院级的项目不分开结题)。有些高校会在校级和省级项目的基础上,推荐优秀项目的学生团队申报"国创计划"项目,并组织符合条件的团队报名参加中国国际"互联网+"大学生创新创业大赛(主赛道和"青年红色筑梦之旅"赛道)或推荐学生、教师申报与企业合作的产学合作创新创业联合基金项目(教育部产学合作协同育人项目)。

2. 项目分类

无论是国家级还是省级、校级或院级的大学生创新创业训练计划项目,都包含三类:创新训练项目、创业训练项目和创业实践项目。

(1)创新训练项目是学生个人或团队在导师指导下,自主完成创新性研究项目设计、研究条件准备和项目实施、研究报告撰写、成果(学术)交流等工作。

(2)创业训练项目是学生团队在导师指导下,团队中每个学生在项目实施过程中扮演一个或多个具体角色,完成编制商业计划书、开展可行性研究、模拟企业运行、参加企业实践、撰写创业报告等工作。

(3)创业实践项目是学生团队在学校导师和企业导师的共同指导下,采用前期创新训练项目或创新性实验等成果,提出一项具有市场前景的创新性产品或服务,以此为基础开展创业实践活动。

自2021年起,该项目分为两类:一般项目和重点支持领域项目,即在"一般项目"的基础上新增了"重点支持领域项目"。"重点支持领域项目"旨在鼓励引导大学生根据国家经济社会发展和重大战略需求,结合创新创业教育发展趋势,在重点领域和关键环节取得突出创新创业成果。在数量上,"一般项目",即每年按惯例申报的"国创计划"项目的推荐数额不超过省级大学生创新创业训练计划项目的1/3;"重点支持领域项目"推荐数额不超过上一年度"国创计划"立项项目总数的2%。视项目进展情况,优秀团队可能会被优先邀请参加全国大学生创新创业年会。

除此之外,2015年,为了鼓励校企协同育人,教育部在大学生创新创业项目通知中同时发布了有关企业与高校共同实施产学合作国家大学生创新创业训练计划联合基金项目的通知,当年还发布了项目实施的组织方式,详见《关于征集2015年产学合作专业综合改革项目和国家大学生创新创业训练计划联合基金项目的函》,并在2016年发布立项名单文件《关于公布2015年产学合作专业综合改革项目和国家大学生创新创业训练计划联合基金项目立项名单的函》(教高司函〔2015〕51号)。

如果教师和大学生要与企业合作,也可以申报教育部产学合作协同育人项目。在此项目管理的六类项目中的一项"创新创业联合基金项目"是由企业提供资金支持高校教师或学生进行创新创业实践的。如果要与企业合作,在申报项目前师生必须了解哪些企业具有提供此类项目申报的资格条件，大学生可以在教育部"产学合作协同育人"项目系统中注册后查询，选择企业进行项目申报，先向企业负责人（系统中有注明）提交申报书，企业及项目组人员会进行审核，审核结果在教育部"产学合作协同育人"项目平台可查询。

3. 项目申报方法

"大创项目"一般通过大学生所在高校进行申报。在校大学生可根据学校发布的大学生创新创业项目申报通知进行申报，填写项目申报书，提交给高校各二级学院。由高校进行审核推荐省级和国家级项目，并同时确定校级项目（如果高校设有校级项目）。有些高校的二级学院会再根据学校推荐的省级和国家级项目、确立的校级项目，再确定自己学院的院级项目。学生只要按照学校通知的时间节点提供申报书或根据通知进行项目答辩即可，确定项目后，再与学校签订项目任务书。

对教育部"产学合作协同育人"项目中的创新创业训练计划联合基金项目的申报，其申报方式与学校发布的大学生创新创业项目通知中的申报方式不同。项目申请人可在教育部"产学合作协同育人"项目系统中下载此类项目申报书。但在填写项目申报书之前最好先确定合作的企业（具备资质的企业名称会在该系统中发布）。大学生在申报该项目之前最好与有负责此类项目资质的企业（在系统中已公布的企业）提前沟通，对合作项目和内容提前计划，再填写项目申报书。项目申报书填写完成后，需要向高校该项目的主管部门申请盖章（例如，如果是教务处管理该项目，则向教务处申请盖章）。盖好章后，将申报书上传该系统，企业的项目管理人员会进行审核。企业通过项目申报审批后，项目负责人需要与企业签署合作协议书（协议书可从系统中下载），填写好并盖上企业和学校的章后上传至该系统，相关管理部门会进行审核。大学生也可以与指导老师一起申报该项目，或者让教师成为项目申请人，学生作为参与者参与到该类项目研究中。该项目所有申报材料须通过教育部"产学合作协同育人"项目网上系统申报，并随时关注审核进度，如果系统给出反馈，认为申报书或某方面存在问题，须及时解决，直到网上系统再次审核通过，才能进行下一步操作。

3.1.3 项目经费、组织和管理

1. 项目经费

国家级大学生创新创业训练计划面向中央部委所属高校和地方所属高校。中央部委所属高校可直接参加，地方所属高校由地方教育行政部门推荐参加。国家级大学生创新创业训练计划由中央财政、地方财政共同支持，参与高校按照不低于1:1的比例自筹经费配套。中央部委所属高校参与国家级大学生创新创业训练计划，由中央财政按照平均一个项目1万元的资助标准予以经费支持。地方所属高校参加国家级大学生创新创业训练计划，由地方财政参照中央财政经费支持标准予以支持。各高校根据申报项目的具体情况可适当增减单个项目资助经费。国家鼓励各参与高校利用自主科研经费或其他自筹经费增加立项项目。

2. 项目组织

教育部要求各地各高校遵循"兴趣驱动、自主实践、重在过程"的原则，以大学生创新创业训练计划项目为载体，安排专项经费资助大学生开展项目式学习、科研训练和创新创业训练与实践。

"大创项目"组织工作由教育部高等教育司负责，具体实施单位为各省区教育行政部门，具体要求是中央部委所属高校直接向教育部高等教育司提交工作方案，非教育部直属的中央部委所属高校同时报送其所属部委教育司（局）；地方教育行政部门将推荐的地方所属高校的工作方案汇总后，一并提交给教育部高等教育司；教育部高等教育司组织专家论证，通过论证后实施。

各高校制定本校"大创项目"的管理办法。规范项目申请、项目实施、项目变更、项目结题等事项管理，建立质量监控机制。要求对项目申报、实施过程中弄虚作假、工作无明显进展的学生及时终止其项目运行。各高校在公平、公开、公正的原则下，自行组织对项目进行评审，报教育部备案并对外公布。

项目结束后，由学校组织项目验收，并将验收结果报教育部。验收结果中必需的材料是各项目的总结报告，补充材料是论文、设计、专利及相关支撑材料。教育部高等教育司在指定网站公布项目的总结报告。

3. 项目管理

每年，教育部高等教育司一般会在3月（或4月、5月）发布当年国家级大学生创新创业训练计划立项工作的通知，各高校根据教育部的通知再发布自己的通知，二级学院动员和组织学院学生申报。二级学院收集学生个人或团队的相关项目申报书和汇总表，组织相关人员进行评审，有些学院在进行集中评审前会组织学生团队进行答辩，择优遴选报学校（一般为教务处）审批，学校再组织相关人员进行审批，确定国家级、省级、校级项目，有些学院如果有经费，还会设立院级项目。各高校向相关部门提交备案立项材料，教育部高等教育司会在当年8月或9月公布立项名单。

另外，教育部高等教育司在每年5月左右发布上一年项目的结题通知，高校根据通知进行结题验收工作。教育部会按照建立国家、地方、高校三级大学生创新创业训练计划实施体系要求，要求各省（区、市）教育厅（教委）统一报送本地的"大创项目"立项和结题项目信息。2022年，国家级大学生创新创业训练计划的立项和结题验收工作的通知是一并发布的（一个通知文件中发布）。

高校一般要在4—5月或7月前完成当年该项目的立项和结题项目的验收工作（每年根据通知规定时间完成，时间会有差异）。同时，要求各省（区、市）教育厅（教委）组织高校登录网络平台完成项目立项和结题验收，以省（区、市）为单位提交国家级与省级大学生创新创业训练计划立项项目汇总表和项目结题验收信息。2022年该项目的要求是各省（区、市）教育厅（教委）完成立项和结题验收后，分别正式行文报送教育部高等教育司（在系统内上传扫描件，无需邮寄纸质版），同时提交2022年大学生创新创业训练计划立项情况数据统计表和结题验收情况数据统计表。立项和结题验收项目报送截止时间一般为当年 6 月月底或 7 月月底。

教育部高等教育司一般会在当年 8 月份公布"国家级大学生创新创业训练计划项目和重点支持领域项目名单"，会公布各类型项目的立项数量，例如：2021 年的创新训练项目 32667 项，创业训练项目 4256 项，创业实践项目 1569 项。要求省级教育行政部门加强本区域大学生创新创业训练计划运行和管理，结合区域经济社会发展特点，深化大学生创新创业教育工作。要求各高校充分发挥国家级大学生创新创业训练计划项目实施和管理的主体地位，加强项目组织管理、落实相关激励政策、提供稳定支持服务、搭建展示交流平台。相关事项，各单位可登录国家级大学生创新创业训练计划平台查询。

该项目对申报单位的管理有以下八点要求：

（1）要求各高校根据本校实际情况适当安排创新训练项目和创业训练项目的比例，并逐步覆盖本校的各个学科门类，须设立一定数量的创业实践项目。

（2）中央财政支持国家级大学生创新创业训练计划的资金，按照财政部、教育部《"十二五"期间"高等学校本科教学质量和教学改革工程"专项资金管理办法》[见《教育部财政部关于批准学科教育教学研究项目的通知》（教高函〔2011〕7 号）]进行管理。各高校参照该办法制定相应的专项资金管理办法，负责创新创业训练计划项目经费使用的管理。项目经费由承担项目的学生使用，教师不得使用，学校不得截留和挪用。

（3）教育部对各高校实施国家级大学生创新创业训练计划的成果进行整体评价。每年组织一次分组评价，根据评价结果，适度增减下一年度的项目数量。

（4）要求高校重视大学生创新创业训练计划对推动人才培养模式改革的重要意义。参与高校要成立由主管教学的校领导牵头负责，组成由教务、科研、设备、财务、产业、学工、团委等职能部门参与的校级组织协调机构，制定切实可行的管理办法和配套政策，将大学生创新创业训练计划的日常管理工作纳入本科生教学管理体系。

（5）要求将大学生创新创业训练计划要进入人才培养方案和教学计划。参与计划高校教学管理部门要从课程建设、学生选课、考试、成果认定、学分认定、灵活学籍管理等方面给予政策支持。要把创新创业训练项目作为选修课程开设，同时要组织建设与创新训练有关的创新思维与创新方法等选修课程，以及与创业训练有关的项目管理、企业管理、风险投资等选修课程。

（6）要求重视大学生创新创业训练计划导师队伍建设。对参与大学生创新创业训练计划的学生实行导师制。参与计划高校要制定相关的激励措施，鼓励校内教师担任大学生创新创业训练计划的导师，积极聘请企业导师指导学生创业训练和实践。

（7）要求重视大学生创新创业训练计划实施的条件建设。参与计划高校的示范性实验教学中心、各类开放实验室和各级重点实验室要向参与项目的学生免费提供实验场地和实验仪器设备。参与计划高校的大学科技园要积极承担大学生创新创业训练任务，为参与计划的学生提供技术、场地、政策、管理等支持和创业孵化服务。

（8）要求高校要营造创新创业文化氛围。搭建项目学生交流平台，定期开展交流活动。鼓励表现优秀的学生，支持项目学生参加校内外学术会议，为学生创新创业提供交流经验、展示成果、共享资源的机会。学校还要定期组织项目指导教师之间的交流。

3.2　了解大学生创新创业项目申报的要求

了解全国大学生创新创业项目的申报要求、结题要求及其他有关项目申报的内容（高校一般将该项目简称为"国创计划项目""大创计划项目""大创项目""双创项目"，本书简称为"大创项目"）。

3.2.1　对项目负责人（第一申请人）的要求

国家级大学生创新创业训练计划项目面向本科生申报，原则上要求项目负责人在毕业前完成项目。创业实践项目负责人毕业后可根据情况更换负责人，或是在能继续履行项目负责人职责的情况下，以大学生自主创业者的身份继续担任项目负责人。

3.2.2　对项目申报的要求

各高校一般根据教育部高等教育司下达的通知发布本校项目申报和结题的通知，要求会有所不同。具体申报和结题时，要参考当年自己高校下发的文件要求。一般来说，申报要求如下：

（1）全日制本科生均可以组成团队申报。有些高校要求不多，只要求学生课余有足够时间和精力参与科研实践，并对科学研究、创造发明或创业有浓厚兴趣，具备从事科学研究或创业的基本素质和能力。有些高校要求申报者学习成绩优良。

（2）有些高校对申报学生所处年级没有要求，有些高校会有要求，例如：项目申报一般以大三、大四学生为主，大四学生不可作为项目负责人。创新训练项目、创业训练项目成员人数不得少于3人，最多不超过5人。创业实践项目成员人数可根据实际需求确定。鼓励来自不同院系、不同专业、不同年级的学生组队申报项目。

（3）每位本科生在校期间只能主持一项国家级或省级大创项目，同时可另外参与一项或限参加两项。超额申请或参加视为全部项目无效。

（4）创业实践项目的申请者可以是本科生团队，也可以是由本科生和研究生组成的团队。在能继续履行项目负责人责任的情况下，允许项目负责人毕业后以大学生自主创业者的身份继续担任该创业实践项目负责人。

（5）学校一般鼓励学生在原有项目（如学生研究计划项目、学科竞赛等）的基础上，进一步深入研究。对已取得一定成果的在研项目的申报项目，学校予以优先考虑（非限定性)。申报创业实践项目需额外提交企业导师合作指导协议书附于申报书后作为附件。

3.2.3 对项目的要求

(1) 项目选题。项目选题要求思路新颖、目标明确，具有创新性和探索性，学生要对研究方案及技术路线进行可行性分析，并在实施过程中不断调整优化。对基于学生研究计划等校级优秀结题项目或已立项且取得明显成果的在研项目的申报项目，需要在申报书中详细说明原有项目取得的成果，以及下一阶段研究内容、研究方向和预期成果有何创新之处。

(2) 项目主体。学生是项目的主体，参与项目的创新团队在导师指导下自主选题设计、自主组织实施、独立撰写结题报告。

(3) 指导教师。每个项目一般选择一位指导教师，也可以有两位指导教师，项目指导教师应热心指导学生课外创新和创业活动。学生在申报项目之前应与指导教师充分沟通，选择合适的指导教师。

(4) 项目申报。项目申请人或项目团队在完成项目申报书后，在规定的时间内向所在高校提交申报书，并及时关注高校对该项目申报的有关通知（有些高校会组织项目团队进行答辩，择优立项，并择优让项目团队入驻本校的大学生创新创业活动中心）。高校评审遴选后报省级教育行政部门和教育部审核备案。

(5) 实施时间。创新训练项目、创业训练项目实施时间为 1 年或 2 年，创业实践项目实施时间至少 2 年，最长不超过 4 年。因为大学生在校时间为 4～6 年，为了不影响后续的学习计划、见习、实习、考公务员、求职等，建议大学生在规定的 1～2 年内完成相关研究，及时完成项目设定的任务，并及时撰写结题报告。如果项目的预期成果有论文等，项目组负责人须及早计划撰写。

3.3 申报大学生创新创业项目

大学生创新创业项目的成功申报，主要从项目选题及申报书撰写两个方面进行。

3.3.1 做好准备工作

1. 选择创新项目或创业项目

选择创新项目还是创业项目取决于对项目的兴趣和选择。大部分学生选择创新项目，是因为创新项目比创业项目相对容易，只要在研究内容、研究方法、研究思路等某一方面有所创新就能申报。但是，如果你已经有了很好的创业想法，又想利用该项目提供的资金做一次创业尝试，也可以选择创业训练项目或创业实践项目。

这两类创业项目中，一般先做创业训练项目，创业训练项目结题后，可在创业训练成果的基础上申报创业实践项目。当然也可以在创新项目成果的基础上申报创业实践项目。创业训练项目和创业实践项目都与创业相关，都要做创业实践，虽然创业训练项目有模拟的性质，但不同于创新项目，这些项目具有较强的实践操作性。

2. 选题

创新项目的选题可以根据自己的兴趣爱好自主选择，也可以依据指导教师的项目研究课题进行选择。可多与指导教师沟通交流，他会给你推荐选题或帮助你选择合适的选题。当然，如果团队有想做的选题，可以根据自己的兴趣爱好自主定题，再找相关指导教师进行指导。做好以下准备将有助于选题。

（1）具备问题意识。大学生创新创业项目一般每年4月申报，高校一般会在新生进行入学教育时向学生介绍该项目，大学生在入学后要进行积累，多听、多看、多思考，想好以后就可以与志趣相投的同学或校友一起申报（可以是同班、同专业的同学，也可以是不同班、不同专业的同学）。平时要注意培养问题意识，保持积极的思想态度。

学生可以留意学习中遇到的疑问，确定专业方向的研究课题，进行创新性研究。关于专业问题，可以咨询任课老师或项目指导老师；也可以留意生活、学习中遇到的不便之处，善于发现问题，思考如何利用创新的方法去解决问题。即使是某些已经有解决方案的问题，项目负责人或团队成员也可以思考更优的解决方案，从这些思路去选题和定题；也可以了解地方优势行业及其存在的问题，发现其中值得研究的问题，从而定题。

（2）具备创新意识。当代大学生具有挑战传统的观念和创新精神，这种创新精神往往造就大学生创新创业的动力。大学生创新创业项目的关键在于他们的项目是否具备创新性。因此，学生团队的创新意识不可或缺，项目的创新可以是研究视角的创新、研究内容的创新、研究方法的创新、技术的创新、概念创新、所研究产品的功能或应用领域的创新等。创新点不必多，一个足矣，多多益善。

（3）关注社会时事。善于发现社会发展中的新现象、新问题，从中寻找思路。可以选择符合国家建设和发展要求的题目或与民生相关的热点问题。当然，也可以从团队出发选择成员感兴趣的题目，或对社会、对国家、对生活、对行业和专业能带来益处的选题，尽量避免不符合国家发展建设要求的选题，避免受负能量题材影响。

（4）查阅和搜集资料。在选题之前，可能要阅读相关文献材料进行定题。可从知网文献库或一些行业平台获取相关数据，有些项目可能需要做相关市场调查，可以用"问卷星"等网络平台做调查，也可以在自己所在地区的行业市场或学校做相关调查。对于商业创业类选题，最好先了解市场，做必要的市场调研，确定选题的可行性。（在写申报书时，也要利用文献库和平台收集有关选题的研究现状和数据，并将数据分析写进申报书中。）

3. 组建团队

选择性格、兴趣、爱好相投的团队成员是非常重要的，团队成员之间最好能够能力和优势互补、互相帮助，具有团队精神，能分工合作并协力完成研究任务。如果项目是创业项目，有企业资金或自筹资金，也可以在团队成员中增加校外的企业人员或提供资金的合作人员，但成员数量不要超过项目规定的人数（一般为 5 人）。

4. 选择指导教师

可以在选题前确定指导教师，也可以在确定选题后确定指导教师。如果项目需要与企业合作完成，一般来说，还要选择企业的指导教师对项目进行指导。

3.3.2 项目申报书写作及案例分析

项目申报书采用填表的形式，主要围绕要做什么、为什么要做、如何做、有什么优势这四方面来写，主要填写内容和建议如下。

1. 项目名称和项目简介

大学生创新创业项目的名称尽量简洁清楚，让看项目书的人一眼就能了解你要做什么，最好项目能体现创新点。

创新训练项目名称可以是传统严肃的研究话题型题目，例如："海丝文化海外传播与语言服务""基于师生共创的政府专项资金绩效评价模式构建与实践"，也可以是用了修辞手法的创新性标题，例如：余阳暖心、杏林养老、"举个栗子"打造乡村振兴的齐鲁样板。创业训练和创业实践项目可以类似，例如：山农酥梨——一种好梨，一亩万"利"，也可以冠上产品或服务的商标，例如："归居"线上民宿预订网、香满堂生态酒庄——赣南脐橙第一酒庄（何望，2021）。创业项目标题除了要简洁清楚，最好能有亮点，这样更能吸引他人。

项目简介一般限定在 200 字以内，所以要突出重点，可以先写大概内容，待完成全部项目申报书的内容之后，再修改项目简介。一般项目简介简单说明项目的背景，重点介绍项目要做什么、怎么做，最后说明项目的重要意义，可突出创新点。

2. 申请理由

申请理由，即为什么申请该项目，内容可以涉及理论问题、社会现实问题，项目负责人和团队成员发现问题的过程等。通常会阐述目前的"痛点"问题，因为存在"痛点问题"，才有了解决这一"痛点问题"的预想方案。当然，如果项目的提出与项目负责人或团队成员的背景有关，也可以从负责人和团队成员的知识条件、兴趣特长、工作经历、创业经历、已有的实践创新成果等角度去阐述选择这个项目的理由，突出重点。此外，还可以从项目重要意义的角度阐述申请理由。

3. 项目方案

项目方案是项目申报书的主体部分，要紧紧围绕项目要做什么、如何做来写。创新训练项目一般介绍项目的背景、目标、内容、实施计划、特色、研究路线、进度安排等。

创新训练项目可以是创新研究（理论或实践）项目，与指导老师平常所做的科研项目计划书的内容比较相似，所以指导老师一般都能很好地指导学生写项目书。可以先将项目计划与指导老师进行商量，项目方案的写作内容可以参考一些已经做好的项目申报书，根据自己项目的内容进行填写。

创业项目填写的内容一般包括：行业及市场前景、创新点与项目特色、生产或运营、管理模式、风险预测及应对措施、效益预测、经费预算、投资融资方案等，主要说明项目的产品服务内容、市场分析结果、商业模式、营销策略、财务分析、风险控制、团队情况与分工、经费使用（可以选择使用不同的小标题用来区分各部分内容）。

创业项目书在各类创业大赛中非常重要，是创业计划的展示，可以让投资者了解项目的内容、前景和发展、团队的水平和能力，写得好的计划书容易引起投资者的注意。如果拟计划该项目要去参加"互联网+"创新创业大赛，则最好先了解一下大赛对项目计划书的评审要求，这样才能更有针对性地写大学生创新创业项目申报书（并同时满足项目申报书写作和参赛要求）。这里介绍创业训练项目申报书前七项主体部分内容的写作。

（1）行业及市场前景。主要说明自己要做的事情隶属于哪一行业（什么产品或服务），这一行已有的基础如何、未来发展前景如何（市场分析），对目前市场和未来市场的前景分析一般包括与项目直接相关的行业背景、市场规模、政策法规、发展趋势等分析。在写本部分内容时，建议先进行市场调查、搜集数据。通过问卷、访谈、网络调查等方法获取一手数据，注意样本选取量尽量不要低于 30 份，也可以通过行业统计年鉴、行业报告、其他文献等获取二手资料。本部分最好能说明发现了一个什么痛点,市场分析要写得具体、有针对性，与所要做的事要紧密相关，避免泛泛而谈。

如果已有相关的产品或服务，可对目前市场份额做简要分析，说明自己项目产品或服务的差异化机会，也可做 SWOT 分析，列出该项目的优势、劣势、机会、威胁，为市场策略制定提供决策依据。如果有必要，说明目前是做该项目正确的时机。建议多用数据或案例说明，直观且有说服力，能更好地说明市场需求和未来市场前景。

（2）创新点与项目特色。团队要思考、总结、提炼自己项目的创新点（与众不同的地方）。思考自己的项目是否符合市场趋势、是否对接消费痛点、哪些地方与他人所做的相同、哪些地方与他人所做的不同、你的解决方案为什么比别人更优、优势体现在哪些方面等。

（3）生产或运营（或商业模式）。主要说明团队要做什么事情、如何做这件事情，说明项目的商业运营模式、如何通过运营产生价值，要说明的内容如下：

1）关键的业务（实践内容）是什么或项目核心任务是什么。
2）项目拥有哪些资源，如何利用这些资源完成要做的事情。
3）客户群体是谁，或所做的这件事能帮助谁。
4）如何建立客户关系。如果是产品或服务，说明如何将产品或服务送达用户。销售渠道如何。

5）如何利用资源能让所做事情进展顺利并获利。

6）有没有合作伙伴，他们如何帮助你达成目标。

7）需要哪些成本，所需费用结构和收入结构是怎样的。

如果是产品，可以围绕产品定位结合市场分析制定营销策略。可分阶段阐述不同策略：产品价格策略、销售渠道策略、促销策略等。也可以围绕各阶段的营销目标，从以上三方面选择性阐述，可重点阐述如何做推广、如何快速提高市场占有率（推新、产品低价渗透、网点增加等）、如何应对激烈的竞争。如果是"服务＋产品"，例如有关健康服务的项目，其服务价值就是提供健康指导；核心任务可能是线上线下讲座、视频宣传、健康产品推荐或销售等；核心资源是懂得健康调理和健康生活的人员；客户群体是认同健康生活的人群；客户关系可通过公众号文章推送、线下讲座等进行维护；渠道策略是通过朋友圈转发、健康产品网店二维码广告进行宣传，通过公众号订阅课程、团购产品等；重要合作伙伴有健康产品的供应商、微商、推广伙伴等；费用包括公众号的开发维护费、推广费、材料及人工费；收入结构包括课程销售收入、产品销售收入、合作广告收入等（郑金华，2019）。做营销策划时，要思考项目是否符合市场趋势、是否能够对接消费痛点，如果你是客户，你会选择该产品吗？要以客户的视角审视该项目能否帮到客户。

（4）管理模式（团队情况和分工）。说明项目运营后如何管理，例如团队规模和人员组成，组织结构设置，主要成员的分工、背景和特长，工作流程关系，个人能力与岗位的匹配度，团队的核心竞争优势等。创新创业项目鼓励跨学科跨专业组队，实现互补，凸显团队的优势。如果项目是科技成果转化项目，需说明科技成果的专利人、发明人与团队的关系。

（5）风险预测及应对措施。应预测可能面临的风险并提出解决方案。内部风险可从团队、管理、费用、经济纠纷等方面考虑。经济纠纷的避免方式是在工商注册前明确股权比例，持股比例取决于项目的核心要素（技术导向/渠道导向/资本导向/客户导向），掌握核心要素的成员应占有更多股权。外部风险可从用户流失、成本增加、行业转型、恶性竞争等方面考虑。对于大多数创新创业项目而言，风险还存在于项目是否能够盈利或因团队成员管理不力造成项目无法达到目标，甚至无法完成。

（6）效益预测。一般预测项目未来 1 年左右的收支状况，建议不要写未来 3 年甚至 5 年的财务预估，除非已经是非常成熟的项目。

（7）投融资方案。介绍所需费用结构和收入结构，团队可以解决哪部分资金，还有哪些资金需要什么样的融资方案实现等。如果是有潜力的创业实践项目，可更清楚地规划资金，写明未来 6 个月或 1 年的融资计划，需要多少资金、用这些资金干什么、达成什么目标、利润如何分配等。

4. 经费使用

要列明完成该项目需要哪些费用，即主要写明该项目获得的资金都用在哪些方面，一般为调研费、差旅费、会议费、设备购置费、资料费、论文发表费等。如果项目需要定制产品或服务，也可以增加这些费用项目。

5. 申报书填写要求

填写申报书时，一般文档第 2 页是填表说明（参考附录 1）。

如果是创业训练项目，一般有如下选题供选择：学生自主选题，源于自己对课题的长期积累与兴趣；源于教师科研项目选题；学生承担社会、企业委托项目选题；拔尖专项；竞赛专项；研修专项。项目申报团队根据自己的情况选择即可。

如果在写申报书时，有支撑材料，例如调查问卷、产品专利证书、与合作单位的合同或协议、工商执照、能反映项目正在筹备中的活动照片、团队成员资质证书等，可在申报书后设置附录，附上相关材料。

总之，项目申报书要说清楚四个问题：一是痛点问题所在，痛点是什么？目前有解决方案吗？有什么样的解决方案？二是解决方案，即你有什么新的解决方案？三是创新点，即用什么新方法来解决问题？你的解决方案不同于前人的地方在哪？四是除了说明团队做什么、为什么做，还要说明你们的团队是一个什么样的团队？为什么要选择你们团队来做？你们团队的优势是什么？项目会有什么风险？如何规避风险？

如果是创业训练和创业实践项目，一定要思考投资人可能最关注什么问题，这些需要在项目书中重点阐释。例如产品或服务的核心竞争力，必要时利用市场调研数据来说明，尽量用图表说明自己的竞争策略，或通过与竞争对手的对比说明自己的优势，或用商业模式来深挖项目的创新和亮点。创业实践项目一般是有前期创新创业训练基础的项目，项目在前 1~2 年间会有运营数据，要通过数据来判断你的解决方案是否合理，是否需要一定修改。

大学生创新项目重要的是项目的可行性、创新性，此外，创业项目也重视盈利性。项目书填写好后，一定要检查内容是否填写完整，是否有逻辑，格式是否规范，表述是否简洁、一目了然。好的项目加上好的表述，即完整详细、清楚的申报书，才可能被优中取优。

6. 其他注意事项

大学生创新创业项目除了要有好的创意，还需要团队成员具备一定的执行力。任何项目都需要学生去实践完成，团队成员执行效果如何，在项目过程中遇到问题时如何解决，如何让项目落地并顺利完成，这些都需要一个团队的齐心协力。所以好的项目书要体现团队成员强有力的执行力和协作能力。

在项目方面，有些项目为低成本创业，可能没有融资需要，但如果想做成规模化生产经营，就会有融资需求。创业项目团队后期如果需要更多经费支持，可以开拓新思路，多渠道筹集资金，例如利用企业赞助自筹资金，也可利用风险投资或银行贷款，但要避免盲目借贷。

大学生长期生活在校园里，难免对社会缺乏了解，尤其是在市场开发和企业运营方面，容易陷入纸上谈兵的误区，所以大学生创业前要做好充分准备。一方面，大学生应该多参加社会实践，积累相关的营销和管理经验；另一方面，积极参加创新创业培训，积累创业知识，接受专业指导，提高创业成功率。从高校人才培养角度来看，高校可以通过创新创业培训，增加大创项目数量，提高应用型创新型人才培养质量。

本章最后附近两年申报该项目的申报书模板，包括创新训练项目申报书模板 2 份（附录 1 和附录 2）和创业训练项目申报书模板 1 份（附录 3）。为了让同学们了解大学生创新创业项目的相关管理规定和申报流程，读者可在教育部相关网站上检索获取与项目申报和实施相关的文件和通知。

第 4 章
"挑战杯"竞赛

📖 本章导读

创业计划竞赛起源于美国,又称商业计划竞赛,是风靡全球高校的重要赛事。它采用风险投资的运作模式,要求参加者组成优势互补的竞赛小组,提出一项具有市场前景的技术、产品或者服务,并以此完成一份完整、深入的创业计划。作为学生科技活动的新载体,创业计划旨在培养复合型、创新型人才,促进高校产学研结合,同时也是大学生素质拓展计划的重要组成部分。本章主要介绍"挑战杯"中国大学生创业计划竞赛的要求,读者应在了解中国大学生创业计划竞赛要求基础上重点掌握计划书的写作规范、写作策略及课题选定等其他备赛技巧等。

随着"挑战杯"中国大学生创业计划竞赛的不断发展,越来越多的大学生开始涉足创新创业领域。外语技能在这个过程中扮演着重要的角色,它既是重要的工具,也是拓展国际市场的重要途径。因此,将外语技能与"挑战杯"中国大学生创业计划竞赛结合起来已经变得越来越重要。

📋 本章要点

- "挑战杯"中国大学生创业计划竞赛要求
- "挑战杯"全国大学生课外学术科技作品竞赛要求
- 项目计划书写作规范、策略与项目计划的课题选定

"挑战杯"竞赛在中国共有两个并列项目,一个是"挑战杯"中国大学生创业计划竞赛,简称"小挑",另一个是"挑战杯"全国大学生课外学术科技作品竞赛,简称"大挑"。两者的比赛侧重点不同,"大挑"注重学术科技发明创作带来的实际意义与特点,而"小挑"更注重市场与技术服务的完美结合,商业性更强。伴随社会经济的发展和对外语人才的需求不断提升,培养专业的高素质人才迫在眉睫。外语在实际生活的各个领域中得到广泛应用,新时代对于外语专业人才提出了新的要求,外语专业学生个人能力发展愈发受到重视,学校和教师要利用有效的教学方法,为学生创造实际锻炼的机会,让学生

的创新创业能力得到塑造，为学生未来就业提供有效帮助，为社会提供所需的优秀人才，为社会主义事业发展提供有力支撑，为社会经济的发展做贡献。"挑战杯"竞赛为培养优秀的外语人才提供了平台。

4.1 备战"挑战杯"中国大学生创业计划竞赛

"挑战杯"中国大学生创业计划竞赛是由共青团中央、中国科协、教育部、全国学联主办的大学生课外科技文化活动中一项具有导向性、示范性和群众性的创新创业竞赛活动，每两年举办一届。

"挑战杯"中国大学生创业计划竞赛的宗旨是培养和启迪我国大学生的创新意识与创意思维，从而提升创造能力、造就创业人才。

4.1.1 了解竞赛目的与流程

"挑战杯"中国大学生创业计划竞赛的目的是深入学习贯彻习近平新时代中国特色社会主义思想，聚焦为党育人功能，从实践教育角度出发，引导和激励高校学生弘扬时代精神，把握时代脉搏，将所学知识与经济社会发展紧密结合，培养和提高创新、创造、创业的意识和能力，并在此基础上促进高校学生就业创业教育的蓬勃开展，发现和培养一批具有创新思维和创业潜力的优秀人才。当前社会发展进入新的时期，学校和教师需要重视外语专业大学生创新创业能力的塑造，帮助学生形成正确的创新创业观念，加强对学生的引导，缓解学生的就业负担，为学生顺利步入社会做一个良好铺垫。

大赛分校级初赛、省级复赛、全国决赛。校级初赛由各校组织，广泛发动学生参与，遴选参加省级复赛项目。省级复赛由各省（自治区、直辖市）组织，遴选参加全国决赛项目。全国决赛由全国组委会聘请专家根据项目社会价值、实践过程、创新意义、发展前景和团队协作等综合评定金奖、银奖、铜奖等项目。大赛期间，组委会组织参赛项目参与交流展示活动。

4.1.2 了解竞赛对象与奖项

凡在举办竞赛终审决赛当年 7 月 1 日以前正式注册的全日制非成人教育的各类高等院校在校专科生、本科生、硕士研究生和博士研究生（均不含在职研究生）都可参赛。参赛形式是以学校为单位统一申报，以创业团队形式参赛，原则上每个团队人数不超过 10 人。

全国评审委员会对各省（区、市）报送的参赛作品进行复审，评出参赛作品总数的 90% 左右进入决赛。竞赛决赛设金奖、银奖、铜奖，各等次奖分别约占进入决赛作品总数的 10%、20% 和 70%。各组参赛作品获奖比例原则上相同。

全国评审委员会将在复赛、决赛阶段，针对已创业（甲类）与未创业（乙类）两类作品实行相同的评审规则。计算总分时，将视已创业作品的实际运营情况，在其实得总分基础上给予1%～5%的加分。

参加全国终审决赛的作品，确认资格有效的，由全国组织委员会向作者颁发证书，并视情况给予奖励。参加各省（区、市）复赛的作品，确认资格有效而又未进入全国竞赛的，由各省（区、市）组织协调委员会向作者颁发证书。

竞赛设20个左右的省级优秀组织奖和进入决赛高校数30%左右的高校优秀组织奖，奖励在竞赛组织工作中表现突出的省份和高校。优秀组织奖的评选主要依据为网络报备作品的数量和进入决赛作品的质量。省级优秀组织奖由主办单位评定，报全国组织委员会确认。高校优秀组织奖由各省（区、市）组织委员会提名，主办单位评定后报全国组织委员会确认。

在符合"挑战杯"中国大学生创业计划竞赛章程有关规定的前提下，全国组织委员会可联合社会有关方面设立、评选专项奖。

竞赛结束后，对获奖作品保留一个月的质疑投诉期。若收到投诉，竞赛领导小组将委托主办单位有关部门进行调查。经调查，如确认该作品资格不符，将取消该作品获得的奖励，取消该校、该省所获的优秀组织奖，通报全国组织委员会成员单位，并视情节轻重给予所在学校取消参赛资格或其他处罚。

4.1.3 了解竞赛要求

1. 竞赛基本要求

参赛项目应有较高立意，积极践行社会主义核心价值观，应符合国家相关法律法规规定、政策导向，应为参赛团队真实项目，不得侵犯他人知识产权，不得借用他人项目参赛。存在剽窃、盗用、提供虚假材料或违反相关法律法规的，一经发现，将取消参赛权并自负一切法律责任。

2. 竞赛项目申报要求

按普通高校和职业院校分类申报，每所学校限参加一类。聚焦创新、协调、绿色、开放、共享五大发展理念，设五个组别：

（1）科技创新和未来产业组。突出科技创新，在人工智能、网络信息、生命科学、新材料、新能源等领域，结合实践观察设计项目。

（2）乡村振兴和脱贫攻坚组。围绕实施乡村振兴战略和打赢脱贫攻坚战的目标，在农林牧渔、电子商务、旅游休闲等领域，结合实践观察设计项目。

（3）生态环保和可持续发展组。围绕可持续发展战略，在环境治理、可持续资源开发、生态环保、清洁能源应用等领域，结合实践观察设计项目。

（4）城市治理和社会服务组。围绕国家治理体系和治理能力现代化建设，在政务服务、消费生活、医疗服务、教育培训、交通物流、金融服务等领域，结合实践观察设计项目。

（5）文化创意和区域合作组。突出共融、共享，紧密围绕"一带一路""京津冀""长三角""粤港澳大湾区""成渝经济圈"等经济合作带建设，在工艺与设计、动漫广告、体育竞技和国际文化传播、对外交流培训、对外经贸等领域，结合实践观察设计项目。

4.1.4 掌握技巧、备战竞赛

1. 赛事特点

自创业计划开展以来，该赛事的特点日益突出，主要集中在以下三方面。

（1）该赛事已经形成了举国体制、自上而下的实施格局。在起始阶段的第一届和第二届，该赛事的覆盖范围仅仅局限于24个省、自治区和直辖市。但是，从2004年第四届起，该赛事的覆盖范围已发展至内地以及港、澳、台地区的高校。

（2）该赛事实现了由模拟创业向实战创业设计实施转变。此特点主要体现在创业竞赛环节上的设计变化，且这一变化主要集中在第七届、第八届、第九届竞赛环节的设计上。具体表现在两个方面。一是从2010年吉林大学承办的第七届创业竞赛开始，主办单位在项目计划书评审、公开答辩和秘密答辩三个原有环节基础上，新增了网络虚拟运营竞赛环节。该环节要求参赛创业项目要在网络虚拟环境下完成企业模拟注册、创建、运营、管理等所有决策，并与其余参赛团队模拟对抗实战，将模拟运营环境的成绩作为项目评审的重要参考依据。二是2012年同济大学承办的第八届创业竞赛首次将参赛团队分为"已注册公司"和"未注册公司"两个组别，对于已注册公司的创业项目在评审时给予一定分数奖励。2014年，华中科技大学承办的第九届创业竞赛将参赛团队分为"已创业"和"未创业"两个组别，并进行了专业分类申报。这些分组、分类环节的增加表明"挑战杯"中国大学生创业计划竞赛已不再仅是评计划、看创意的"坐而论道"与"纸上谈兵"，而是赋予其新的内涵与意义、成为高校大学生模拟创业向实战创业转变的综合性实践教育平台。

（3）该赛事促进了优秀创业项目与风险投资的有效对接。随着"挑战杯"中国大学生创业计划竞赛的推进与实施，其社会成效日趋凸显，社会影响不断扩大。首先，从第三届竞赛开始，一些优秀创业项目获得了风险投资机构的关注。以第三届竞赛为例，部分参赛作品开赛前就吸引了部分风险投资，金额达上亿元，决赛后正式签约项目4项，金额达5760万元。自此，优秀创业项目与风险投资机构的有效对接成为此项赛事的突出亮点，此后每届都有成功获得风险投资的典型案例。这一情况表明风险投资机构的引入一方面在连接高校资源与社会资源上发挥着重要的桥梁与纽带作用，另一方面也极大地调动了学生参与创业竞赛的积极性与主动性，有效促进了优秀创业项目的成果转化与市场转化。其次，从第九届竞赛开始，竞赛采取"3+2"全新赛制。这一全新赛制的实施一方面促进了该项赛事的多元化与精细化发展，另一方面促进了更多优秀创业项目的脱颖而出，大大增加了这些项目成果市场转化的机会，极大地推动了这些项目与风险投资的有效对接。

大赛的设立为学生提供了创新创业培训的机会,让学生能够学习优秀的实践经验,树立创新创业的自信心。与此同时,能够让外语专业的学生自觉投入创新创业探索之中,进而有效融入市场竞争,为自身创新创业的发展积累经验。

2. 备赛技巧

对初创的风险企业来说,创业计划书的作用尤为重要。一个酝酿中的项目往往很模糊,通过制定创业计划书,把正反理由都书写下来,之后再逐条推敲,让创业者对项目有更清晰的认识。可以这样说,创业计划书首先是把计划中要创立的企业推销给创业者自己。其次,创业计划书还能把计划中的风险企业推销给风险投资家,公司创业计划书的主要目的之一就是为了筹集资金。因此,创业计划书必须要说明两点。一是创办企业的目的,即为什么要冒风险,花精力、时间、资源资金去创办风险企业。二是创办企业需要多少资金?为什么要这么多的钱?为什么投资人值得为此注入资金?对已建的风险企业来说,创业计划书可以为企业的发展定下比较具体的方向和重点,从而使员工了解企业的经营目标,并激励他们为共同的目标而努力。更重要的是,它可以使企业的出资者及供应商、销售商等了解企业的经营状况和经营目标,说服出资者(原有的或新来的)为企业的进一步发展提供资金。

基于上述理由,创业计划书将是创业者所写的商业文件中最主要的一个。那么,如何制定创业计划书呢?那些既不能给投资者充分的信息也不能激发投资者兴趣的创业计划书,其最终结果只能是被淘汰。为了确保创业计划书能"击中目标",创业者应做到以下几点:

(1)关注产品。在创业计划书中,应提供所有与企业产品或服务有关的细节,包括企业所实施的所有调查。这些问题包括产品目前所处阶段、产品的独特性、企业分销产品的方法、使用企业产品的人群及原因、产品的生产成本及售价,以及企业发展新的现代化产品的计划。把出资者拉到企业的产品或服务中来,这样出资者就会和创业者一样对产品产生兴趣。在创业计划书中,创业者应尽量用简单的词语来描述每件事。商品及其属性的定义对创业者来说是非常明确的,但其他人却不一定清楚它们的含义。制定创业计划书的目的不仅是要出资者相信企业的产品会在世界上产生革命性的影响,同时也要使他们相信企业有证明它的论据。创业计划书对产品的阐述,要让出资者感到对这个产品很有信心。

(2)敢于竞争。在创业计划书中,创业者应细致分析竞争对手的情况,例如竞争对手都是谁?他们的产品是如何工作的?竞争对手的产品与本企业的产品相比,有哪些相同点和不同点?竞争对手所采用的营销策略是什么?要明确每个竞争者的销售额、毛利润、收入及市场份额,然后再论本企业相对于每个竞争者所具有的竞争优势,要向投资者展示顾客偏爱本企业的原因。出色的创业计划书可以使它的读者相信,本企业不仅是行业中的有力竞争者,而且将来还会是确定行业标准的领先者。在创业计划书中,企业还应阐明竞争者给本企业带来的风险及本企业所采取的对策。

（3）了解市场。创业计划书要给投资者提供企业对目标市场的深入分析和理解，要细致分析经济、地理、职业及心理等因素对消费者选择购买本企业产品这一行为的影响。创业计划书中还应包括一个主要的营销计划，计划中应列出本企业打算开展广告、促销及公共关系活动的地区，明确每一项活动的预算和收益。创业计划书中还应简述企业的销售战略，包括企业是使用外面的销售代表还是使用内部职员？企业是使用转卖商、分销商还是特许商？企业将提供何种类型的销售培训？此外，创业计划书还应特别关注一下销售中的细节问题。

（4）表明行动的方针。企业的行动计划应该是无懈可击的。创业计划书中应该明确下列问题：企业如何把产品推向市场？如何设计生产线？如何组装产品？企业生产需要哪些原料？企业拥有哪些生产资源以及还需要什么生产资源？生产和设备的成本是多少？企业是买设备还是租设备？计划书还应解释与产品组装、储存以及发送有关的固定成本和变动成本的情况。

（5）展示管理队伍。把一个思想转化为一个成功的风险企业，其关键因素就是要有一支强有力的管理队伍。这支队伍的成员必须有较高的专业技术知识、管理才能和多年工作经验，要给投资者很专业的感觉。管理者的职能就是计划、组织、控制和指导公司实现目标的行动。创业计划书应首先描述一下整个管理队伍及其职责，然后再分别介绍每位管理人员的特殊才能、特点，细致描述每个管理者将对公司做出哪些贡献。创业计划书中还应明确管理目标及组织机构。

（6）出色的计划摘要。创业计划书中的计划摘要也十分重要。它必须能让读者有兴趣并渴望得到更多的信息，从而给读者留下长久的印象。计划摘要将是创业者所写的最后一部分内容，但却是出资者首先要看的内容，它将从计划中摘录出与筹集资金联系最紧密的细节，包括对公司内部的基本情况、公司的能力以及局限性、公司的竞争对手、营销和财务战略、公司的管理队伍等情况的简明而生动的概括。如果公司是一本书，它就像是这本书的封面，做得好就可以吸引投资者。

（7）检查。在创业计划书写完之后，创业者需要再对计划书做进一步检查，看一下该计划书是否能准确回答投资者的疑问，争取投资者对本企业的信心。创业者通常可以从以下几个方面对计划书加以检查：

1）你的创业计划书是否显示出你具有管理公司的能力。如果缺乏管理公司的能力，那么一定要明确说明已经雇了一位经营大师来管理公司。

2）你的创业计划书是否显示了你有能力偿还借款。要给投资者提供一份完整的比率分析。

3）你的创业计划书是否显示出你已进行过完整的市场分析。要让投资者坚信你在计划书中阐明的产品需求量是真实的。

4）你的创业计划书是否容易被投资者所领会。创业计划书应该设有索引和目录，以便投资者可以较容易地查阅各个章节。此外，创业者还应保证目录中的信息流是有逻辑的和现实的。

5）你的创业计划书中是否有计划摘要并确保计划摘要被放在了最前面，计划摘要相当于公司创业计划书的封面，投资者首先会看到它。为了保持投资者的兴趣，计划摘要应写得引人入胜。

6）你的创业计划书在文法上是否全部正确。如果你不能保证，那么最好请人帮你检查一下。计划书的拼写错误和排印错误会让企业家丧失投资该项目的信心。

7）你的创业计划书能否打消投资者对产品和服务的疑虑。可以的话，你可以准备一件产品模型。创业计划书中的各个方面都会对筹资的成功与否产生影响。因此，如果你对创业计划书缺乏成功的信心，那么最好去查阅下计划书编写指南或向指导老师请教。

3. 案例评析

Easytour——基于×××市旅游智能全英文导览一站式服务的解决方案

……（略）

第二章 市场调查与分析

2.1 市场现状

  2.1.1 ×××区域旅游市场现状

  2.1.2 旅游App市场现状

2.2 市场痛点分析

2.3 竞争分析

  2.3.1 竞争App分析

  2.3.2 竞争优势

  2.3.3 SWOT分析

SWOT分析

	内部因素	
	优势（Strength）	劣势（Weakness）
外部因素	（1）技术创新，模式创新 （2）产品拓展潜力巨大 （3）社会经济价值明显 （4）制作、运行成本与App相比较低	（1）团队知名度不高 （2）初期公共关系薄弱，初期销售渠道不易扩展
机会（Opportunities）	优势和机会（SO）	劣势和机会（WO）
（1）政府政策支持 （2）需求广泛 （3）尚未出现行业龙头	（1）制定严格质量控制制度，保证产品质量 （2）满足市场需求，改善旅游质量，解决市场需求 （3）迎合政府政策	（1）与政府合作，区域性试点服务 （2）通过与利益相关行业合作，促进品牌推广

续表

威胁（Threats）	优势和威胁（ST）	劣势和威胁（WT）
（1）市场投入风险 （2）目标市场对于产品的认知不充分	（1）对比优势产品特征，充分增强系统功能 （2）着力宣传产品的独特性、高质量性	（1）多途径宣传，提升产品业内知名度 （2）提升产品性能，通过实际产品赢得市场信誉

首先，该企业计划书结构紧凑、布局合理。以第二章为例，从目前的×××市旅游现状出发，深度分析了旅游市场的现状以及旅游 App 的使用现状，结合实体的市场规模调查研究及 App 对×××旅游市场的后台分析，使这部分的市场调查更加科学和理性。

其次，对×××旅游市场的痛点分析不仅仅直接点出了目前×××旅游市场存在的问题，并且还根据问题提出了可参考的解决方案和应对措施，从中也可反映出此次计划项目书的实践意义和所提出服务的必要性和前瞻性。

最后，在采用 SWOT 法对×××旅游产品进行竞争性分析时，彰显商业性。SWOT 分析法由美国哈佛大学商学院的肯尼斯·安德鲁斯教授于 1971 年提出，该方法将组织的内部和外部环境因素等各方面进行归纳和概述，以此可以用来分析一个组织或者集群的内部优势（Strengths）、内部劣势（Weakness）、外部机遇（Opportunities）、外部威胁（Threats）。运用这种方法，可以对研究对象所处的情景进行全面、系统、准确地研究，从而根据研究结果制定相应的发展战略、计划及对策等。此份创业计划书归纳总结了该旅游产品服务的优势和竞争力以及对其发展有利的外部因素，同时团队也分析了该产品服务可预见的短板、不足及外部不利因素。基于对内部和外部的优势劣势总结，团队提出了具有靶向意义的对策和解决方案，体现出该团队对其产品服务的深刻认识和理性思考，这就是一个创业团队所需的基本精神。

确定一个创业团队的创业精神，可以让学生充分意识到创新创业对自己就业发展的重要性，不断提升自身创新创业的思想意识，缓解困难情绪。这为创设良好的外语专业创新创业环境，为学生今后的就业发展奠定良好的基础。

4.2 备战"挑战杯"全国大学生课外学术科技作品竞赛

"挑战杯"全国大学生课外学术科技作品竞赛是一项全国性的竞赛活动，创办于 1986 年，由教育部、共青团中央、中国科学技术协会、中华全国学生联合会、省级人民政府主办，承办高校为国内著名大学。"挑战杯"系列竞赛被誉为中国大学生学术科技"奥林匹克"，是国内大学生最关注的全国性竞赛之一，也是全国具代表性、权威性、示范性、导向性的大学生竞赛。该竞赛每两年举办一次，旨在鼓励大学生勇于创新、迎接挑战的精神，培养跨世纪创新人才。该竞赛的宗旨为崇尚科学、追求真知、勤奋学习、锐意创新、迎接挑战。此项竞赛可以帮助学生充分地认识自我，发挥自身的优势特长，对自己后续的创新创业发展做科学的规划，同时鼓励学生把自己所学的外语专业知识与创新创业结合起来，增强对创新创业的认识，塑造自己的创新创业素养。

4.2.1 了解竞赛目的与流程

"挑战杯"全国大学生课外学术科技作品竞赛的目的是引导和激励高校学生实事求是、刻苦钻研、勇于创新、多出成果、提高素质，培养学生创新精神和实践能力，并在此基础上促进高校学生课外学术科技活动的蓬勃开展，发现和培养一批在学术科技上有作为、有潜力的优秀人才。

每个学校选送参加竞赛的作品总数不得超过 6 件（每人只限报一件作品），研究生的作品不得超过 3 件，其中博士研究生作品不得超过 1 件。各类作品先经过省级选拔或发起院校直接报送至组委会，再由全国评审委员会对其进行预审，并最终评选出 80% 左右的参赛作品进入终审，参赛的三类作品各有特等奖、一等奖、二等奖、三等奖，且分别约占该类作品总数的 3%、8%、24% 和 65%。

4.2.2 了解竞赛对象与奖项

凡在举办竞赛终审决赛当年 7 月 1 日起前正式注册的全日制非成人教育的各类高等院校的在校中国籍本专科生和硕士研究生、博士研究生（均不含在职研究生）都可申报参赛。

全国评审委员会对各省级组织协调委员会和发起高校报送的参赛作品进行预审，评出 80% 左右的参赛作品进入终审决赛。参赛的三类作品包括自然科学类学术论文、哲学社会科学类社会调查报告和学术论文、科技发明制作。本专科生、硕士研究生、博士研究生三个学历层次作者的作品获奖数与其进入终审决赛作品数成正比。科技发明制作类中 A 类和 B 类作品分别按上述比例设奖。

4.2.3 了解竞赛规则

参加全国终审决赛的作品，且资格有效的，由全国组织委员会向作者颁发证书，并视情况颁发相应的奖金。参加各省（区、市）预赛的作品，确认资格有效而又未进入全国竞赛的，由各省（区、市）组织协调委员会向作者颁发证书。

竞赛以学校为单位计算参赛得分，团体总分按名次排列，按位次公布。最高荣誉"挑战杯"为流动杯，授予团体总分第一名的学校。设"优胜杯"若干，分别授予团体总分第二至第二十一名的学校。累计三次捧得"挑战杯"的学校，可永久保存复制的"挑战杯"一座。

各等次奖计分方法如下：特等奖作品每件计 100 分，一等奖作品每件计 70 分，二等奖作品每件计 40 分，三等奖作品每件计 20 分，上报至全国组委会但未通过预审的作品每件计 10 分。如遇总积分相等，则以获特等奖的个数决定同一名次内的排序，以此类推至三等奖。

4.2.4 掌握技巧、备战竞赛

1. 准备技巧

（1）学术论文的选题。为了在"挑战杯"赛中获胜，参赛作品的选题至关重要。什么才是好的选题呢？即能打破现有市场需求和学术科技供给平衡的新理论、新技术或是新的观察分析问题的观点。而如何寻找能打破现有平衡的选题，则是大家最关心、最费周折的事情。首先要做好调查和资料搜集工作，只有充分掌握了将要涉及领域的现有水平、研究进展和存在的问题，才有可能知道什么选题值得去做。这是一件需要时间、条件和方法才能做好的事情，需要充分利用学校图书资料和互联网上的有关信息。当然，更不能忘记向相关教师咨询。

学术论文的选题，即科研选题。理、工、农、医类学术论文的选题应偏重研究进展的追踪，特别要能提出新理论、新方法，不一定要大，但一定要新。

社会调查报告和社会科学学术论文的选题，则要瞄准社会热点问题，要能取得研究数据，提出新的观点或新的对策。在具体捕捉科研课题时，可从以下几方面进行检核与思考。

1）社会生产和现实生活提出了什么新问题？

社会生产和现实生活不断出现的新问题是形成科学研究课题的最重要的源泉。捕捉直接影响生产发展和生活质量的关键问题或热点问题进行研究，具有更大的科学价值和现实意义。

每年，国家科技管理部门都用科技发展指南的形式公开科研选题方向，表明了国家各级政府对社会经济发展问题的关注。高校的教师或科研工作者通常依据《选题指南》提出的方向，申报有新颖性、创造性和意义较大的科研课题。

对于大学生或研究生来说，可通过导师的指导或直接参与教师科研项目，选择参加"挑战杯"竞赛的题目。如果能选择科学前沿课题或与社会经济发展密切相关的课题，会有更大的机会。

2）科学园地中有哪些尚未开垦的"空白地"？

科学在不断发展，一门学科内各分支学科相互交叉与相互渗透，有可能产生交叉处的空白区，将目光投注到那些尚未被人开垦的"空白地"往往能形成有价值的研究课题。

例如，某体育学院一研究生选择了《竞技体育技术、战术创新理论研究》，意在探索促进竞技体育运动不断创新的基本理论与方法。这一研究课题的提出，是在竞技体育科学与创造科学交叉区寻找到一块科研"空白地"。

再如，有人在电子计算机应用技术与中国古典文学研究的交叉结合中，找到有关"计量史学"方面的科研新课题。

3）已有理论、传统观点和结论有值得怀疑的地方吗？

用怀疑的眼光看待已有理论、传统观点和结论，寻找其缺陷和矛盾，也是捕捉科研课题的途径。历史上，当绝大多数物理学家完全不加怀疑地使用牛顿经典力学公式时，爱因斯坦却对它提出质疑，重新考虑牛顿力学的时空观，从而萌发出建立新的时空观的设想（狭义相对论）。现在许多人致力研究社会主义市场经济理论，也是源于对传统的计划经济理论的怀疑和批判。

由于历史的局限，许多前人的某些理论、观点和结论看起来无懈可击，但仔细推敲就会发现其缺陷和矛盾，揭示这种缺陷和矛盾就是科学发现，深入研究就可能提出新的理论。

4）书本上记载过什么难题？

有些课题也源于书本中的难题。我国著名数学家侯振挺教授早年在大学学习时，就从一本教材中找到了自己的研究课题。经过研究，最终创建了被国际数学界称为"侯氏定理"的科学理论。

国际上获得菲尔兹奖的 20 多位数学家中，有不少人是由于解决了"希尔伯特问题"中的某个问题或者历史遗留下来的其他难题而获奖的。数学如此，其他学科也是如此。

5）研究工作中是否发现有反常现象？

根据研究工作中的反常现象选择课题而取得成功的例子有很多。冯·卡门在导师的指导下做流体力学实验，以观察圆柱后面水的流动分离。但是，圆柱后面的水流始终不稳定，导师没有注意到这个现象。但是，冯·卡门却注意到了这一反常现象。他想，这里可能有某种自然规律在起支配作用，于是，冯·卡门把这反常现象作为自己的科研课题。经过探索，发现了"卡门涡流"这一流体力学规律。大学生在科学实验中，如果观察到意外现象或与传统情理不符的反常现象，就可以思考其中有没有科研新课题。

6）学术争论中提出了什么问题？

对于同一对象、现象或过程，存在着不同观点、不同学派之间的学术争论，这是科学发现过程中常有的事情。历史上光的微粒说与波动说之争、热的本质之争、物种不变论与进化论之争都是有名的学术之争。争论时，双方都有一定的事实依据和理论依据。了解这种争论的前因后果与争论焦点，乃是发现问题的重要途径。许多科学研究常常被学术争论所诱发。在了解当前学术争论的基础上，大学生也可以从中找到科研新课题。

7）对同一个课题能否从新的角度去研究？

对于同一个研究课题，从新的角度去思考，即从新的侧面、采用新的材料、使用新的手段去研究，也可以形成新的研究课题。例如，自中国古典文学名著《红楼梦》问世以来，红学研究已风靡海内外，研究成果也可谓车载船装、千姿百态。然而，至今仍有不少人情系红学，不断地从新的角度去选择研究课题。中国科学院高级工程师崔耀华一部洋洋洒洒 36 万余言的《红楼梦探幽》可谓独辟路径。他突破考证派、思想评论派及艺术评论派的研究视野，运用自然科学中的系统论，建立起系统分析《红楼梦》的科学体系，提出了一系列突破性的新观点，例如《红楼梦》不是梦，其本身的伟大艺术魅力无须艰苦考证便可被读者理解，《红楼梦》的核心是作者通过阐述自己哲学思想，并在此基础上产生的治世思想和理论，通过艺术体现理想社会的理想，书中人物是这些哲学思想的形象化体现。

在"挑战杯"竞赛前，参赛者在研读组织者提供的社会科学学术论文或调研报告的《选题指南》基础上，注意选好新的研究角度，力求有所创新。

8）能否从论文中的限制词中找到课题？

许多研究论文在阐述某种观点或结论时，经常有这样一类限制词："在一定条件下""在相当程度上""在某种范围内"等。那么，在什么条件下、在多大程度上、在哪些范围内，对于这些限制词的具体规范的寻找可以构成相应的研究课题。此外，对于给定明确限制规范的情况，参赛者也可以通过超出规范的外推思考捕捉研究课题。

9）能否对他人失败的研究进行分析？

科学研究中有许多失败或失误案例，对这些案例进行个案分析或综合分析，以探索其失败或失误的原因，抑或在失败的废墟上重新筑起研究的大厦，也可以形成相应的研究课题。

以上所举课题的来源或线索，并不一定概括得全面。对于奥妙无穷的自然界和错综复杂的人类社会，鲜为人知的东西比比皆是，供科研选择的课题层出不穷。只要有创造的动机，善于进行创造性思考，在老师的指导下，总会找到适合参加"挑战杯"竞赛的科研课题，撰写出高水平的学术论文。

（2）发明课题的选题。发明创造是创造前所未有的人工事物的一项实践活动。不计其数的新产品、新工艺、新材料、新技术等都是发明创造的成果。发明属于技术创造范畴，有别于科学创造中的发现。发明是人类运用自然规则创造出某种人工事物，而这种人工事物在没有发明以前是不存在的，如青霉素药品、电灯、复印机、电子计算机等，都是人工事物、发明成果。至于科学家发现世界上存在着青霉素、电磁感应现象，不能算是发明，因为他们只是创造性地发现了自然界存在着的自然规律，而这些规律在人们发现之前依然客观存在。当然，发明与发现也有联系，发现可以导致发明，发明可以推动发现。如果没有青霉素的发现，则不可能有青霉素药品的发明；如果没有激光原理，则不可能有激光打孔机、激光治疗仪、激光武器、激光音响、激光育种方法等发明的问世；如果没有人造卫星、航天飞机、天文望远镜和电子计算机等产品的发明，人类要探索太空奥秘，做出新的重大发现也是不可能的。

就发明创造成果而言，可以从不同的角度对其分类。从发明创造的成果形态分，有产品发明和方法发明两大类。

1）产品发明又可以分为物品发明（如合金、玻璃、水泥、油墨、染料、涂料、农药、食品、饮料、调味品、药物、纸、焊料等）、设备发明（如各种机器、仪器、器械、装置等）、配置或线路发明（这是指由空间和时间起作用的工作手段，如电压调节器、放大器、带有分支和闸门的管道系统等）。固定建筑物也属于专利保护的范围，可归入产品发明类。

例如，自行车是很早就发明出来的机械产品，关于它的发明至今仍层出不穷。如果有人用新型传动（如变速齿轮传动）改进普通链传动的自行车，就是一种发明创造。有人在传统的双叶罗茨鼓风机的基础上设计出三扭叶罗茨鼓风机，力图降低工作噪声，这也是机械设备方面的一项产品类发明创造成果。

2）方法发明可以分为产品制造方法发明（包括产品的机械制造方法、化学制造方法、生物制造方法）和非产品制造方法（如通信方法、分析测试计量方法、修理方法、消毒方法等）。产品用途发明也可归入方法发明这一类。

例如，某发明人研究出一种电镀塑料物品的方法，能使塑料制品具有金属的外观。这是一项方法类发明。

分析产品发明创造实例，可以发现它通常历经选择发明课题、构思技术方案和样品制作等基本阶段。

发明创造的选题要着重考虑市场需求和新技术运用，特别是交叉学科知识与技术的应用。如将核技术用于军事已不新鲜，用于医学也很平常，而用于海关集装箱货物不开箱查验，则是近年来的一大创新。选择发明课题应考虑先进性、实用性和可行性。

1）先进性。你的作品要能反映当今科学技术的发展水平，能代表某一个学科领域的发展方向或是在某一学科领域中处于先进地位。这样，你的作品立意越高、越远，在竞赛中获胜的几率就越大。先进性还反映在作品具有先进生产力发展方向的特征。在某一个领域，别人还未进行研究，或是在研究过程中还没有成果出现，而你的作品恰好能反映先进技术在这一领域中的应用，这就说明你的作品具有先进性。当今是正处于网络时代，网络在人们的生活中扮演了一个非常重要的角色，而网络的发展又非常之快，如果你在这一领域做出一个有独到见解的作品，你的作品就具有先进性。

2）实用性。你的作品要能为人们的生产或生活服务，解决人们生产或生活中的某一个问题或给人们生活的某一方面带来好处。如果你的作品不能解决问题，对人们无关紧要，或是你的作品在人们的生活中可有可无，甚至它的性能比同类产品还要差，这就说明你的作品不实用。实用性的另一个体现则是当今人们生活中急需解决某一个难题，却又没有这样的产品，而你的作品应运而生，急人们之所急，这就突出了作品的实用性。要选择一个具有实用价值的作品，就需要细心地观察生活、体验生活，了解人们生活中所急需解决的问题，然后从实际出发，发挥聪明才智，设计产品、解决问题。这样，作品一定具有很强的实用性。

3）可行性。发明的作品不光在理论上是先进的，在实际中也行得通。当设计一件作品时，只在理论上进行考虑，而忽略了在实际中各种变化情况和限制因素，就有可能在制造技术方面或现实需求方面遇到障碍。因此，在选择发明课题时，要综合考虑实际中各方面的因素、各种情况的变化以及各种制约因素的限制，既保证作品在理论上可靠，又使其在设计制作和使用方面可行。

(3)发明作品的设计与制作。发明创造的本质是提出新技术方案，因此方案设计工作十分重要，它是将设想变成现实的关键性技术阶段，是对设计者创新能力的挑战。参加"挑战杯"竞赛的发明作品，应在技术方案上体现出设计构思的新颖性、创造性和实用性。因此，参赛者要学习和掌握技术方案创新设计的方法。

样品制作是完成发明作品的重要环节。技术方案确定之后，应考虑样品制作的工艺方法。动手制作之前，要对整个系统有一个粗略认识，要明白工作内容和步骤。只有这样，发明作品的制作工作才能有条不紊地进行。

2. 案例评析

基于低速无线个域网的监测平台的研发

【摘要】

基于低速无线个域网的监测平台以仓储内储层垛和环境的参量为应用对象，依据物联网中传感器、感知对象和观察者三要素，采用传感器技术、嵌入式系统技术、无线网络传输技术、数据融合技术、时间同步技术、低功耗节能技术等关键技术，组建一种由基于ARM的中心节点、路由节点、基于单片机的终端节点和上位机管理软件等组成的仓储内监测平台。

实现仓库垛内温/湿度、环境温/湿度等传感量远距离自动监测，同时分析监测平台在粮食行业、水产养殖、水泥无线除尘、室内环境监控、仓储查询、震灾用主动式生命探测仪应用，研究了监测平台的关键技术、面临的挑战，提出了建设思路和相关专利的申报。重点研究了面向仓储式监测平台体系架构并对实现进行仿真分析、实物设计。重点提出了节能的策略，基于升压降压电感型DC-DC模块、DPM和DVS的协同处理应用于RFD节点设计、建立温度模型预测计算时间间隔模型和优化网络的EE-ZRP算法。

【创新点】

(1) 节点。将基于升压降压电感型DC-DC模块和分布式电压开关应用于RFD节点中，提出一种动态电压调节（DVS）和动态功率管理（DPM）协同处理的方法。指出关断外围模块模式和休眠模式切换的时间阈值，在保证节点实时性前提下，实现CPU运行在功耗最低的最佳频率和电压，达到更好的节能效果。

(2) 系统。构建基于ARM的中心节点、路由节点、基于单片机的终端节点和上位机管理软件等组成的仓储内监测平台。基于Win32 API多线程编程技术实现了四线程操作，达到了大量数据的实时入数据库。

(3) 时间同步。通过建立温度模型预测计算时间间隔，根据温度对时间的影响通过计算累积时间偏差预测中心节点自校准周期间隔和终端节点自唤醒同步周期间隔，实现有效减少终端节点空闲侦听的能耗、降低终端节点时间同步执行频率、增加终端节点的休眠时间的目的。

（4）网络节能。针对低速无线个域网（LR-WPAN）中传统路由算法存在的不足，提出将改进后的区域路由协议（ZRP）应用于网络路由算法中。通过在 ZRP 路由中引入能量因素，设计一种能量高效的 ZRP 路由协议——EE-ZRP，使区域内主动路由和区域间按需路由都根据节点能量状态建立路径，充分发挥两种路由的优点。仿真结果表明，EE-ZRP 算法与传统路由算法相比可以有效地减少网络延迟、降低网络路由开销、提高网络性能、延长网络生存周期。

第 5 章
"互联网+"大学生创新创业大赛

本章导读

中国国际"互联网+"大学生创新创业大赛是由教育部与各高校共同主办的一项技能大赛。大赛旨在深化高等教育综合改革，激发大学生的创造力，培养造就"大众创业、万众创新"的主力军；推动赛事成果转化，促进"互联网+"新业态形成，服务经济提质增效升级；以创新引领创业、创业带动就业，推动高校毕业生更高质量创业就业。本章主要介绍中国国际"互联网+"大学生创业计划竞赛的比赛要求，读者应在了解中国国际"互联网+"大学生创新创业大赛特点基础上重点掌握计划书的写作规范、写作策略以及其他备赛技巧等。

外语技能与中国国际"互联网+"大学生创新创业大赛的结合既能够提升大学生的综合素质和创新能力，也能促进国际文化交流和创新创业的合作机会。

本章要点

- 中国国际"互联网+"大学生创新创业大赛的竞赛要求
- 计划书内容与构成

中国国际"互联网+"大学生创新创业大赛要求参赛项目能够将移动互联网、云计算、大数据、人工智能、物联网、下一代通信技术、区块链等新一代信息技术与经济社会各领域紧密结合，服务新型基础设施建设，培育新产品、新服务、新业态、新模式；发挥互联网在促进产业升级以及信息化和工业化深度融合中的作用，促进制造业、农业、能源、环保等产业转型升级；发挥互联网在社会服务中的作用，创新网络化服务模式，促进互联网与教育、医疗、交通、金融、消费生活等深度融合。

当前，网络信息化技术不断发展，"互联网+"成为一种新的发展模式，在很多领域中得到应用，对于社会的发展具有重要意义。因此，高校在培养外语专业的学生时要有长远的发展目标，要结合社会发展的实际需要，不断学习新的技能，为学生后续的就业发展提供有效帮助。而中国国际"互联网+"大学生创新创业大赛为外语类专业学生将外语专业与其他专业的融合提供了一个良好的实践平台。

5.1 认识"互联网+"大学生创新创业大赛

5.1.1 认识竞赛目的与内容

以赛促学，培养创新创业生力军。大赛旨在激发学生的创造力，激励广大青年扎根中国大地，了解国情民情，锤炼意志品质，开拓国际视野，在创新创业中增长智慧才干，把激昂的青春梦融入伟大的中国梦，努力成长为德才兼备的有为人才。

以赛促教，探索素质教育新途径。把大赛作为深化创新创业教育改革的重要抓手，引导各类学校主动服务国家战略和区域发展，深化人才培养综合改革，全面推进素质教育，切实提高学生的创新精神、创业意识和创新创业能力。推动人才培养范式深刻变革，形成新的人才质量观、教学质量观。

以赛促创，搭建成果转化新平台。推动赛事成果转化和产学研用紧密结合，促进"互联网+"新业态形成，服务经济高质量发展，努力形成高校毕业生更高质量创业就业的新局面。

5.1.2 了解竞赛对象及参赛组、类别

竞赛对象包括全国普通高等学校在校生、毕业5年以内的毕业生以及普通高等中学在校学生，包括中国港澳台地区。另外，该大赛也开通国际赛道，吸引全球有志人士报名参加。

该赛事拥有三个赛道：高教主赛道、青年红色筑梦之旅赛道、职教赛道。其中，高教主赛道设置本科生组和研究生组。高教主赛道、青年红色筑梦之旅赛道同时也设创意组、初创组和成长组三个组别。职教赛道只设置创意组和创业组。

高教主赛的参赛类别主要包括新工科类、新医科类、新农科类、新文科类，青年红色筑梦之旅赛道包括"互联网+"现代农业、"互联网+"制造业、"互联网+"信息技术服务、"互联网+"文化创意服务、"互联网+"社会服务，职教赛道仅包括创新类、商业类、工匠类。

（1）高教主赛道：中国大陆参赛项目设金奖150个、银奖350个、铜奖1000个，中国港澳台地区参赛项目设金奖5个、银奖15个、铜奖另定，国际参赛项目设金奖50个、银奖100个、铜奖350个；设置最佳创意奖、最佳带动就业奖、最具商业价值奖等若干单项奖；获得金奖项目的指导教师为"优秀创新创业导师"（限前五名）。

（2）青年红色筑梦之旅赛道：设置金奖50个、银奖100个、铜奖350个；设置乡村振兴奖、最佳公益奖等单项奖；获得金奖项目的指导教师为"优秀创新创业导师"（限前五名）。

(3）职教赛道：设置金奖 50 个、银奖 100 个、铜奖 350 个；获得金奖项目的指导教师为"优秀创新创业导师"（限前五名）。

5.2　了解大赛要求

参赛项目须真实、健康、合法，无任何不良信息，项目立意应弘扬正能量，践行社会主义核心价值观。参赛项目不得侵犯他人知识产权；所涉及的发明创造、专利技术、资源等必须拥有清晰合法的知识产权或物权；抄袭、盗用、提供虚假材料或违反相关法律法规，一经发现即刻丧失参赛相关权利，并自负一切法律责任。

参赛项目涉及他人知识产权的，报名时需提交完整的具有法律效力的所有人书面授权许可书、专利证书等；已完成工商登记注册的创业项目，报名时需提交营业执照及统一社会信用代码等相关复印件、单位概况、法定代表人情况、股权结构等。参赛项目可提供当前财务数据、已获投资情况、带动就业情况等相关证明材料。已获投资（或收入）1000 万元以上的参赛项目，需提供相应佐证材料。

参赛项目以创新创业团队为单位报名参赛，鼓励跨院组建团队。每个团队的参赛成员不少于 3 人，须为项目的实际成员，指导教师不超过 3 人。参赛团队所报参赛创业项目，须为本团队策划或经营的项目，不可借用他人项目参赛。

5.3　掌握技巧

创业计划书的写作质量和内容决定着计划是否可以突出重围,赢得评委的青睐。那么，参赛者需要了解一份引人注目的计划书到底要涵盖哪些部分。以下主要介绍一份合格计划书所需涵盖的内容。

1. 摘要撰写

计划摘要列在创业计划书的最前面，它浓缩了创业计划书的精华。计划摘要涵盖了计划的要点，以求一目了然，以便读者能在最短的时间内评审计划并做出判断。计划摘要一般要有包括公司介绍、主要产品和业务范围、市场概貌、营销策略、销售计划、生产管理计划、管理者及其组织、财务计划、资金需求状况等。在介绍企业时，首先要说明创办新企业的思路、新思想的形成过程及企业的目标和发展战略。其次，要交待企业现状、过去的背景和企业的经营范围。在这一部分中，要对企业以往的情况做客观的评述，不回避失误。中肯的分析往往更能赢得他人的信任,使他人更容易认同创业计划书。最后，还要介绍一下创业者的背景、经历、经验和特长等。创业者的素质对企业的成绩往往起关键性作用。创业者应尽量突出自己的优点并表现出自己强烈的进取精神，以给投资者留下一个好印象。

在计划摘要中，企业还必须要回答下列问题：

（1）企业所处的行业、企业经营的性质和范围。

（2）企业主要产品的内容。

（3）企业的市场所在、客户群体及其需求。

（4）企业的合伙人、投资人。

（5）企业的竞争对手以及竞争对手对企业的发展有何影响。

摘要尽量简明、生动，特别要详细说明自身企业的独特之处以及企业获取成功的市场因素。如果企业家了解他所做的事情，摘要仅需两页纸就足够了。如果企业家不了解自己正在做什么，摘要就可能要写二十页纸以上。因此，有些投资家就依照摘要的长短来"把麦粒从谷壳中挑出来"。

2. 产品（服务）介绍

在进行投资项目评估时，投资人最关心的问题之一就是风险企业的产品、技术或服务能否以及能在多大程度上解决现实生活中的问题，或者风险企业的产品（服务）能否帮助顾客节约开支、增加收入。因此，产品介绍是创业计划书中必不可少的一项内容。一般情况下，产品介绍应包括产品的概念、性能及特性；主要产品介绍；产品的市场竞争力；产品的研究和开发过程；发展新产品的计划和成本分析；产品的市场前景预测；产品的品牌和专利。在产品（服务）介绍部分，企业家要对产品（服务）做出详细说明，说明要准确也要通俗易懂。一般来说，产品介绍都要附上产品原型、照片或其他介绍。一般情况下，产品介绍必须要回答以下问题：

（1）顾客希望企业的产品能解决什么问题？顾客能从企业的产品中获得什么好处？

（2）企业的产品与竞争对手的产品相比有哪些优缺点？顾客为什么会选择本企业的产品？

（3）企业为自己的产品采取了何种保护措施？企业拥有哪些专利、许可证或与已申请专利的厂家达成了哪些协议？

（4）为什么企业的产品定价可以使企业产生足够的利润？为什么用户会大批量地购买企业的产品？

（5）企业采用何种方式改进产品的质量、性能？企业对发展新产品有哪些计划，等等。

产品（服务）介绍的内容比较具体，因而写起来相对容易。虽然夸赞自己的产品是推销所必需的，但应该注意，企业所做的每一项承诺都是"一笔债"，都要努力去兑现。要牢记，企业家和投资家所建立的是一种长期合作的伙伴关系。空口许诺，只能得意于一时。如果企业不能兑现承诺，不能偿还债务，企业的信誉必然要受到极大的损害。

3. 人员及组织结构

有了产品之后，创业者第二步要做的就是组建一支有战斗力的管理队伍。企业管理的好坏，直接决定了企业经营风险的大小。而高素质的管理人员和良好的组织结构则是管理好企业的重要保证。因此，风险投资家会特别注重对管理队伍的评估。企业的管理人员应该是互补型的，而且要具有团队精神。一个企业必须要具备负责产品设计与开发、市场营销、生产作业管理、企业理财等方面的专门人才。在创业计划书中，必须要对主要管理人员加以阐明，介绍他们所具有的能力、他们在本企业中的职务和责任以及他们过去的详细经历及背景。此外，在这部分创业计划书中，还应对公司结构做简要介绍，包括公司的组织机构图、各部门的功能与责任、各部门的负责人及主要成员、公司的报酬体系、公司的股东名单，股东名单应包括认股权、比例和特权、公司的董事会成员、各位董事的背景资料。

4. 市场预测

当企业要开发一种新产品或向新的市场发展时，首先就要进行市场预测。如果预测的结果并不乐观，或者预测的可信度让人怀疑，那么投资者就要承担更大的风险，这对多数风险投资家来说都是不可接受的。市场预测首先要对需求进行预测，比如市场是否存在对这种产品的需求？需求程度是否可以给企业带来所期望的利益？新的市场规模有多大？需求发展的未来趋向及其状态如何？影响需求都有哪些因素？其次，市场预测还要包括对市场竞争的情况及企业所面对的竞争格局进行分析。对竞争格局的分析包括市场中主要的竞争者有哪些、是否存在有利于本企业产品的市场空档、本企业预计的市场占有率是多少？本企业进入市场会引起竞争者怎样的反应？这些反应对企业会有什么影响？等等。

在创业计划书中，市场预测应包括以下内容：市场现状综述、竞争厂商概览、目标顾客和目标市场、本企业产品的市场地位、市场区格和特征等。风险企业对市场的预测应建立在严密、科学的市场调查基础上，因为风险企业所面对的市场，本来就有更加变幻不定的、难以捉摸的特点。因此，风险企业应尽量扩大收集信息的范围，重视对环境的预测，采用科学的预测手段和方法。创业者应牢记的是市场预测不是凭空想象出来，对市场错误的认识是企业经营失败的最主要原因之一。

5. 营销策略

营销是企业经营中最富挑战性的环节，影响营销策略的主要因素有以下四点：

（1）消费者的特点。

（2）产品的特性。

（3）企业自身的状况。

（4）市场环境方面的因素。最终影响营销策略的则是营销成本和营销效益因素。

在创业计划书中，营销策略应包括以下内容：

（1）市场机构和营销渠道的选择。

（2）营销队伍和管理。

（3）促销计划和广告策略。

（4）价格决策。对创业企业来说，由于产品和企业的知名度低，很难进入其他企业已经稳定的销售渠道中去。因此，企业不得不暂时采取高成本低效益的营销战略，如上门推销、大打商品广告、向批发商和零售商让利，或交给任何愿意经销的企业销售。对发展企业来说，它一方面可以利用原来的销售渠道，另一方面也可以开发新的销售渠道以适应企业的发展。

6. 制造计划

创业计划书中的生产制造计划应包括产品制造和技术设备现状、新产品投产计划、技术提升和设备更新的要求质量控制和质量改进计划。在寻求资金的过程中，为了增大企业在投资前的评估价值，创业者应尽量使生产制造计划更加详细、可靠。一般情况下，生产制造计划应回答以下问题：

（1）企业生产制造所需的厂房、设备情况如何？

（2）怎样保证新产品在进入规模生产时的稳定性和可靠性？

（3）设备的引进和安装情况。谁是供应商？

（4）生产线的设计与产品组装是怎样的？

（5）供货者的前置期和资源的需求量？

（6）生产周期标准的制定以及生产作业计划的编制。

（7）物料需求计划及其保证措施。

（8）质量控制的方法等相关的其他问题。

7. 财务规划

财务规划需要花费较多的精力来做具体分析，其中就包括现金流量表、损益表的制备以及资产负债表。流动资金是企业的生命线，因此企业在初创或扩张时，对流动资金需要有预先周详的计划和进行过程中的严格控制。损益表反映的是企业的赢利状况，它是企业在运作一段时间后的经营结果，资产负债表则反映在某一时刻企业的状况，投资者可以用资产负债表中的数据得到的比率指标来衡量企业的经营状况以及可能的投资回报率。财务规划一般要包括以下内容：

（1）创业计划书的条件假设。

（2）预计的资产负债表、预计的损益表、现金收支分析、资金的来源和使用。

可以这样说，一份创业计划书概括地提出了在筹资过程中创业者需要做的事情，而财务规划则是对创业计划书的支持和说明。因此，一份好的财务规划对评估风险企业所需的资金数量、提高风险企业取得资金的可能性是十分关键的。如果财务规划准备得不好，会给投资者以企业管理人员缺乏经验的印象，降低风险企业的评估价值，同时也会增加企业的经营风险，那么如何制定好财务规划呢？这首先要取决于风险企业的远景规划——是为一个新市场创造一个新产品，还是进入一个财务信息较多的已有市场。着眼于一项新技术或创新产品的创业企业不可能参考现有市场的数据、价格和营销方式。因此，它要自己预测所进入市场的成长速度和可能获得的纯利，并把它的设想、管理队伍和财务模型推销给投资者。而准备进入一个已有市场的风险企业则可以很容易地说明整个市场的规模和改进方式。风险企业可以在获得目标市场的信息的基础上，对企业头一年的销售规模进行规划。企业的财务规划应保证和创业计划书的假设相一致。事实上，财务规划和企业的生产计划、人力资源计划、营销计划等都是密不可分的。要完成财务规划，必须要明确下列问题：

（1）产品在每一个期间的发出量有多大？
（2）什么时候开始产品线扩张？
（3）每件产品的生产费用是多少？
（4）每件产品的定价是多少？
（5）使用什么分销渠道所预期的成本和利润是多少？
（6）需要雇佣哪几种类型的人？
（7）雇佣何时开始，工资预算是多少？

5.4　案例评析、备战竞赛

新媒体视角下的"红色文旅型"新农村建设研究——以惠阳区秋长镇周田村为例

……

2.3　项目内容

2.3.1　内容概述

（一）内容概述

党的十八大以来，特别是十九大以后的大部制改革背景下，文化与旅游进一步融合，红色文旅项目以其中国特色和精神内涵，加持文化品牌的特殊政治属性和文化属性，日渐被国人所熟知和接受。同时，随着数字时代的不断发展，新媒体技术的重要性日益凸显。

随着经济社会的不断发展，我国旅游事业已经取得了高速发展，且乡村旅游成为未来发展的重要趋势之一。我国乡村旅游在发展建设中虽然规模和受众在不断扩大，但是在推广模式方面依然存在明显不足。不少村庄红色旅游仍然沿袭传统道路，存在村庄产品开发单一、红色旅游知名度与影响力低等问题。在新媒体视角下，目前乡村红色旅游的推广模式仍然略显单薄。有鉴于此，本次项目选择了既具有红色文化传统，又能依托粤港澳大湾区发展的××市××区××镇××村作为项目试点，将深度挖掘红色旅游产品文化内涵，打造特色红色文化品牌，并在新媒体背景下，促进新媒体在文化旅游中应用，充分发挥新媒体在传播宣传中的作用，提升红色旅游在市场中的影响力，推动当地红色旅游事业稳定与可持续竞争发展。

项目通过"互联网＋红色文旅＋湾区生态"的新型创新驱动模式，运用新媒体技术的大视角，强化对新媒体的运用，通过现代化的手段来提升推广价值，对当地的红色文化输出与湾区理念输入，提出相应的可行性建议，以期为周田村利用红色文旅产业脱贫致富提供参考。

（二）核心概念

1. 新媒体技术

新媒体技术是指基于互联网技术下的新媒体具有先天的技术优势与作为媒体的信息服务功能，是网络经济与传媒产业实现对接的最佳选择，具有社会和经济双重属性的新媒体既负有传播先进文化的责任，又有盈利的需要。

2. 红色文旅

红色文旅主要是以中国共产党领导人民在革命和战争时期建树丰功伟绩所形成的纪念地、标志物为载体，以其所承载的革命历史、革命事迹和革命精神为内涵，组织接待旅游者开展缅怀学习、参观游览的主题性旅游活动，充分突出其学习性、故事性、参与性三大特征。为更好地发挥爱国主义教育基地的作用，在大部制改革的背景下，红色文旅发展进入了快车道，内容也进一步拓展。将自 1840 年以来的中国近现代历史时期里在中国大地上发生的反对外来侵略、奋勇抗争、自强不息、艰苦奋斗，充分显示伟大民族精神的重大事件、重大活动和重要人物事迹的历史文化遗存，有选择地纳入红色文旅范围。红色文旅把红色人文景观和绿色自然景观结合起来，是把革命传统教育与促进旅游产业发展结合起来的一种新型的主题旅游形式。其打造的红色文旅线路和经典景区，既可以观光赏景，也可以了解革命历史、增长革命斗争知识、学习革命斗争精神、培育新的时代精神，并使之成为一种文化。

3. 绿色生态

党的十七届五中全会强调要坚持把建设资源节约型、环境友好型社会作为加快转变经济发展方式的重要着力点，加大生态和环境保护力度，提高生态文明水平，增强可持续发展能力。党的十九大报告更是明确指出要加快生态文明体制改革，建设美丽中国。要通过加快建立绿色生产和消费的法律制度和政策导向，建立健全绿色低碳循环发展的经济体系，推进绿色发展。

……

此案例选自第五届中国国际"互联网+"大学生创新创业大赛青年红色筑梦之旅赛道，该项目申报组织为华南师范大学学生会所属的星盟服务队。

本案例主要摘取了项目计划书中的项目概述部分，语言通顺流畅、简洁严谨，此部分主要是介绍其创业产品和服务的大致内容。内容介绍部分主体分为三段：目前红色旅游产品的发展背景、发展现状以及该产品的现实意义。理论鲜明，层次清晰，逻辑衔接紧密，结构具有较高的说服性，内容上也尽显创新性。

该团队从新媒体技术、红色文旅、绿色生态三个角度出发，结合时政背景，对产品的核心概念和思政意义进行了合理阐述，贴切大赛的主题背景、符合参赛的赛道内容要求。从内容上看，团队注重科技与社会因素相结合，通过此次产品又冀望实现发展绿色产业发展、循环经济体系建设，立意深远。

通过中国国际"互联网+"大学生创新创业大赛，可以充分发挥网络信息化技术的优势，把外语、创新创业与网络信息化有机融合，让学生学习更多的专业知识，促进学生创新创业能力的发展，学生能够自觉学习网络信息化知识，并把知识融合到创新创业之中，塑造学生的综合知识技能，为学生今后的良好发展奠定科学基础，为社会发展提供更加优秀的专业性高素质人才，从而推动社会经济的发展。

第 6 章 英语演讲类竞赛

本章导读

英语演讲是未来国家发展对高端人才的基本要求，是全面提升演讲者英语口语表达水平、优化演讲者思维素养、提升演讲者创新能力的有效手段。本章主要介绍"外研社·国才杯"全国英语演讲大赛和"21世纪杯"全国大学生英语演讲比赛及要求。读者应在了解演讲比赛特点的基础上重点掌握英语定题演讲与即兴演讲的技巧以及不同演讲比赛的备赛技巧等。

本章要点

- "外研社·国才杯"全国英语演讲大赛要求
- "21世纪杯"全国大学生英语演讲比赛要求
- 定题演讲技巧
- 即兴演讲技巧
- 回答问题技巧

6.1 认识英语演讲类竞赛

提高英语演讲能力是新时代背景下，在全方位改善听、说、读、写、译综合能力基础上对英语学习者的进一步要求，是对英语学习者语言素质、心理素质、跨文化素养和思辨能力等的综合性考察。英语演讲不仅要求演讲者具备较好的英语口语表达能力，还应具有充分的知识运用能力和良好的思辨能力。演讲者只有将英语语言应用能力和演讲技巧相结合，才能全面提升英语演讲的质量与水平。

目前，全国大学生英语演讲类大赛主要包括"外研社·国才杯"全国英语演讲大赛和"21世纪杯"全国大学生英语演讲比赛等。英语演讲类大赛的开展对培养英语学习者演讲意识、增强英语综合运用能力、提升英语演讲水平意义重大。

6.1.1 认识"外研社·国才杯"全国英语演讲大赛

"外研社·国才杯"全国英语演讲大赛创办于2002年,此后逐渐发展为全国参赛人数最多、规模最大、水平最高的英语演讲赛事之一,受到国内外英语学习者和专家的关注。大赛以创新的理念和深远的立意吸引了全国优秀学子同台竞技,他们展现自我英语表达能力、沟通交际能力、创新能力和思辨能力。大赛赛题以国际化人才要求为标准,同时融进创造性、思辨性等元素,提升学生跨文化沟通能力,培养学生国际交往能力、国际视野和思维素质。"外研社·国才杯"全国英语演讲大赛的主办单位是外语教学与研究出版社,合办单位是中国外语与教育研究中心。

"外研社·国才杯"全国英语演讲大赛包括地面赛场和网络赛场两种形式。

1. 地面赛场

地面赛场由初赛、省级决赛和全国决赛组成。所有具有高等学历教育招生资格的普通高等学校在校本、专科学生、研究生(35周岁以下,中国国籍)均可报名地面赛场。地面赛场初赛由院校组织,选拔选手参加省(市、自治区)级决赛,各省级决赛前3名选手参加全国决赛。

(1)初赛。初赛选手在大赛官网注册报名。各学校根据本省(市、自治区)大学外语教学研究会公布的时间安排举办,大致在每年9—10月。比赛环节主要包括定题演讲、即兴演讲、回答问题等。定题演讲可参考全国决赛题目,也可自定。即兴演讲题目自定。初赛评委人数不少于5人(须包含外籍评委)。评分标准须规范、公平、公正,可参考全国决赛评分标准。初赛设特等奖和一、二、三等奖数名。所有获奖选手将获得由大赛组委会颁发的获奖电子证书。

(2)省级决赛。"外研社·国才杯"全国英语演讲大赛的省级决赛是以省(市、自治区)为单位,由各省(市、自治区)大学外语教学研究会(指委会)组织成立省级决赛组委会。各省级决赛组委会决定各初赛赛点进入省级决赛名额的原则,并预先公布。具体比赛时间根据本省(市、自治区)大学外语教学研究会公布的时间而定。比赛环节可包括定题演讲、即兴演讲、回答问题等部分,可参考全国决赛形式。在进入全国决赛选手(共3人)中出现并列第一时,须进行加赛。定题演讲可参考全国决赛题目,也可自定。即兴演讲题目由省级决赛组委会决定。评委人数不少于7人(须包含外籍评委)。评分标准须规范、公平、公正,可参考全国决赛评分标准。

省级决赛的奖项设立与全国决赛一致,即包括特等奖(3人,赴京参加全国决赛)、一等奖、二等奖、三等奖。获奖选手的指导教师相应获得指导教师特等奖、指导教师一等奖、指导教师二等奖、指导教师三等奖。每位选手的指导教师不超过3人,具体数量以各省级决赛组委会通知为准。获得各省(市、自治区)决赛第一名的选手和其指导教师将获得资助,赴国外或港澳地区进行学习交流(如该选手有多位指导教师,则仅第一指导教师享有学习交流奖励;已获得全国决赛同级或更高级奖励的选手和指导教师不再重复奖励）；获得各省（市、自治区）决赛特等奖的选手可免费报名参加"国才考试"（国际人才英语考试 ETIC）任一科次的考试。鼓励省级决赛组委会争取当地教育部门和相关企业的支持，加大比赛奖励力度。

（3）全国决赛。全国决赛的具体事项详见本节第 3 部分。

2. 网络赛场

网络赛场由网络赛场初赛、网络赛场复赛和网络赛场决赛组成。全国具有高等学历教育招生资格的普通高等学校在校本、专科学生、研究生和外籍留学生（35 周岁以下）均可报名网络赛场。网络赛场选拔 90 名选手晋级全国决赛。网络赛场为选手个人报名参赛，符合参赛资格的中国籍选手可同时报名地面赛场和网络赛场。

网络赛场的报名时间为每年 6—10 月，每位参加"网络赛场"的选手须提交参赛视频。

（1）网络赛场初赛于每年 10—11 月举办，网络赛场组委会邀请专家组成评审团，对视频进行初审，大赛官网公布初审通过的选手名单。评审团评委人数不少于 5 人（须包含外籍评委）。中国籍评委须具有讲师以上职称。评分标准与全国决赛评分标准一致，并秉承公平、公正原则。

（2）网络赛场复赛于每年 11 月举办，网络赛场组委会邀请专家组成评审团，对视频进行复审，大赛官网公布复审通过的选手名单。评审团评委人数不少于 5 人（须包含外籍评委）。中国籍评委须具有副教授以上职称。评分标准与全国决赛评分标准一致，并秉承公平、公正原则。

（3）网络赛场决赛安排于每年 11 月举办，复审通过的 150 名选手和外卡赛晋级的 30 名选手于指定时间（具体时间请等待组委会通知）登录指定页面查看即兴演讲赛题，并于 30 分钟内上传演讲视频。网络赛场组委会邀请专家组成评审团，对即兴演讲视频进行评审，成绩排名前 90 的选手晋级全国决赛。评审团评委人数不少于 5 人（须包含外籍评委）。中国籍评委须具有副教授以上职称。评分标准与全国决赛评分标准一致，并秉承公平、公正原则。

网络赛场决赛设置特等奖 90 名，赴京参加全国决赛，并可免费报名参加"国才考试"（国际人才英语考试 ETIC）任一科次的考试。一等奖 90 名，进入网络赛场决赛但没有进入全国决赛的选手。二等奖 150 名，进入网络赛场复赛但没有进入网络赛场决赛的选手。所有参赛选手可在"U 等生"App 查看并下载网络赛场参赛电子证明。获奖选手可在"U 等生"App 查看并下载网络赛场获奖电子证书。

3. 全国决赛

全国决赛选手包括各省（市、自治区）决赛前 3 名的选手、网络赛场晋级的 90 名选手，以及主办单位邀请的海外及港澳台地区的选手。全国决赛时间为每年 12 月，参赛选手的选手号和各阶段出场次序均由抽签决定，所抽到的号码或次序为最终结果，不得与任何人交换。参赛选手第一、二阶段分赛场的评委人数不少于 5 人（须包含外籍评委），第三、四阶段评委人数不少于 9 人，其中外籍评委不少于 2 人。所有中国籍评委均须具有教授职称。

全国决赛分四个阶段进行。

（1）第一阶段。全国决赛的第一阶段比赛于 12 月进行，所有选手通过抽签分为 8 个分赛场进行比赛，各分赛场选手抽签决定出场顺序。比赛程序分为定题演讲和回答问题两个部分。在定题演讲部分，根据大赛组委会公布的定题演讲题目，参赛选手发表时长为 3 分钟的英文演讲。在回答问题部分，由提问评委就选手定题演讲内容提两个问题，选手每个问题回答时间为 1 分钟。第一阶段比赛结束后，各分赛场排名前 11 的选手进入第二阶段比赛。评委评分采用去掉一个最高分和一个最低分，取其余评委分数平均分的形式。前 5 位选手的成绩在第 5 位选手结束演讲后，经评委商议后统一公布，其余选手演讲结束后当场亮分。评分标准见表 6-1。

表 6-1　评分标准（总分 100 分）

Prepared Speech (60%)		Response to Questions (40%)	
Content	30%	Content	20%
Language	20%	Language	10%
Delivery	10%	Delivery	10%

（2）第二阶段。参赛选手为第一阶段晋级选手。选手重新抽签，分为 4 个分赛场进行比赛，各分赛场选手抽签决定出场顺序。第一阶段分数不带入第二阶段。比赛程序分为即兴演讲、回答问题和综合知识速答三个部分。第二阶段比赛结束后，各分赛场排名前 6 的选手进入第三阶段比赛。评委评分采用去掉一个最高分和一个最低分，取其余评委分数平均分的形式。前 5 位选手的成绩在第 5 位选手结束演讲后，经评委商议后统一公布，其余选手演讲结束后当场亮分。评分标准见表 6-2。

表 6-2　评分标准（总分 101 分）

Impromptu Speech (60%)		Response to Questions (40%)		Quizzes
Content	30%	Content	20%	1 point (0.25 points per item)
Language	20%	Language	10%	
Delivery	10%	Delivery	10%	

（3）第三阶段。参赛选手为第二阶段晋级的 24 位选手。选手分为 8 组，每组 3 人。每个赛场排名前两位（共 8 位）的选手被分入八个不同的小组，其余选手抽签进入各组。每组 3 位选手使用同一道题目，演讲顺序由现场抽签决定。第二阶段分数不带入第三阶段。比赛程序分为定题演讲、回答问题、拓展演讲和知识抢答。第三阶段比赛每小组总分最高者（共 8 人）进入第四阶段比赛。第三阶段设有"复活"环节。8 组比赛全部结束

后，所有评委与组委会成员在每组比赛第二名的选手（共 8 名）中，投票产生 1 位"复活"选手，进入第四阶段比赛。评委评分采用去掉一个最高分和一个最低分，取其余评委分数平均分的形式。评分标准见表 6-3。

表 6-3　评分标准（总分 101 分）

	Assigned Speech (60%)	Response to Questions (20%)	Extension Speech (20%)	Group Quizzes
Content	30%	10%	10%	1 point (0.2 points per item)
Language	20%	5%	5%	
Delivery	10%	5%	5%	

（4）第四阶段。第三阶段晋级的 9 名选手争夺第四阶段的冠军、亚军和季军。第三阶段分数不带入第四阶段。比赛形式待定，以组委会最终公布为准。

6.1.2　认识"21 世纪杯"全国大学生英语演讲比赛

"21 世纪杯"全国大学生英语演讲比赛自 1996 年由中国日报社主办，由二十一世纪英语教育传媒承办。活动坚持公益、自愿参与的原则，旨在为广大英语教育工作者和英语学习者提供一个国际化、专业性的学习交流平台，也为全国院校提供同台竞技、交流、学习的机会，从而培养大学生的国际交流能力，引导大学生树立并践行社会主义核心价值观，开拓大学生的全球视野，构建全球大学生命运共同体。

"21 世纪杯"全国大学生英语演讲比赛分为校园赛或地区初赛、地区复赛（1—4 月）、地区决赛（5—6 月）和全国半 / 总决赛（7—8 月）。国家承认的具有高等学历教育招生资格的普通高等学校在校本、专科学生均可报名参加，年龄、专业不限，选手须为中国国籍，但参加过往届"21 世纪杯"全国英语演讲比赛 / 全国大学生英语演讲比赛大学组全国半 / 总决赛的选手不具备参加本届大学组全国半、总决赛的资格。

1. 报名及选拔流程

参赛选手个人通过扫描二维码注册报名。校园赛除采用个人报名外，学校还可组织学生进行校园赛报名（校园赛合作意向可咨询所在地区项目组，联系方式请见官网各赛区页面）。若选手学校为校园赛学校，则该选手将被自动分配至校园赛专区，和本校其他选手一同参与校园赛。选手可在"个人中心"查看本校是否为校园赛学校。

2. 校园赛或地区初赛及复赛

校园赛及地区初赛、复赛于 1—4 月进行。

个人报名（非校园赛）选手报名完成后，按照提示在截止日期内上传个人演讲作品。截止日期前未上传作品的，将视为自动放弃参赛资格。作品审核将于个人演讲作品上传成功后的 15 日内完成。通过审核的选手作品将提交至地区评委会，由地区评委会对所有选手作品进行打分。各赛区根据《中国日报社"21 世纪杯"赛 / 选区晋级管理办法》及评判标准，评选出本地区综合排名靠前的选手（同一学校最多 2 名）进入地区复赛。地区复赛将由评委现场提问，选手即席作答后评委进行打分。报名校园赛的选手，选拔方式参见各校《中国日报社"21 世纪杯"全国大学生英语演讲比赛校园赛通知》。

根据赛事评委会评判标准、地区初赛和地区复赛综合得分（两部分得分各占总分的 50%）排名靠前的选手晋级地区决赛（限每校 1 名选手）。组织校园赛的学校每校有 1～2 名选手晋级地区决赛。个人报名中演讲作品通过审核的选手及校园赛选手可获得由组委会官方认证的参与纪念（电子版），纪念证明可在"个人中心"下载。所有参与地区复赛（线上）的选手和指导教师均可获得不同等级的荣誉证书。校园赛选手及指导教师证书经所在学校确认后，可在官网进行认证、查询及下载。

3. 地区决赛

地区决赛于 5—6 月举办。地区决赛的参赛对象为参与本届地区复赛并晋级的选手、校园赛晋级或学校推荐入围选手。比赛在各重点城市落地或在线完成，比赛形式为已备演讲（4 分钟）、即兴演讲（2 分钟）和现场问答（2 分钟）。演讲得分评判标准为演讲内容占 45%、语言质量占 35%、综合印象占 20%。

地区决赛设冠、亚、季军各 1 名及一等奖、二等奖、三等奖若干名。各赛区入围全国半 / 总决赛名额见后续通知（同赛区同组别的同校选手，至多 1 人晋级）。所有参与地区决赛的选手及指导教师均可获得不同等级的荣誉证书，证书可在官网进行认证、查询及下载。

4. 全国半决赛 / 总决赛

全国半 / 总决赛于 7—8 月举办。全国半决赛 / 总决赛的参赛对象为获得前一届中国日报社"21 世纪杯"全国大学生英语演讲比赛全国总决赛前五名的学校选送的种子选手，各赛区通过地区决赛入围的选手，经组委会、评委会一致认定的特别推优选手。活动形式、演讲主题等信息由全国项目组另行通知。演讲得分评判标准为演讲内容占 45%、语言质量占 35%、综合印象占 20%。

全国半 / 总决赛设冠、亚、季军各 1 名及一等奖、二等奖、三等奖若干名，冠、亚、季军及一等奖选手将有机会参与 21 世纪研学活动（以全国总决赛通知为准）。参与全国半 / 总决赛的选手和指导教师将获得不同等级的荣誉证书，证书可在官网进行认证、查询及下载。演讲得分评判标准为演讲内容占 45%、语言质量占 35%、综合印象占 20%。

6.2　了解英语演讲类竞赛要求

6.2.1　了解"外研社·国才杯"全国英语演讲大赛要求

"外研社·国才杯"全国英语演讲大赛分为地面赛场和网络赛场，两者的比赛要求和评判标准不同，对参赛选手的综合素养要求存在差异。

1. 地面赛场要求

地面赛场的初赛和省级决赛的主要环节为定题演讲、即兴演讲、回答问题等，评判内容基本包括演讲内容、语言质量、综合印象，所占比例在不同的比赛阶段各不相同，依据大赛章程而定。全国决赛分为四个阶段，评判标准存在差异。

参赛选手要充分了解公共英文演讲的组成和必要元素，除了掌握演讲稿的基本特征，挖掘演讲稿的针对性、鼓动性和可讲性，参赛选手还应具有优质的语言表达能力、良好的论点创意以及优良的思辨力、创新力和强烈的公民意识及宽阔的国际视野。

在"外研社·国才杯"全国英语演讲大赛各阶段，参赛选手的定题演讲应符合大赛组委会公布的定题演讲题目的要求，演讲的时长要符合英语演讲要求。另外，在全国决赛第二阶段比赛（即兴演讲阶段）的赛题保密，选手上场前30分钟看题，即兴演讲时间为3分钟。由此可见，参赛选手的综合文化素养、心理素质、知识文化运用能力极为重要。综合知识速答是决赛阶段特有的题型，涉及常识、语言知识、历史、文化、时事等，综合知识速答对演讲者要求极高。综合知识速答赛题保密，选手比赛时当场回答4个问题，每题必须在题目显示后5秒钟内答出，每题0.25分，满分1分，直接记入总分，题目与回答均为英文。

定题演讲、即兴演讲、回答问题发挥水平的高低直接影响参赛选手的分数。在定题演讲部分，参赛选手要充分理解演讲题目的内涵，重视深远的演讲内容、恰当的英语表达、良好的内容呈现方式等，借助有效的多样化的演讲技巧，实现演讲的完整呈现。在即兴演讲部分，参赛选手既要有一定的功底，又要注意演讲内容的新颖性和立意的深刻性，同时还要注意整体演讲构思要敏捷，语言使用要简洁。在回答问题时，参赛选手要学会倾听，结合问题充分展开答题内容，态度坦诚，注意必要的互动，并控制回答问题时间。

2. 网络赛场要求

在网络赛场，每位参赛选手须在规定的时间内、按照大赛要求提交参赛视频，要求如下：

（1）视频内容要求。以大赛组委会公布的定题演讲题目视频为依据，自定标题进行3分钟英语演讲（定题演讲题目视频见大赛官网），提交视频时须提供视频标题。

（2）视频质量要求。图像与声音清晰，无杂音，横向拍摄，为一个完整的演讲视频文件，不得进行编辑、裁剪等加工处理（如添加片头片尾、配乐、字幕等）。

（3）视频时长要求。2～3分钟。

（4）视频格式要求。支持绝大多数视频文件格式，详见"U等生"App上传页面的要求。

（5）视频大小要求。不小于50M，不超过500M。

网络赛场的参赛选手要在充分了解、分析定题演讲题目的基础上，利用信息化制作手段，通过视频，清晰而完整地呈现演讲内容，参赛选手要注意演讲背景的选取，语调、语速和神态的控制等。

6.2.2　了解"21世纪杯"全国大学生英语演讲比赛要求

"21世纪杯"全国大学生英语演讲比赛选手需在大赛指定网络平台报名。报名完成后，参赛选手在截止日期内上传个人演讲作品。未在截止日期前上传作品的，将视为自动放弃参赛资格。选手根据比赛已备演讲主题自拟题目，完成一篇500词左右的演讲稿，并模拟现场演讲进行录像，视频长度3～4分钟（请勿超过4分钟）。选手在演讲过程中请勿透露本人真实姓名、学校等有可能影响评委评判的个人信息。请勿上传与参选内容无关的文字、图片或音视频等文件。

作品审核在个人演讲作品上传成功后的15日内完成。审核标准为作品符合上传要求；演讲作品为原创作品，演讲稿和演讲录像的作者须一致；无违反国家政策、触犯法律法规的词汇与表述。

"21世纪杯"全国大学生英语演讲比赛的评分标准为演讲内容占45%、语言质量占35%、综合印象占20%。

演讲内容是演讲的核心要素，演讲内容要与观众关系密切，吸引观众注意力，直击观众内心。演讲内容还应具有激情元素和创新元素，要具有一定的冲突性和戏剧性，调节现场气氛，推进演讲的开展。语言质量是演讲完成的基本保障，演讲语言是参赛选手传递思想、表达情感的重要工具，演讲语言运用得好与坏，将直接影响着演讲的社会效果。要想提高演讲的质量，要注意演讲语言的准确性、简洁性和通俗性。综合印象涉及参赛选手的声音、身势、服装、表情、发声等多个方面，会影响演讲的完成度和观众的接受度，亟须引起参赛选手的重视。

6.3　备战英语演讲类竞赛

在英语演讲大赛中，参赛选手要选择恰当的应赛技巧，从而在比赛中从容不迫，充分展现自我。"外研社·国才杯"全国英语演讲大赛和"21世纪杯"全国大学生英语演讲比赛中，定题演讲、即兴演讲和回答问题都是重要考察点。与此同时，肢体语言、语音语调、服装表情都是参赛选手亟须注意的问题。

6.3.1　掌握英语演讲技巧

1. 定题演讲技巧

（1）撰写演讲稿。演讲稿的撰写是演讲的第一步，参赛选手应依据演讲大赛要求撰写演讲稿。演讲稿的结构通常包括开场白、正文、结尾三部分。

开场白是演讲稿中很重要的部分。好的开场白可以牢牢抓住听众的注意力，了解演讲主题、引入正文、引发思考，为整场演讲的成功打下基础。常用开场白形式有点明主题、交代背景、提出问题等。在格式上，演讲稿还应有开篇的称呼，选择合适的称谓语是演讲完整格式的体现，也是参赛选手礼貌原则的体现，还能引起听众的注意。

正文是演讲稿的主体，必须要有中心语句、有重点、有层次。讲题是演讲的中心话题。演讲稿的思想观点必须有强大的材料支撑。材料是演讲稿的核心，既是主题形成的基础，又是表现主题的支柱。材料的选择应和观点统一，同时真实性、典型性、新颖性的材料有助于主题更深刻、更有利的表达。借助图表、事实、例子、奇闻轶事、引文与其他材料作为演讲点的支撑部分。同时材料的选择也要考虑听众的需求，贴近生活的、有针对性的材料有助于拉近参赛选手和听众间的距离。演讲主题的层次递进可以采用时间顺序或空间顺序排列，也可采用平行并列、逐层深入、正反对比等。由于演讲是口头表达，演讲稿的撰写要确保段落间的上下连贯，段与段之间要有适当的过渡和照应。论点之间运用转折、接续等词，比如转折词 however、in spite of、although 等，接续词就有 moreover、in addition 等。排比、比喻等句式结构的运用能够增强演讲稿的气势，适当运用谚语可以显示参赛选手深厚的文化底蕴。

结尾是演讲的结束和总结，具有深化主题的作用。演讲稿结尾的方法有归纳法、引文法、反问法等。归纳法是概括演讲的中心思想，重申主题；引文法则是引用名言名句，升华主题；反问法是以问句结束演讲，引发听众思考。此外，演讲稿的结尾还可采用鼓舞、展望、感谢等作为结束语，简洁、自然、明了。

英文演讲稿的撰写要符合演讲时间和语速节奏。同时，演讲语言要生动、通俗易懂。演讲的语言是介乎口语与文学语言之间的，它既要求遣词造句简练明确、通俗易懂，又要求表达情意生动、形象富于美感，才能既让人听得懂，又让人喜欢听。

（2）熟记和排练演讲稿。熟练地掌握演讲稿对从容自如地在演讲比赛中展现自己至关重要。熟读熟记甚至完全背诵演讲稿是前提。对于拟定好的演讲稿子，一定要在正式演讲之前，加强对稿子内容的练习。如果没有熟悉稿子，在演讲时断断续续，达不到语言流畅的基本标准，那将无法出色完成演讲。同时，熟悉演讲稿也可以让自己更有信心，缓解上台时的紧张情绪，防止忘词带来的尴尬。参赛者要勤奋地开展英语口语练习，熟悉英语演讲稿中的每一个英语单词和句子，确保整体发音准确无误。

此外，参赛选手需要在熟记演讲稿的基础上进行排练，并注意仪态仪表自然与否，时间把握是否合适，是否有激情和感召力以及语速快慢、音调高低、是否情感丰富，等等。根据演讲主题来定演讲的基调，根据要求严格控制演讲时间、反复演练，从而在实际演讲比赛中收放自如，达到预期的效果。

2. 即兴演讲技巧

即兴演讲能力是一种高级演讲能力，最能体现演讲者的综合修养和个人功底。即兴演讲听众的年龄、职业、人生体验等背景不尽相同，演讲者要充分考虑听众的综合情况。面对错综复杂的演讲环境，即兴演讲能力强的人能够依据听众的实际情况及时调整演讲内容和演讲策略，从容不迫，侃侃而谈，提升演讲的质量，改善演讲效果。即兴演讲能力较弱的人，无法做到灵活变通，往往忽视演讲实际情况，拘泥于讲稿，容易词不达意、语无伦次、漏洞百出，降低了实际演讲效果。为了增强演讲感染力、达成演讲目的，演讲者要掌握以下技巧：

（1）即兴演讲者要注重个人素养的提升。

1）具有良好的文化素养。面对时间紧、难度高的即兴演讲，演讲者只有学识丰富、真才实学、知识渊博，才能在短暂时间内迅速捕捉话题的精义、生动的例证，理清头绪，列出提纲，快速组织语言，达到应付自如、出口成章的效果。

2）具有出色的材料整合能力。即兴演讲要求演讲者在较短的时间里将符合主题的材料再整理、再糅合，凝练出具有说服力的文稿，良好的材料整理能力不可缺失。

3）具有较强的应变能力。由于演讲前无充分准备时间，即兴演讲者在临场时易出现如怯场、忘词等等意外现象。遇到这种情况，只有保持沉着冷静，巧妙应变，才能扭转被动局面，反败为胜。英语演讲过程中，一定要适时地与听众进行必要的互动。

4）具有良好的分析认识能力。即兴演讲者应对内容有宏观的把握，并能够透过表层认识到事物本质，形成一条有深度的主线，围绕主线不断丰富资料，将其连贯成文，避免偏离主题。

5）具有较高的现场表达技巧。即兴演讲没有事先精心准备的演讲稿，临场发挥显得尤其重要。演讲者在构思初具轮廓后，应注意观察场所和听众，选取与演讲主题有关的人或物，从而抓住听众的注意力，与听众产生共情。即兴演讲者的语言要简洁、演讲时间要短，特别要求演讲语言要简洁、杜绝废话、空话、套话。句子不宜过长，修饰语尽量不要用得过多。

（2）即兴演讲材料要新颖而深刻。

1）材料要新颖。具有新意的演讲能够给人留下深刻的印象。无"新"就无魅力可言。人云亦云或老调重弹、拾人牙慧往往令人生厌。寻找新鲜的例证或观点能够迅速抓住听众的耳朵，缩短演讲者和听众之间的距离，让听众产生共鸣。

2）材料立意要深刻。即兴演讲的立意深刻是指对演讲题目的认知要深、对演讲意义的把握要深、对演讲内容的感受要深、对演讲的分析要深，进而带给听众深刻的启迪。即兴演讲者要选择一个合适的角度，确保中心论点的视角尽量少而集中，要小中见大。所谓少而集中，是要求演讲者从生活中的平凡现象着眼，由此及彼，以点带面，抓住最本质的一点，触类旁通，引申扩展，上升到理论高度，使其小而实、短而精、细而宏、博而深、令人回味无穷。所谓小中见大，是指要求演讲者说出一些新意，使道理增色生辉。

3. 回答问题技巧

回答问题是"外研社·国才杯"全国英语演讲大赛的重要环节，在初赛和省级决赛的总评分中占比40%。演讲者在完成演讲任务后，需在有限时间内完成相关问题的回答，回答质量好坏较大程度上影响演讲者的整体表现。在回答问题环节，演讲者可以运用以下技巧。

（1）做好回答问题的事先准备。凡事预则立，不预则废。在前期演讲准备期间，整理一份可能遇到的问题清单，参赛选手可通过观看往届演讲大赛视频，参考评委提问的侧重点。问题清单整理完毕后，将其归纳成不同的主题，设想多种情境，依据每一种情境设计一套恰当的应答措辞。模拟真实场景，假设同学或伙伴为评委，反复演练，自信、简洁地表达自我。

（2）注意问题回答的质量。评委提问后，参赛选手要即刻对问题做出应答，但要注意答案与问题的相关度，切勿不假思索随便给出答案。参赛选手要迅速在大脑里构思，搭建框架，明确答题的关键是什么、主要从哪几个方面陈述观点。尽可能用不同的方式表达，增强答题的趣味性。短时间内实现条理清楚，语言自然、流畅对参赛选手是较大的挑战，平时多加即兴回答问题练习有助于提升参赛选手的熟练度。

（3）回答问题态度坦诚。评委的提问一般用以考察参赛选手的语言素养、掌控能力和面对压力而产生的爆发力。面对评委的提问，参赛选手要坦率且真诚，给评委和听众留下较好的印象。演讲者的态度尽量热情、充满活力，以坚定而镇静的态度做出回答，切勿充满挑战意味，动作、表情不要过于傲慢。即使面对挑战性问题，参赛选手可以通过变换措辞的方式去除消极词汇，提取关键词。参赛选手要学会倾听，在充分理解问题的情况下回答问题。正确的倾听姿势包括身体前倾、保持倾听姿势、和提问者保持视线接触。点头，表示你正在接受对方的信息；声音上的赞同可以用"Yes""You're right."，不要玩弄手指或纸笔。

（4）答题结束语要坚定有力、积极正向。参赛选手要控制好时间，在时间规定范围内做出适度的总结，强调关键信息，清楚地完成结束语，切勿自相矛盾。

4. 其他技巧

（1）保持良好的演讲姿势。演说时的姿势不同，带给听众印象和感受不同。演讲者不要过度紧张，放松身体，给听众留下堂堂正正的印象。过度的紧张不但会表现出笨拙、僵硬的姿势，而且对于口腔动作也会造成不良的影响。一个诀窍是张开双脚与肩同宽，挺稳整个身躯。另一个诀窍是想办法扩散并减轻施加在身体上的紧张情绪，例如将手触桌边或者手握麦克风，等等。

（2）重视演讲时的手势语言。手势语言有多种复杂的含义，一般可分四类：表达演讲者的情感、使其表达形象化、具体化的手势为情意手势，也称感情手势；表示抽象意念的手势称为象征手势；模形状物，给听众一种具体、形象感觉的手势称形象手势或图示式手势；指示具体对象的手势称为指示手势。演讲者在不同情境下选择不同的手势语言，以此达到吸引听众、观众并形成互动、增强语言力量的目的。

（3）控制演讲时的视线。面临大众的注视，演讲者要控制好自身的视线，做到既不漠视听众、避开听众的视线来说话，又不会让听众的注视影响演讲的发挥。克服听众视线压力的秘诀：一边演讲，一边从听众当中找寻对自己投以善意而温柔眼光的人，并且无视那些冷淡的眼光。此外，把自己的视线投向强烈点头以示首肯的人，对巩固信心从而保证演说正常进行。

（4）注意演讲时的面部表情。演讲时脸部表情的好坏都会带给听众极其深刻的印象。缺乏自信或畏手畏脚的表现会减弱演讲的说服力。相反，自信、积极向上的表现会给演讲增色。控制面部表情的一个方法是不垂头，人一旦垂头就会予人丧气之感，让听众觉得自己很不自信。另一个方法是缓慢说话，说话速度一旦变缓，情绪即可稳定，脸部表情也得以放松，全身也能够为之泰然自若起来。

（5）保持恰当的声调。声音和腔调与生俱来，较难改变。但音质对演讲效果影响重大。要做好演讲就应该将感情同语言联系起来，这样的演讲才有灵魂。首先，参赛选手要确保声音清晰地传递给听众。其次，参赛选手要控制语速，说话稍微慢点，有助于营造沉着的气氛。同时，偶尔地提高、降低腔调，或改变语速有助于调动听众情绪，过于平稳的声音会让听众厌倦。

（6）选择合适的服饰和妆容。演讲者的外部表象即仪表、衣着是被听众直观感受的，它对演讲的效果乃至成败会有直接影响。服装应该同身份相称，不宜过于奇特。登台讲演时，仪容要整洁、大方，有风度，以免有失风雅得体。演讲比赛中气场很重要，女选手可以选择职业的裙子、套装或西装；男选手常着西装，可选穿深色西装配白衬衣、黑皮鞋与黑袜子。

6.3.2　案例评析、备战竞赛

1. "外研社·国才杯"全国英语演讲大赛案例评析

（1）结构分析。"外研社·国才杯"全国英语演讲大赛演讲赛题具有时代性和灵活性，既能紧扣时代脉搏、散发时代气息，又能激发演讲者的创意灵感，充满青春朝气，吸引了无数学子参与其中。

历届"外研社·国才杯"全国英语演讲大赛定题演讲题目

2002 年：My Virtual University

2003 年：The Future Is Now

2004 年：Man and the Internet

2005 年：The Greatest Invention in My Eyes

2006 年：Unity and Diversity

2007 年：Global Citizenship Begins at Home

2008 年：1+1=2? (Does one plus one equal two?)

2009 年：Culture Smart or Science Intelligent?

2010 年：_____ Is My Top Concern

2011 年：A Word That Has Changed the World

2012 年：What We Cannot Afford to Lose

2013 年：When Socrates Meets Confucius

2014 年：Change the Unchangeable

2015 年：Huize and Zhuangze

2016 年：Communication Is Wonderful

2017 年：China, A Global View

2018 年：The Stones

2019 年：My Big Story in 2049

2020 年：Challenge to All

2021 年：Red Star Over China

2022 年：China's Wisdom for the World

2023 年：The Chinese Path to Modernization

参赛选手应以既定题目为出发点，联系政治、经济、文化等政事或个人经历对演讲内容加以延伸、拓展，从而实现感染听众、提升自我的目的。参赛选手要确定赛题的关键词，缩小话题范围，注重谋篇布局，为演讲的呈现奠定坚实的文字基础。

1）确定赛题关键词。

以 2019 年"外研社•国才杯"定题演讲 My Big Story in 2049 为例。本届演讲通过讲好"大故事"，展望"大未来"，引导大学生开阔视野，将自身发展融入国家发展命运。大赛组委发布相关视频后，参赛选手应充分收看、研究视频，从中提取有效信息，2019 年定题演讲的视频内容简要表述如下：

This year, 2019, the People's Republic of China is celebrating her 70th birthday. In 30 years' time, she will be 100 years old, a good time to tell "big story" about her national rejuvenation. In 2049, when China has reached her second centenary goal of realizing national rejuvenation,… when China has built a modern socialist country that is prosperous, strong, democratic, culturally advanced and harmonious... And you, the university students of today, will be part of China's new story and will have written your own stories.

My Big Story in 2049 的关键词落在 my、big、story 和 2049。作为故事讲述者，my story 可以理解为国家变迁的故事，也可以以"我"为主人公，讲述自己的故事。

参赛选手可以从视频中提取时间节点和叙事展现的有效信息，如：

时间节点：

In 1949…

At the end of the 20th century, …

Now, on her 70th birthday, …

In 2049, …

叙事展现：

her second centenary goal of …

building a moderately prosperous society in all respects …

her second centenary goal of realizing national rejuvenation …

　　从时间节点和叙事展现中，参赛选手可以概括出赛题涉及中华民族伟大复兴，关系梦想与现实，过去、现在与未来。参赛选手要讲述2049年发生在中国的故事，讲述30年后关于自己的故事，将民族大事与个人家国情怀相融合，个人故事是中国故事，体现大家与小家的一脉相承。

　　2）缩小话题范围。

　　秉承"大处着眼，小处落笔"的原则，参赛选手应充分考虑个人能力、听众背景和环境条件等选择呼应主题、简洁明了且富有深意和创意的小标题。

　　2019年的 My Big Story in 2049 赛题设计给参赛选手提供了无限的遐想。面对此类畅想类主题，可能会联想到人工智能、教育现代化、交通运输、医疗水平、机器翻译和人工翻译关系等视角。参赛选手可以选取某个视角拓展、延伸。如果想要包罗万象，全面展示30年来发生在中国和自己身上的变化，对于限时3～5分钟的定题演讲而言，话题不够具体，反而容易落入空话、套话，不易阐述清楚实质性问题。My Big Story in 2049 充分考察参赛选手讲故事的能力，面对这个赛题，应缩小话题范围，从小处选取故事，使故事充满想象力、创造力，展现参赛选手的远见与视野。避免使用空而大的词汇或事例，以免演讲浮于表面，不切合实际。

　　3）谋篇布局。

　　良好的篇章布局是演讲成功的前提与基石。以2019年赛题为例，在完成分析赛题、抓取小标题后，参赛选手要考虑如何展现令人印象深刻的开篇。故事或者叙述需要有背景（时间、地点、环境）、人物、主题（在小故事中折射人性、反映中国特质）、情节（开端、发展、高潮、结局）。演讲词要具有异他的、高潮迭起的故事情节，令人印象深刻的角色，简明的意义传递。通过第一人称、崭新的视角叙述故事，透视主题、反映主题，体现参赛选手的思辨能力，向听众传递正能量的价值取向。

　　演讲词开场的主要作用是吸引读者的好奇心和注意力，参赛选手可以从具体事件或画面入手，以小见大，由点及面。

　　以2021年"外研社·国才杯"大赛定题演讲 Red Star Over China 为例。参赛选手可以从多个角度开启演讲历程，比如以红色电影《闪闪的红星》主题曲"红星闪闪放光彩，红星灿灿暖胸怀"为切入点，通过哼唱这段旋律，引出赛题，与众不同且能够调动现场、活跃气氛。此外，参赛选手也可以以爷爷是个老红军、爷爷跟自己读过《红星照耀中国》为导入引出主题。

　　在演讲的主体部分，参赛选手可以运用多种修辞手段增强演讲的感染力和亲和力。据统计，在30篇全国冠亚季军选手的演讲词中，排比这一修辞手法被使用了163次，使用率最高。借助排比，参赛选手可以表达意思、增强语势，强调自己想要表达的内容，从而提高语言表达力。

例如：Every time I am busy weighing the ingredients, he will offer to help mix the pastry. Every time I teach him how to break an egg, we always end up picking eggshells from the mixture. Every time I ask him to fetch me some milk, he will salute to me and shout "Yes".

该排比句由句群构成，参赛选手运用排比描述了她和弟弟烘焙时的温馨画面，每一个排比都描绘了烘焙时的细节（如称量食材、和面、打蛋等）。如此温馨的画面与后文中弟弟因刻板印象不愿意穿围裙形成鲜明对比。除此以外，引用这一修辞手法被使用了 30 次。修辞手法的运用可使文章言简意赅、说理抒情，增加文采、增强表现力。

例如：That is the time when the solidarity of humans falls into place, as what Rousseau had foreseen more than two centuries ago, "Men cannot generate new strength, but only unify and control the forces already existing, and the totality of forces can be formed only by the collaboration of a number of persons."

通过直接引用卢梭的话，参赛选手旨在表明人类个体的力量是有限的，唯有通过团结彼此、发挥整体的力量，人类才能取得最后的胜利。同时，参赛选手演讲中曾提到电影《流浪地球》，两者彼此呼应，体现了人类面对灾难时刻所展现出来的团结一致以及共同拯救维护家园的信心和意志。

演讲结尾是演讲的总结，在很多情况下是演讲的高潮部分。演讲大赛中经常会出现结尾言之无物或言之未尽的状况，往往造成演讲结尾拖泥带水、画蛇添足，甚至偏题。参赛选手可采用常见的演讲结尾方法：对前面讨论的内容进行归纳与总结、对演讲内容的发展趋势提出展望、期待以及抛出问题或反问，由此引发听众的思考。

例如：From what has been discussed above, we can see that more and more people will choose the most comfortable and convenient way of traveling.

From what has been discussed above... 既展现了参赛选手对全文的概括，又体现了参赛选手对演讲内容的延伸和期许，是演讲经常选用的结尾方式。

（2）整体分析。2019 年"外研社·国才杯"演讲大赛冠军争夺战以"中国象征"为题眼致敬祖国，同时也是对 My big story in 2049 的深情呼应，入围选手凭借优异的应变能力、逻辑能力和思辨能力各抒卓见，展现了自身丰富的知识储备和多元的文化视角，彰显了当代青年深厚的家国情怀。

以下是 2019 年"外研社·国才杯"演讲大赛冠军王嫣的演讲词节选：

The most affectionate memory of my childhood is about a round table. When I was still little, my entire family would reunite on almost every traditional festival to have dinner or the grown-ups were discussing something beyond our comprehension. We kids would be scattering around or even crouching under the table to play "hide-and-seek".

When I got a bit older, my aunt brought back her boyfriend, a tall and shy man, and my grandma joyfully added another seat to the round table. It seemed a little bit more crowded but we all felt closer to this new family member.

When I was 12, my grandpa passed away because of cancer. But when the entire family reunited once again, his chair, his bowl and his chopsticks remained the same, even though his seat was empty, but it felt like that he had never left us. We all have a table like this in our homes. It's a symbol of our reunion of our families, representing our sentiment and attachment to our families, but as a matter of fact, in China, the dead like my grandpa, and the alive, will find a way to go back home and go to the round table to reunite with their families.

The power that drives me to do so has been the power that has been sustaining Chinese civilization for thousands of years and the lives of us and even the history of our nation have been stories of looking for or running to the round table to which we belong. The round table has been the symbol of Chinese sensation. It was, it is and it will always be. Thank you.

评委高度评价了参赛选手的演讲，认为参赛选手选择的主题词是圆桌，一个非常有中国特色的用来团聚会餐的必备道具，但这不仅仅是个满足食欲的地方，还是一个孩子们能做游戏、大人们能侃大山的地方，也是一个凝聚家庭成员、吸纳新的家庭成员、纪念过世家庭成员的地方。对于奔波在外的家人来说，围着圆桌得到的不光是精心制作、美味可口的佳肴，更有归属感、安全感和仪式感。这个选择非常贴合视频里的 sensation 一词，将中国味和中国情恰如其分地糅合在了一起，参赛选手的选择很用心也很巧妙。

选手在讲完自己家庭里圆桌上的故事后，话锋一转，把圆桌的运用和意义带到了更宽泛的领域，即围绕圆桌人们不仅可以庆祝新人的结合、缅怀故去的亲人，贸易伙伴们还可以商谈生意，国家领导人们还可以共襄盛举。选手由己及人、由小及大、由低到高地把圆桌的象征意义扩大，将它在家庭、社会乃至世界层面上所代表的关爱、包容和尊重等价值观提炼出来，实现了中国味、中国情及中国精神的"三位一体"。

在结尾处，选手又非常应景地说到了即将到来的春节和在此期间人们对圆桌团聚的渴望，把重点重新落回它帮助保持中国传统文化和维系家庭情感的作用上，使得全篇演讲在论述的同时又充满人情味，流畅自然。

从整体演讲风格方面，参赛选手落落大方、沉着冷静、语速适中、音色悦耳，表情与肢体语言和演讲内容相匹配，整个演讲的呈现自然流畅，体现了参赛选手良好的表现力和现场掌控能力。

在提问环节，参赛选手展现了自身快速的应变能力、深厚的知识储备和良好的反驳技巧。

第一个问题：如何看待许多人不能和家人团聚这个现象？

选手的回答是即便家人不能聚在一起，但家人在聚会时仍会为他们留座，由此彰显家人的牵挂和家的凝聚力。选手利用这个回答提问的机会再次强调了自己在定题演讲中的重要观点，同时也完成了回答问题的任务，一举两得。

第二个问题：你的父母若不喜欢你的男朋友你该怎么办？

选手的回答过于简单，"不被父母喜欢就分手"这样的答案会令观众失笑，但听上去有些生硬，没有跟自己的演讲主题"圆桌"或者它所代表的亲情联系起来。问题的初衷是考验选手对圆桌所代表的中国传统家庭观念中孝顺的理解，若父母意见跟子女伴侣选择之间出现矛盾，子女该如何坚持孝道。选手的回答可能被观众理解为"愚孝"，无论她男朋友的人品如何，只要父母不喜欢，就会分手，这不是对中国传统价值观孝顺的最好维护。不妨改为"我不会结识父母不喜欢的男朋友"或者"我会帮他在圆桌聚餐时赢得我父母的青睐"。提问环节时间紧张，在来不及对新观点展开阐释的情况下，这两个选项相对合情合理，也更贴合选手的演讲主题，要么跟父母喜好一致，不选择不合适的，要么选择自己喜欢的，但同时也帮助他融入家庭、一起尽孝。

第三个问题：在家庭以外的场合下，比如谈判、工作场合等，为何圆桌能起到帮助人们解决分歧的作用？

选手把这归因于人们在圆桌旁坐下来是寻求对话而不是对抗，同时她还把圆桌跟长方形桌子做了对比，强调在圆桌周围人们的互动性和平等性优于长桌暗示的权力距离和对立性，这样的处理是对提问环节有限时间的最大利用，反映出选手的机智和经验。

2. "21世纪杯"全国大学生英语演讲比赛典型案例评析

以第11届"21世纪杯"全国大学生演讲比赛冠军曹丰的演讲词为例：

Our Future: A Battle between Dreams and Reality

Good afternoon, ladies and gentlemen,

When I was in the primary school, I have a dream. I want to invent a device which could bring you from one place to another in no time at all. When I was in the secondary school, my dream was to study in my ideal university. And when eventually I got into the university, my dream was to graduate.

How pathetic! When we grow up, we dream less and become more realistic. Why? Why do we have to change our dreams, so, so in order to let it be "fulfilled"? Why do we have to surrender to the so-called "reality"? What is the reality actually?

Ladies and gentlemen, the reality is not real. It is a barrier keeping us from all the possible fantasies. Flying, for example, had been a dream to mankind for thousands of years. A hundred years ago, "man could not fly" was still regarded as the "reality". Now if that was really the reality, what did the Wright brothers do? How did some of you get to Macau? Only when we believe that the reality is not real can we soar with our dreams.

People say that our future is a battle between the reality and our dreams. And if, unfortunately, Mr. Reality wins this war, then I see no future of mankind at all. Aids will never be curable as this is the reality; people living in the undeveloped countries will suffer from starvation forever as this is the reality; disputes among different countries would never be settled as these misunderstandings and intolerance is the reality.

Ladies and gentlemen, how many of you have a dream of being able to make a lot of money? Please raise your hands. Oh, quite a number of you! Actually, ladies and gentlemen, this is not a dream, but a task. Every one of us has to make a living, right? Anyway, I hope your task will be accomplished. How many of you think that you have already fulfilled your dream and that you don't dream anymore? Dear adjudicators, what do you think? C.S. Lewis once said, "You are never too old to dream a new dream." So, for our future, please dream and be unrealistic.

Now that I am a university student, my goal is to graduate with excellences. But at the same time, I have a dream deeply rooted in our future. One day, people living in the areas now sweltering with the horror of wars will be able to sit with their families and enjoy their every moment. One day, people from the rich countries are willing to share what they have with those from the poor countries and those from the poor countries will eventually be able to make their own happy living themselves. One day, different cultures in this age of globalization will coexist with tolerance and the unfriendly confrontations among them will be eliminated. One day, the globe will share the dream with me and we will all contribute to making our dream come true. One day, our dream will defeat the reality! Thank you very much.

（1）在内容结构方面。

演讲词的整体结构是三段论：开场部分以故事引入；主体部分逻辑缜密，明确表明了"什么是现实—为什么梦想不应该是现实的—应当打破现实、实现梦想"；结尾部分简短而有力地号召大家行动起来。

在演讲的开场部分，参赛选手用自己的故事导入，句型简单。小时候是想做发明家，初中时选手的梦想是考入大学，然而成功被录取之后，梦想却变得更现实——毕业就好。两个 Why 开头的疑问句引发听众思考：为什么我们越长越大，梦想却越来越小、越来越屈从于现实？同时，参赛选手试图探讨了到底什么是现实。

在演讲的主体部分，参赛选手遵循"是什么—为什么—怎么样"的顺序展开。参赛选手用人类的飞天梦想作为正面事例，利用反问的修辞手法引发听众思考，同时暗示现实中的不可能也是可以变更的。接下来的倒装句引出演讲主旨：拒绝现实的平庸，才是追寻梦想，人类才有未来。之后的三个反例说明如果屈从于现实不去改变，会造成病人痛苦、粮食危机和不同文化间产生误解的后果。参赛选手用了问句与观众互动，用来阐明现实的梦想只是任务而不是梦想，真正的梦想就是要不现实。最后三个 one day 开头的句子呼应上一段的三个反例，展示了作者的梦想就是要不切实际地争取和平、缩小贫富差距、促进文化平等交流。

在演讲的结尾部分也是两个以 one day 开头的句子，寄予了参赛选手对年轻人的希望，即努力实现梦想并打败现实。

（2）在风格方面。

本届赛题和年轻人、梦想与现实相关，参赛选手主动降低用词、用句难度，避免探讨很晦涩的内容，用词较为平实，用句较为简单，较少出现复杂词汇或句式。参赛选手主要使用了问句（What is reality actually?）、感叹句（How pathetic!）、倒装句（Only when…can we）、复杂句的时间状语从句、定语从句等，还使用了排比和反问的修辞手法。多样化的句式丰富了演讲内容，参赛选手整体风格比较活泼、肢体语言和面部表情比较丰富，拉近了与听众之间的距离，让听众产生共鸣。同时，参赛过程中，参赛选手通过目光、微笑、身姿变化等与听众对话，洪亮的声音和挺拔的身姿给听众留下自信的印象。

  英文演讲是英语学习者提升英语运用能力和听说能力的重要途径，也是增强英语思辨能力、批判性思维和创新意识的有效方式。英语学习者的交际能力在思维风暴互助合作中不断优化，写作能力在演讲稿的撰写和锤炼中得以改善。英语演讲参赛选手既要重视语言综合素养，也要注意演讲身势语、表情、声音、妆容等语言以外的因素，充分利用好各种演讲技巧，从而在英语演讲比赛中出色发挥、脱颖而出。

第 7 章 英语阅读类竞赛

本章导读

英语阅读竞赛是一项检测阅读水平、提高阅读能力、增强阅读兴趣,并提供习题资源和学习素材的综合赛事活动,旨在通过比赛的形式,激发大学生的英语学习热情,为他们提供阅读实践的机会和自我挑战的舞台。本章主要介绍"外研社·国才杯"全国英语阅读大赛及要求。读者应在了解阅读比赛特点的基础上重点掌握一些阅读技能和答题技巧。

本章要点

- "外研社·国才杯"全国英语阅读大赛要求
- 七大阅读技能
- 赛前准备
- 答题技巧

7.1 认识英语阅读类竞赛

7.1.1 认识英语阅读类竞赛目的

目前,英语类阅读大赛最具影响力的当属"外研社·国才杯"全国英语阅读大赛。首届"外研社杯"全国英语阅读大赛开启于 2015 年,大赛注重中西文化的交流、融合,选手不只是单纯吸收外国文化,也要了解中国传统文化,用英语传达中国文化,使外国人了解中国文化。学生通过阅读经典,了解中外历史伟人,对世界历史形成自己的认识。

赛题题型丰富,包含多种文体,贴近学术、生活和工作场景使用需求。参赛是实践英语阅读技能的一次集中训练。学术阅读引导选手主动运用阅读策略,抓住关键信息和隐含意义,提高思辨能力;应用文阅读通过逻辑推理、细节判断、主旨概括等多种题型,引导选手关注、提高单项阅读技能。考试流程和界面设计为学生参与大学阶段的机考英语测试提供了练习机会。

7.1.2 了解大赛级别、参赛方式及奖项设置

1. 初赛

凡 35 周岁以下具有高等学历教育招生资格的中国籍普通高等学校在校本、专科学生、研究生均可参赛。曾获得往届"外研社·国才杯"全国英语阅读大赛出国及港澳交流奖项的选手不可以参赛。符合参赛资格的高校学生均可直接向本校外语院（系）或大学外语教学部报名和参加初赛，大赛官网于每年 6 月初开放参赛报名页面。参赛院校可参加由主办单位统一举办的线上初赛，也可自行组织初赛。初赛网络管理员提前在大赛官网中选定拟参与的初赛场次，并通知本校选手登录大赛官网报名，报名时间于选定的比赛时间前一周截止。

主办单位通过大赛官网发布线上初赛，共在 9 月月底和 10 月中下旬发布 3 场，时间为 14:00—15:50，届时所有参赛选手登录大赛官网进行比赛。线上初赛赛题题型包括 Read and Know、Read and Reason、Read and Question 三个模块，时长为 110 分钟。比赛和评分由专用赛事系统"iTEST 智能测评云平台"支持，机器评阅。

参赛学校应设置特等奖和一、二、三等奖，获奖人数分别占本校参赛选手总数的 1%、5%、10%、15%。所有获奖选手将获得由大赛组委会颁发的电子获奖证书。

2. 省级决赛

初赛结束后，各外语院（系）或大学外语教学部向本省（市、自治区）决赛组委会报送参加省级决赛的选手信息。每校晋级省级决赛的名额由本省（市、自治区）大学外语教学研究会确定并公布，一般为 3 人。

省级决赛日期为 10 月月底，时间为 13:00—15:30。同一时间比赛的省（市、自治区）采用相同赛题。选手登录专用赛事系统"iTEST 智能测评云平台"现场答题。比赛期间不允许携带电子设备，不允许查阅其他资料。"iTEST 智能测评云平台"评阅客观题，人工评阅主观题。主观题与客观题分数相加得出每位选手总分。

省级决赛设置特等奖和一、二、三等奖，其中特等奖 3 名。特等奖获奖选手代表本省（市、自治区）参加全国决赛。所有获奖选手都将获得由省级决赛组委会颁发的获奖证书及奖品。

3. 全国决赛

各省级决赛前 3 名选手（共 93 名）和外卡赛晋级的 30 名选手参加全国决赛。2022 年阅读大赛增设外卡赛晋级名额，在 2022 年上半年"国才考试"中获中级优秀、高级良好及以上、高端合格及以上，且书面沟通能力量表分大于或等于 230 分的考生，可享有阅读全国决赛外卡赛报名资格。组委会将根据报名考生的书面沟通能力量表分由高到低取前 30 名，发放外卡赛晋级名额，考生经审核后直接晋级阅读全国决赛。

全国决赛于 12 月月初在北京举行，比赛时间为 9:00—11:30。选手登录"iTEST 智能测评云平台"现场答题。比赛期间不允许携带电子设备，不允许查阅其他资料。"iTEST

智能测评云平台"评阅客观题，人工评阅主观题。主观题与客观题分数相加得出每位选手总分。

决赛设特等奖 6 名（冠军 1 名、亚军 2 名、季军 3 名），获得获奖证书并赴国外或港澳地区进行学习交流；一等奖 20 名，获得获奖证书及奖品；二等奖 40 名，获得获奖证书及奖品；未获得上述奖项的其他决赛选手均获三等奖，获得获奖证书及奖品。

7.2　了解英语阅读类竞赛要求

"外研社·国才杯"英语阅读大赛是一个能力竞赛，与一般的标准化考试和等级考试不太一样，其主要考查选手逻辑思维的深度和广度，定向挖掘善用阅读策略、拥有思辨逻辑、能够深耕学术的高潜人才，引导他们关注社会，了解中华优秀传统文化，并在此基础上深度思考，构建起更加牢固的家国情怀与社会责任感。"外研社·国才杯"阅读大赛初赛时词汇量要求为 7500 词左右，复赛和决赛词汇量要求为 9500 词左右。

7.2.1　了解大赛考点

阅读大赛赛题由四个模块构成：Read and Know（读以明己）、Read and Reason（读以察世）、Read and Question（读以启思）、Read and Create（读以言志）。其中前三个模块为初赛考查内容，是客观题，综合考查选手各方面阅读能力。题点主要包括文本来源、最佳标题、主旨大意、作者意图或态度、词义推断、句意理解、细节推断等，共 40 题，答题时间为 110 分钟，满分 100 分。

1. Read and Know

此模块包括第 1～10 题，考查选手的阅读广度及对各类短小文本的阅读理解能力，包含名人名言、文学选段、各类短篇文本及图表等。这一部分包括两种题型：名句匹配和短文类型判断。

以 2017 年"外研社·国才杯"全国英语阅读大赛初赛真题为例：

Direction: Read the text, and answer the question according to the text.

A few intuitive, sensitive visionaries may understand and comprehend XXXX (the book title), XXXX (the author)'s new and mammoth volume, without going through a course of training or instruction, but the average intelligent reader will glean little or nothing from it—even from careful perusal, one might properly say study, of it—save bewilderment and a sense of disgust. It should be companioned with a key and a glossary like the Berlitz books...

Which of the following works does the book review address?

　　A. *Ulysses*　　　　　　　　　　　　B. *The Odyssey*
　　C. *In Search of Lost Time*　　　　　D. *One Hundred Years of Solitude*

这是阅读大赛真题中有代表性的一题，要求选手选择语篇所描述的文学作品。

解题步骤：

（1）关注文中关键信息。通过 mammoth volume 可知道它是一本巨著，篇幅很长，并且如果不经过特殊的 training or instruction，很难读懂。

（2）比较选项。D 选项《百年孤独》（*One Hundred Years of Solitude*）和 C 选项《追忆逝水年华》（*In Search of Lost Time*）都是现当代作品，语言简练，不难读懂。B 选项《奥德赛》（*The Odyssey*）虽年代久远，但语言也比较简练生动，也不难读懂。A 项《尤利西斯》（*Ulysses*）是意识流小说鼻祖——乔伊斯的长篇小说，晦涩难懂。由此判断此题答案是 A。

面对这类题目，建议选手平时多读书，广泛涉猎。阅读大赛考查的文本是多主题、多题材的，文学、文化、经济、科技等方面都有涉及。此外，答题时若遇到不懂的，可结合背景知识和语言特点等来分析推测。

短文类型判断题主要是给出一篇很短的文章，要求判断其类型（例如广告、说明、公告）或根据短文内容判断哪个选项是错误的。选手不仅需要分析短文特征，还要比较选项，选出最佳答案。要将原文与选项对照着判断，观察修饰词是否一致，避免入坑。

2. Read and Reason

此模块考查选手对多题材、多体裁文本的信息获取、判断、逻辑推理能力。题型包括中短篇的理解题和阅读逻辑题等。本模块是初赛中分值占比最高的模块，占全卷总分的 60%，共 20 题，出现在试卷中的第 11～30 题，题型以选择和判断为主。初赛阶段每题分值为 3 分，建议作答时间为 55 分钟。

逻辑题大致题型为先提供一段文字，文字内容是一个演绎法性质的案例，接着给出四个选项，让选手判断短文中的案例属于哪种推断方法，存在何种谬误。这部分给出的案例一般都存在着问题，选手需要证明现有论据是否能有力推出这一结论，并找出其中的逻辑漏洞。或者是一些难度较大的逻辑分析题，即根据已有的论据，思考如何推理出合适的结论。

阅读大赛中的逻辑题并不是纯粹考查选手的逻辑背景知识，而是考查逻辑分析能力。如题目给出某个逻辑谬误的定义，大家需先理解定义，再去回答问题。

以 2016 年"外研社·国才杯"全国英语阅读大赛复赛真题为例：

Distinction without a difference

Distinction without a difference is a fallacy attempting to defend an action or position as different from another one, with which it might be confused, by means of a careful distinction of language, when the action or position defended is no different in substance from the one from which it is linguistically distinguished.

Which of the following provides a typical example of distinction without a difference?

A. I believe one should never deliberately hurt another person, that's why I can never be a surgeon.

B. No, I will not reply. I see no need to defend my views against the objections of ignoramuses.

C. I'm not saying anything against feminism; I just happen to sincerely believe that the man should be the head of the household.

D. More than a few people have been convinced that a slightly larger monthly payment isn't going to make very much difference.

解题步骤：

（1）看题目逻辑谬误。定义题中 fallacy 的定义为 distinction without a difference，是通过变换语言去解释一个概念，但本质上并没有改变要 defend 的 action 或 position。

（2）分析选项。A 选项解释"为什么我不能成为外科医生"，B 选项解释"我不想回复"的原因，D 选项讲月薪小幅增长并不会有多大差别，这三个选项都未涉及语言的变换。而 C 选项前半句讲 I'm not saying anything against feminism，后半句则侧面反对 feminism，这正是 distinction without a difference 逻辑谬误的典型例子。因此正确答案为 C。

此模块还有细节理解题和推断词义题等。无论是选择题、判断题还是推断词义题，选手都要留意细节。选择某答案时要对照原文，找出科学依据；排除某答案时，也需要提供反面案例，给予有力驳斥。

3. Read and Question

此模块包括第 31～40 题，考查对多篇同主题较长文本的信息获取、对比、分析及判断能力，一般会就同一主题提供三篇不同题材、不同语言特点的选篇，每篇文章大概对应着三道题目，并且在三篇文章的最后还会有一道总结或对比性质的题目。这部分题目难度相对较低，但是题量较大、细节多，和高考英语试卷中的阅读理解题较为类似。如果做题技巧不熟练或时间分配不合理，很难做完所有题目。要预留 30 分钟左右的做题时间，因为题目顺序和段落顺序不一定一一对应，选手需要根据题目的主干查找对应的段落，然后仔细寻找对应的单词，将文章和选项中的相关语句进行仔细对照与分析，找出细节上的不同，有依据地进行排除。

提到环境污染，大家很容易想到常见的垃圾污染。而 2016 年"外研社·国才杯"全国英语阅读大赛初赛第二场的 Read and Question 部分中第一篇文章讲的是不同的饮食习惯对环境的污染，第二篇文章讲述网购对环境的污染，第三篇文章讲述光污染。

阅读大赛会对熟悉的话题提出新的思考角度，建议大家在遇到某个话题时用多角度、新角度去思考。备考这一模块时，选手需要关注一些热点话题或阅读多题材文本。

4. Read and Create

这一模块属于主观题，在复赛和决赛中才会出现。通过"读后写"的方式，考查选手对文本信息的理解、分析、综合、评价及提取运用的能力。该模块题目文本源于当年阅读大赛指定的书目，一般为 400～450 词，要求选手阅读 3～4 个段落（大部分会涉及对比），然后回答 2～3 个问题。这一模块主要是考查选手有没有读懂文本，选手要看清字数要求，不能低于 300 个单词，可以有自己的见解，但主要是客观地回答问题，不能自由发挥。

7.2.2 掌握七大阅读技能

"外研社·国才杯"阅读大赛经常考查的阅读技能主要有七个，掌握这七大阅读技能可以帮助大家加快阅读速度，提高阅读效率。

1. 认清阅读目的

阅读目的直接决定阅读方式和阅读策略。带着问题阅读有助于选手了解文章的题材、大致涉及的时代背景或文章的语言难度。先阅读试题，这样选手就带着明确的目的，寻找效率比起盲目通读全文要高得多，是一条省时省力的捷径。并且不是所有的试题都是测试选手对整篇文章的理解，如涉及细节性的问题，先阅读试题，可不用通读全文。

2. 具备预测能力

预测下文内容也是提高阅读效率的重要手段。预测之所以能够提高阅读效率，是因为它使你产生某种"期待"。带着这种期待读下文，你会努力为你的假想寻找证据，注意力会更加集中。预测不是随意的，而是根据已经发生的事情或已了解的内容加上一般常识进行符合逻辑的预测。可以通过标题中的关键词、文章的特点和背景知识进行预测。通过对下文内容进行积极地预测，可以加快阅读速度，提高阅读理解能力。

3. 掌握略读技能

略读是一种快速浏览文章的策略，是对文章进行整体把握而非细节性的了解。在真实阅读中，会经常使用略读对阅读材料进行初步筛选，快速阅读文章来了解该文章是否符合自己的阅读要求。略读可以大大提高阅读速度，也能获得大量的信息。略读之后，对所读内容已经有了大致的了解，再仔细阅读，这时你的印象会更深刻，理解更透彻。

4. 掌握查读技能

查读侧重快速扫描文章寻找特定细节，如查找某个人名、地名、时间、地点等。在寻找特定信息、具体事实、答题所需内容时都可以使用这种方法。将所需搜寻的信息点牢记在心，当你带着某些信息的形象进行查读时，文章中符合要求的信息点就会很容易自动跃然纸上。

5. 进行语块阅读

语块阅读是根据语义把一句话分解成不同的语块进行理解，每个语块包含几个单词或词组。相比于逐字阅读，语块阅读能够大大提升阅读速度。阅读过程中把注意力放在一组组意义组合上，而不是放在单个词语上。语块阅读可以扩大视野范围，跳过或略过那些不重要的单个词语。

6. 理解文章的结构和体裁

了解文章基本结构是把握文章内容的基础。文章的基本结构与体裁相关，同一体裁会有相对固定的结构模式。阅读文章主要有四种体裁：议论文、说明文、记叙文和描写文。议论文的结构一般是提出某观点，而后给予辩证支持，最后得出与观点相一致的结论。

说明文的结构一般是客观地描述现状，引出定位问题，然后提出解决方案，最后阐述理由。记叙文的结构一般是引出故事，然后对故事主体进行细致刻画，最后议论点题。描写文的结构常常是先描写事物的总体特征，再进行细节描写，最后加以总结。要了解文章的结构，需要先判断文章体裁，再根据体裁推测文章结构。

7. 确定写作目的

阅读文章时，不仅要理解文章说了什么，更要明确作者的写作目的。写作目的也是阅读大赛经常考查的内容。对作者写作意图的判断能够加深对文章内容的理解。此外，写作意图与写作风格密切相关，了解了作者的写作意图，也能够进一步了解写作风格。例如，如果作者的意图是劝说，那么从字里行间中就可以看出作者使用的语言多倾向于自己的观点，而在介绍对立观点时会多用贬义词。

7.3 备战英语阅读类竞赛

在英语阅读大赛中，参赛选手要注重日常阅读积累，熟悉赛题题型，考试过程中选择恰当的答题技巧，做好时间分配。"外研社·国才杯"全国英语阅读大赛中，名言匹配、词义推测、篇章推理、图表题、主旨题和观点态度题都是重要考查点。第四模块的主观题属于反思性写作，考查选手对文章的综合理解以及语言组织、表达能力，也需要充分练习。

7.3.1 做好赛前准备

1. 注重日常积累和批判性阅读

阅读大赛不仅考验选手阅读广度及基础阅读技能，更需要其具备成熟的逻辑推断、足够的涉猎广度、切实的生活体验。选手平时要注意积累，多读书，读好书，每日保持一定的阅读量，积累丰富的文学常识及英语语言知识。词汇量决定了阅读理解能力，词汇量越大，阅读得越广，视野就越开阔，阅读理解的得分就越高。每年在"外研社·国才杯"官网上会有当年阅读大赛的指定书目，提前阅读，并对书的主旨、历史背景和作者生平进行归纳总结。

阅读大赛会出现体现交叉学科的选文与赛题，这与国家新文科融合发展、人才培养趋势相呼应。学术性、人文性、工具性的交合向来是阅读大赛的理念，所以选手要关注当年的热点话题，多阅读 CNN、BBC、*National Geographic*、*The Economist*、*The New Yorker*、*Reader's Digest* 等权威媒体或杂志的文章，在英文报刊阅读过程中训练能力，多积累逻辑常识。在阅读外刊时，把不会的单词画出来，阅读结束后整理生词，加以记录。长、短文本都要覆盖到。此外，学会以批判性视角进行阅读。例如在阅读文本时，辩证看待作者的立场与观点，理性判断其论据合理性与说服力，从而培养独立思考的习惯和能力。

2. 多进行真题演练和思维训练

高效备赛必须要了解大赛赛题，选手应该多关注"外研社 Unipus"公众号资讯，在大赛官网查看阅读大赛样题，熟悉题型，了解考查要点，并对照答案深入研究题目。官网上的备赛攻略中有众多"攻略"文章。为帮助参赛选手更好地备赛，大赛组委会在"U 等生"App 上推出系列备赛课程，邀请知名阅读专家深入解析大赛考查要点，指点备赛方法。组委会也会组织线上备赛公益活动，选手们要注意收听和观看。充分利用往年真题资源以练促学，鼓励选手按照题目给出的建议作答时间进行实战练习。

考前多加训练自己的阅读速度，有利于在赛场上准确高效答题。阅读英语文本时，若遇到的生词并未造成很大的理解障碍，不要立即查字典；切忌逐字默念，用眼睛扫过即可；对于读不懂的句子，不要反复阅读，而要尝试在上下文中寻找线索辅助理解。运用逻辑关系或排除法做出选择或判断。

7.3.2 掌握答题技巧

1. 采用"略读 + 看题 + 部分精读"的阅读方法

在阅读大赛中，阅读效率至关重要。提高阅读效率的方法之一是不断调整阅读的节奏。若全程精读文章，一方面时间不够，另一方面也不利于把握文章整体框架。因此推荐采用"略读 + 看题 + 部分精读"的方法。首先快速通读，了解文章主旨和文体结构。然后读问题，找出定位词，明确精读目的。一定要认真阅读题干，有些问题已用同义词、近义词或句式转换替换了文中的原词。接着从相应的段落中迅速找出所需要的关键信息，对部分细节内容进行精细阅读。答题时，把握好时间，千万不能为了一道题或一段文字而停滞不前，影响整个阅读部分。

2. 调整答题顺序及时间分配

省级复赛和全国决赛共有 41 题，满分 100 分。答题时，可以根据题型难度和分值来调整做题的顺序。首先做第一模块，共 10 题，20 分，题目不是很难。第 1～3 题是名言及名人配对，共 3 分；第 4～9 题，主要是判断文体、选择合适的标题或找主要大意等，共 12 分；第 10 题是图表题，5 分，题目不太难，值得花费时间。其次，可以直接做第三模块（第 31～40 题），此模块是三篇相同主题的阅读理解，共 20 分。然后是第四模块（第 41 题），依据一篇文章和问题写 300 字左右的作文，共 30 分。不强求全文全部看懂，但求把握好其中的主要思想以及 2～3 个支撑观点。根据自己选择的观点进行阐述（建议选择读得最明白，最好展开的 2～3 点进行阐述）。放弃这一部分不明智，这部分比第二模块更容易拿分。最后做第二模块（第 11～30 题），共 30 分，其中 4 题是判断题，如果时间不够或者感觉很难判断可以采取全选一个的策略（一般说来，判断题错误的较多）。该部分主要考查逻辑谬误和推理，有难度，所以选择最后来做。

初赛建议第一部分花费 20 分钟，第二部分花费 60 分钟，第三部分花费 30 分钟，共 110 分钟；复赛和决赛时建议第一部分花费 20 分钟，第二部分花费花费 60 分钟，第三部分花费 30 分钟，写作花费 40 分钟，共 150 分钟。

3. 掌握主要题型的答题技巧

（1）名言\作者、作品匹配题。第 1～3 题为名言、作者、作品匹配题，选手整体答题表现不太理想，正确率只在一半左右。实际上，阅读大赛考查的是比较经典的引文。建议平时多阅读外文原著，做一些读书笔记，多积累一些文学常识，掌握著名作家、思想家、科学家、政治家等的主要事迹、思想、作品、作品风格以及著名作品的梗概、重要影响等，重点记忆名著开头句、结尾句及经典语句。如果对作者语言风格有把握的话，就可以从名句中快速检索出能代表作者风格的词汇或语调，从而完成匹配，比如莎士比亚的文字非常喜欢用对比或排比的方式。选手可以利用往届真题，用联想的方法构造自己的知识树。

大赛官网每年都会提供相关参考书目，应该以此为主要依据进行通读，在脑海中留下每部作品的基本情节框架、所表达的主要观点和写作语言特点，并将其与作者联系起来，这样在比赛中就可以结合作品主题、思想观点和语句中的关键词汇来匹配答案了。

可以回忆自己的背景知识，通过比对和排除的方法确定正确选项。先对较有把握的选项进行匹配，接着对比剩余名句的主要思想内容和语言风格，排除可能性较低的选项。答题时会做就做，不会做，随便快速猜，不要花费太多时间。

名句积累

"To be or not to be, that is the question." — *Hamlet*（《哈姆雷特》）

"Fair is foul, and foul is fair: Hover through the fog and filthy air." — *Macbeth*（《麦克白》）

"It was the best of times, it was the worst of times." — *A Tale of Two Cities*（《双城记》）

"It is a truth universally acknowledged that a single man in possession of a good fortune must be in want of a wife." — *Pride and Prejudice*（《傲慢与偏见》）

"Happy families are all alike; every unhappy family is unhappy in its own way." — *Anna Karenina*（《安娜·卡列尼娜》）

（2）词义推断题。选手在英语阅读大赛中会碰到生词且不允许查字典，平时阅读时若频繁地查字典会影响阅读速度和对文章内容的整体理解。选手需要流畅、连贯地阅读一篇文章，了解它的主旨和思路。阅读大赛考查选手的综合语言能力、逻辑思维能力、背景文化知识和阅读技巧，并不仅仅是词汇量。所以遇到生词最好的方法是根据已有背景知识、构词法以及上下文理解猜测词义。常用的推测方法主要有以下三种：

1）通过文章逻辑关系（如因果关系、转折关系等）进行推断。

A. 通过转折对比的线索推测。

利用句子间的转折、对比关系可推测出生词的含义。如遇到表示转折的信号词 but、yet、however、nevertheless 等和表示对比关系的信号词 unlike、different from、on the contrary 等，那么这些词语的前后就是两个相反的概念。可以根据转折后的意思推测出前面词的含义，或者根据前面的意思推测出转折后的含义。例如：He is the most *supercilious* man I know, but his brother is quite modest.

猜测词义思路：but 表转折，可见 supercilious 的含义与从句中的 modest（谦虚的，谦逊的）意思相反，从而通过逻辑关系推测 supercilious 词义为"傲慢的，自大的"。

B．通过同义复述的线索推测。

有时上下文会对一个生词作解释或重述，常见的提示词（组）有：or、also known as、that is、which is、in other words、namely 等，或通过 is、refers to、means、is called 等动词直接给出前面生词的定义。生词后的括号或破折号后的内容、同位语也会给出其含义。可以根据这些同义复述推测出前面词语的词义。例如：The little girl was *famished*; in other words, she was starving.

猜测词义思路：表示解释的词组 in other words 表明前后句子的含义相同，后面句子的意思是她正饿着肚子，所以 famished 的词义是"饥饿的"。

再例如：*Anthropology* is a study of men.

猜测词义思路：通过后面的意思"对人类的研究"和表解释的系动词 is 可以推测出 anthropology 的意思是"人类学"。

C．通过举例暗示的线索推测。

在一段话中，如果出现难以理解的词，后面通常会使用一两个例子对该词进行解释。列举或举例往往表明上文与下文的关系，据此可推测出某一生词的大致意思。表示举例的信号词有 for example、for instance、such as、as、like、a case in point 等。可以根据这些例子的暗示猜测出词义。例如：His feelings for his cousin were *ambivalent*. Sometimes he delighted in her company, at other times he couldn't stand the sight of her.

猜测词义思路：这个句子的意思是他对他表妹（姐）的感觉是 ambivalent，后面是对 ambivalent 这种感觉的举例说明，有时他喜欢和她待在一起，有时甚至不愿见到她，所以 ambivalent 的词义是矛盾的。

D．通过因果关系的线索推测。

在句子或段落中，若两个事物、现象之间构成因果关系，可以根据这种逻辑关系推测生词的词义。表示因果的逻辑词有 as a result、since、due to、because of、therefore、thus、so、hence。例如：Henry had his license suspended for *reckless* driving.

猜测词义思路：这句的 for 表示原因，前面句子的意思是亨利的驾照被吊销，所以 reckless 的词义是鲁莽的。

2）通过常识、经验推测词义。

例如：*Pruning* is important because it encourages the growth of young leaves.

猜测词义思路：pruning 相对陌生，不过后面解释它重要的原因是有助于新叶生长。我们知道经常修剪枝条可以帮助植物生长，由此可推测 pruning 的词义为"修剪树枝"。

3）通过构词法来猜测词义。

分析生词的构成，尤其是词的前缀和后缀。掌握不同词缀的含义对于正确猜测词义有很大帮助。英语中很多词都是通过加前缀或后缀变来的，如果认识 write 和 similar 两个词，根据前缀 re- 和后缀 -ity 的含义，就可以准确地猜出 rewrite 和 similarity 这两个词的意思。一般而言，前缀改变一个单词的意义，后缀改变词性。合成词是由两个词合在一起构成一个新词，意义是两个单词意义的相加，如 head（头）+ache（疼痛）→ headache（头痛）。平时多积累一些词根、词缀，可帮助大家推测词义。

在阅读中，猜测词义是学习生词的第一步。掌握猜词技巧和猜测出来的词义，能不断扩大、充实自己的词汇量，最终提高阅读能力。词汇量越大，猜词能力也就越强，猜到的词义就会越准确。阅读大赛中语义题不是单纯地猜测词义，更多的是考查选手对整个文章的理解与判断能力。这就要求选手善于把该词放到整个文章中去，结合上下文来综合判断和推测该词的意义。如果题目询问的单词属于"熟词"，要特别留意，因为"熟词偏义"也是阅读中语义题的考点之一。一定要根据上下文来推断词义，切不可轻易进行选择。

（3）篇章推理题。篇章推理类题目在阅读大赛中经常出现，所以掌握推理类题目的解题技巧是参赛必备技能之一。解答这类题目，首先要仔细阅读题干，弄清设问，然后浏览原文，了解文意，确定关键词；接着排除或选定最易判断的选项；最后采用代入法——"上下句意 + 选项词义"，比对，确定答案。根据上下文、该段中心和作者的主要观点态度进行合理推测，切不可根据句子的字面意思来解释。选项含义与被考词汇在含义上相近的一般不是答案。选项内容全面、概括性强的一般是答案。推断时可采取直接选择，或者先排除、再选择的方法。先扫一下四个选项，排除不太可能的选项，然后根据可能选项中的关键词找到原文相关句，做出推理。

以 2019 年"外研社·国才杯"阅读大赛真题为例：

1）Being rejected after a job interview can severely dent your confidence. Many candidates I have worked with over the years tortuously dwell on being turned down, often forgetting the bigger picture. Rejection, while not pleasant, can often be blown out of proportion and viewed as a sign of failure. However, by thinking objectively, candidates can use it to build on their core strengths, address development points and ultimately find a job that suits them best.

What does *blown out of proportion* probably mean?

  A. extremely overwhelmed   B. taken seriously

  C. precluded   D. exaggerated

答案：D

解析：选篇前半部分讲述了人们面对工作面试被拒通常抱有消极心态，但其实作者表达的重点是在 However 之后的内容，即面试被拒也可产生积极作用。遭到拒绝固然令人不快，但也不必夸张地觉得 rejection 就是天塌了或者人生已败。B、C 选项将 rejection 描述为"被严肃对待""被排除"，显然与作者本意不符，而 A 选项的含义为"被极度压垮"，与这句话的主语 rejection 并不搭配，其应该用于形容人。所以，正确答案为 D 选项，

blow something out of proportion 是"夸大其词"的意思。

2) Most people know they can use their phones for selfies and vacation pictures. But smartphone cameras have become helpful memory aids. Maybe you are buying a house and you want to refer to certain architectural details later on. Maybe you need the minutes of a meeting, but you can't wait for the secretary to transcribe them. Or maybe you have to re-enter your Wi-Fi password, but the password is printed on a little sticker on the back of the router, and your desktop is in another room. Take a picture!

Just remember, when photographing important or sensitive information (like your passport, passwords, and special documents), you store them safely. Memory aids are great, as long as they stay in the right hands.

What does the last sentence mean?

  A. Privacy must be protected when stored in phones.

  B. People should use the right hands to take photographs.

  C. Smartphone cameras can serve as useful memory aids.

  D. Most people can make full use of smartphones.

答案：A

解析：篇章第一段主要通过举例说明手机作为存储工具的作用，第二段一共有两句话。题目问的是最后一句话的意思，但第二段第一句话是主题句，意义相当重要。作者在提示我们，当用手机去拍摄重要信息时，要确保存储的安全。在了解关键句含义后，可以结合排除法进行选择。首先排除 B 选项，因为它误解了 right hands 的意思。而 C 选项是在概括第一段所讲的内容。D 选项也与这一段的语境不相关，文意并不是在说人们能否最大程度地利用手机。所以这里只需要根据第二段的内容就可推论出手机作为信息存储的工具固然是好的，但前提是我们需要注意信息的安全。故答案为 A 选项。

（4）图表题。从"外研社·国才杯"英语阅读大赛诞生至今，图表题一直是必考题，一直占据着 Read and Know 模块的最后一题，不管是在初赛中还是决赛中，分值都是最高的，1 题 5 分。图表总体难度不大，主要考查选手细心与否。图表题的类型包括表格、图以及二者结合的形式。其中，图的种类更加多样，如柱状图、曲线图、饼图、平面图以及其他图表。图表题主要考查选手图文信息匹配及正误判断的能力，要注意答案细节，选择和判断应有确切的、科学的依据，不可从主观经验出发，想当然地分析判断。

图表题的解题步骤可归纳为首先仔细阅读指令，明确图表的主题，这一点非常关键；然后快速浏览图表，观察它的横轴、纵轴、标题、来源等，获取最显著的信息，捕捉图表表示的特点、趋势、参与者，不需要具体读表中的详细数据；接着仔细阅读问题和四个选项，看针对哪些对比点；最后，对照图表，逐个阅读选项，识别和排除错误选项，确定正确选项。

图表题数据主要源于联合国等机构的年度报告、国家统计局发布的权威数据、企事业单位的年度报告等，非常官方和正式，所以选手平时要多关注权威机构官网发布的数据，锻炼图表思维。

（5）主旨题。主旨题包括文章中心思想、最佳标题、写作目的三种题型。它的出题方式主要有：

What is the main idea of this passage?

What is the best title for this text?

What is the purpose of this text?

非小说体的阅读材料（如说明文和议论文）通常有比较明显的大意，其结构也比较清楚。文章的开头部分会比较明确地指出文章的中心思想，主体部分的每一段也往往有主题句，通常在段首或段尾，并以判断句的形式出现。主题句也有出现在文章中间的，而且通常在第二段的开头，一般情况下第二段是对第一段的总结或转折（往往伴有表示转折的提示词，如 but、however 等）。

西方人说话向来喜欢开门见山，所以 70% 的英语文章段落都是一上来就交代作者的写作目的或意图。在结论之前，往往有 it is clear that...、thus、in short、as a result、therefore、for this reason 等表示推论关系的词语和短语帮助辨认主题句。也可以通过阅读文本中列举的事实、提出的问题、比较和对比、列出的研究结果等做出正确的推测。了解这一点，主旨题就会迎刃而解。

如果没有主题句，要确定一个语篇或段落的主旨，首先要确定它的话题。在做阅读题时，确定话题是理解篇章的第一步和关键，不仅有利于进一步确定文章的主旨、定位主题句，而且对文章细节的把握和推断也有帮助。只有确定了篇章的话题才能清楚地了解作者想要表达的意思，从而对篇章做出更加精准的解读。下面三个是通过确定话题而攻破主旨题的例子：

1）多次提及的单词或词组。任何一篇文章都是围绕某个主题展开的，因此，许多文章中最明显的特点之一就是有一个反复出现的中心词，即高频词，也叫作主题词。抓住了它，便容易抓住文章的中心。如果同一个单词或词组在某篇章中反复出现，那么基本可判定它就是该篇章的话题，整个篇章都是围绕这个单词或词组展开的。如 2016 年"外研社·国才杯"全国英语阅读大赛初赛真题：

Most of the news stories are centered on the negatives of debt; but in reality, there are plenty of positive aspects of personal debt. After all, very few of us could actually afford to purchase a home or attend college without some sort of assistance through credit. The key is to make debt work for you, not against you.

...

According to the passage, which of the following can be inferred about personal debt?

　　A. Different types of debt share common loan terms.

　　B. People ought to utilize favorable aspects of personal debt.

C. Mortgage loans provide boosts to the real estate industry.

D. Paying credit card off in full every month is an unpractical goal.

答案：B

解析：上面这段文字三次提到了 debt，所以基本可确定该段话题是关于债务（debt）的。最后一句话"The key is to make debt work for you, not against you."（关键是利用债务的好处，避免它的坏处。）是主题句。确定话题和主题句后，再看题目，就可快速选出正确答案 B（人们应该利用债务有利的方面）。

2）通过篇章的标题。上述案例是一个没有标题的篇章，如某个篇章自带标题，那么很容易就可根据标题判断出该篇章的话题。如 2016 年"外研社·国才杯"全国英语阅读大赛复赛真题：

Chinese Medicine

Modern genetic techniques are showing some effects of traditional Chinese medicine on the genome. Some of the variety of individual responses to these therapies can be explained by epigenetic influences on gene expression.

...

What is the main topic of this text?

　　A. The philosophy of traditional Chinese medicine

　　B. Evidence for the potency of acupuncture needles

　　C. The causes of the changes of gene expression

　　D. Traditional Chinese medicine's impact on genes

答案：D

解析：上述这段文字是文章的第一段，文章标题是中医（Chinese Medicine），这段话三次提到了与基因（gene）相关的表达，分别是 genetic、genome、gene expression，因此判断出该文章话题一定与 gene、Chinese medicine 都相关，以此便能确定正确答案为 D。因为四个选项中，只有 D 选项既包括 Chinese medicine 又包括 gene。

3）通过正确的推断。如一段文字既无标题，也没有明显的多次出现的单词或词组，就需要把文字读完之后，根据意思进行正确推断。如 2016 年"外研社·国才杯"全国英语阅读大赛初赛真题：

Catwalk models are, on average, 25 per cent below a normal, healthy woman's weight. We know how they achieve this, because many former models say so: they starve themselves. They live on water and lettuce for weeks. When they fall below a Body Mass Index of 12, they start to consume their own muscles and tissues. Several models have dropped dead from starvation after success at fashion shows in the past few years.

What is the best title for this text?

　　A. What Makes a Successful Model　　B. Victims of Fashion

C. How to Keep Fit　　　　　　D. Going on a Diet

答案：B

解析：上述文字多次提到，时装行业的模特们通过饥饿进行瘦身，并因此损害身体甚至导致死亡，由此可推断出该段文字讨论的是"时装行业对模特身体的损害"。四个选项中只有 B 选项 Victims of Fashion 含有这个意思，因此正确答案为 B。

主旨大意题干扰项具有以下特点：

1）以偏概全：只是局部信息，或是一句没有展开的话，或是某一段的内容。

2）断章取义：干扰项常常以文章中的个别信息或个别字眼作为选项的设置内容，或者以次要的事实或细节冒充全文的主要观点。

3）主题扩大：概括范围太宽，超出文章实际所讨论的内容。

建议大家平时阅读完一篇文章后，对文章每一段落做一句话以内的主旨总结，来锻炼归纳概括能力。

（6）作者意图、态度题。要想找出作者的目的、态度、语气，要与全文的核心要点相联系。要识别作者的态度，就要把握文章的主旨要义。许多作者常常把要表达的中心大意放在段落的第一句和最后一句里，所以要仔细阅读文章的第一段、各段的第一句和最后一句。如果存在一个结论性的段落，也应仔细阅读。通过把握文章主旨来识别作者的目的，答题过程可分为以下四步：仔细阅读题干和选项、带着问题阅读原文、抓住原文的主题大意和情感倾向，通过比对或排除法确定正确选项。

积累词汇，尤其是情感词汇和普通词汇，因为只有读懂文章，才可以进行判断。也可以根据文章体裁来确定作者的态度。议论文中，文章的中心句一般暗示作者的态度，主观性强，会出现不同的倾向，如肯定的（positive）、否定的（negative）、支持的（supporting）、反对的（against）、批评的（critical）、赞成的（favorable）、乐观的（optimistic）、悲观的（pessimistic）、漠不关心的（indifferent）、鼓励的（encouraging）和讽刺的（ironical）等。说明文更强调客观性，作者往往采取客观的（objective）或中立的（neutral、impartial、unbiased）态度。叙述文中，作者往往不直接提出观点，但写作时却常带有某种倾向性，所以选手在读这种文体时要细心捕捉那些表达或暗示情感态度的单词或短语，捕捉那些烘托气氛、渲染情感的词句。要特别留意表示语义转折的信号词，如 but、however、yet 等，因为作者往往在语义转折处阐述自己的观点和表明基本思想。也可以根据语义的褒贬来判断作者的态度，如 unfair、foolish、wonderfully、unfortunately、doubtfully、ironically、irrationally 等，或从整篇文章的行文基调中寻求线索。如 2018 年"外研社•国才杯"阅读大赛真题：

The value of fairy tales lies not in a brief literary escape from reality, but in the gift of hope that goodness truly is more powerful than evil and that even the darkest reality can lead to a Happily Ever After. Do not take that gift of hope lightly. It has the power to conquer despair in the midst of sorrow, to light the darkness in the valleys of life, to whisper "One more time" in the face of failure.

What is the main purpose of this text?

A. To provide a definition of fairy tales by examples.

B. To illustrate the importance of hope with fairy tales.

C. To expound the importance of reading fairy tales.

D. To inspire people to cling to hope as fairy tales imply.

答案：C

解析：首先，正确审题，阅读题干和选项。本题问的是这段文字的写作目的。A 选项关键信息为 a definition，B 选项关键信息为 the importance of hope，C 选项关键信息为 the importance of reading fairy tales，D 选项的态度、语气与 B 选项相似。其次，细看原文，抓住核心话题。段落第一句中的 value of fairy tales 点明了它的主题是童话故事的价值或意义，中间一句 Do not take that gift of hope lightly. It has the power to conquer despair ... 明显表达了作者的写作目的是童话故事给人希望和力量，因此本题选 C。

7.3.3 案例评析、备战竞赛

阅读大赛前三个模块为客观题型，采用机器评阅，第四模块 Read and Create 为主观题，采用人工评阅，考查读后论述，属于反思性写作，旨在考查选手对给定文本的阅读理解能力、分析能力以及语言的组织及表达能力，提炼两种文化的不同点和相同点，也侧面考查选手的知识储备、思维和视野。主观题的评分标准见表 7-1。

表 7-1　主观题的评分标准

Content/Ideas (60%)	1. Writing effectively addresses the topic and the task. 2. Writing is based on the key points of information contained in the cited text
Organization/ Development (20%)	1. Writing is well organized and well developed, using appropriate rhetorical devices. 2. Writing is no less than 300 words
Language (20%)	1. Writing uses accurate spelling and correct grammar. 2. Writing demonstrates syntactic variety and effective use of vocabulary

本部分考查选手对文章的综合理解。答案都在文中，回答问题时要用自己的话语表达，不能整句、整段摘抄原文中的内容。写作时，不求全面但求相关，找出 1～2 个自己有话可说的点进行阐述。选手要对主观题进行充分练习。先分析本年度阅读大赛推荐的阅读书单，了解本次大赛希望我们展现的能力和对世界历史、文化的了解，然后再进行写作，要有自己的理解。在表达同一概念时，用不同的同义词来增加语言的丰富度。建议选手留 30～40 分钟进行写作，尽量避免语法和时态错误，带着问题进行论述，切忌偏离主题、字数不够等。

下面展示一下 2018 年"外研社·国才杯"全国英语阅读大赛冠军王清波主观题的写作。

Directions: Read the following two passages. Write a short essay according to the passages.

Passage A

On one occasion when a disciple of Confucius was sent on a public mission to a foreign State, he left his mother at home unprovided for. Another disciple then asked Confucius to provide her with grain. "Give her," said Confucius, "so much," naming a certain quantity.

The disciple asked for more. Confucius then named a larger quantity. Finally the disciple gave her a larger quantity than the quantity which Confucius named.

When Confucius came to know of it, he remarked, "When that woman's son left on his mission he drove in a carriage with fine horses and was clothed with costly furs. Now I believe a wise and good man reserves his charity for the really needy; he does not help the well-to-do and rich."

On another occasion, when another disciple was appointed the chief magistrate of a town, Confucius appointed his salary at nine hundred measures of grain. The disciple declined it as being too much.

"Do not decline it," said Confucius to him, "If that is more than necessary for your own wants, cannot you share what you do not want with your relatives and neighbors at home?"

Source: *The Discourses and Sayings of Confucius*.

Passage B

…with respect to acting in the face of danger, courage is a mean between the excess of rashness and the deficiency of cowardice; with respect to the enjoyment of pleasures, temperance is a mean between the excess of intemperance and the deficiency of insensibility; with respect to spending money, generosity is a mean between the excess of wastefulness and the deficiency of stinginess; with respect to relations with strangers, being friendly is a mean between the excess of being ingratiating and the deficiency of being surly…

Source: *Aristotle: Ethics and the Virtues*

Write a short essay of about 300 words based on your understanding of the two passages. Remember to write in your OWN words. Your essay should respond to the following questions:

1) In the first story, what was Confucius' attitude toward his disciple?

2) How did Confucius behave differently to his second disciple? And why?

3) Compare Confucius and Aristotle in their understanding of generosity. Please support your opinion with the information from the given passages.

分析：通常的阅读主观题要求选手就自己对文章的理解写出自己的态度，可以是批判的，也可以是赞成的。这个题目重在对题目信息的提取，重在理解文章。第一个问题要求写出孔子对于弟子的态度。第二个问题要求写出孔子对第二个弟子的态度有何不同，为什么？第三个问题要求比较孔子和亚里士多德对"慷慨"的理解，用所给材料的信息支撑自己的观点。这三个题目的设置就是让选手用自己的话说出这两篇文章的内容。前两问一两句话就可以回答，可以用第一段回答前两个问题，文章的重点是回答第三个问题。写作时，每段的开头要有主题句，清晰地说明这一段将要说什么，方便阅卷老师把握作者的思路。

选手作品展示

（为真实展示选手赛场上的写作风貌，文章是从 iTEST 大学外语测试与训练系统中摘出的原生作品）

In the first story, Confucius had a negative attitude towards his first disciple's decision to give more grain than he allotted to the woman. In contrast, he gave the second disciple who was appointed magistrate much more than he actually needed as his salary, because he followed his principle of helping people that most urgently need help and thought his second disciple fit into the criteria.

There are nuances of differences between Confucius and Aristotle's understanding of generosity. Confucius believed that generosity was about refraining from helping the rich and saving all the money for people who are really in need, whereas Aristotle was convinced that generosity was in the middle between the two ends of the spectrum of spending money—wasting it and not spending anything. When Confucius found that the lonely woman's son was luxurious in his outfits as he left on the mission, he classified the family into financially capable ones and played down the sum of grains that the disciple asked to give to the woman. Then he gave much more salary than necessary for that position of the magistrate and encouraged the appointed disciple to give the amount that he did not need to his family and neighbors. Clearly Confucius had a clear priority in helping people, which was reflected in his behaviour—he was stingy to the rich and extremely generous to the poor.

As regards Aristotle, he preferred the middle ground of spending. In his view, you should never spend too much which he labeled as "wasteful" and too little which he labeled as "stingy". This means that Aristotle didn't really categorize and judge the people whom he wanted to spend money on. People should be indiscriminate in their spending and refrain from having different treatments in different circumstances.

The term "generosity" was interpreted differently by the two great masters. Confucius might be able to give more help to people in need, and Aristotle might be able to be objective in his spending, which could rule out the possibility of unfair judgement and unfair categorization when helping the poor.

上面这位选手总体表现较好，主要表现在以下三个方面：

（1）文本理解直击要点。

选手在第一段明确指出，孔子不赞赏第一个弟子的慷慨之举，而给第二个弟子发薪水时非常慷慨，指出这两个举动皆出自他的"救急不济富"的原则。在对比孔子和亚里士多德对"慷慨"的理解时，能指出两者的细微差别，指出亚里士多德提倡的慷慨在"不及"和"过度"之间，既不过度浪费，也不过度吝啬。

（2）分析得有理有据。

选手在对比两位大师时，能够以文本中的材料为依据，对自己的理解和判断进行详细阐述。

（3）重点突出，逻辑紧凑。

选手在回答问题时，突出主线，以故事为引子，以对比孔子和亚里士多德对"慷慨"的理解为主线，将文本的主要信息巧妙地嵌入其中。重点突出，逻辑紧凑，十分难得。

这篇写作也有不足之处。

（1）不够细心。文中多处拼写错误、语法错误，个别标点符号不规范。

（2）只是对比孔子和亚里士多德对"慷慨"的理解的差别，未指出两者的相似之处。不太符合第三问中 Compare 要求。Compare 是指既要对比两者的不同点，也要比较两者的相同点。从所给材料可以看出，孔子和亚里士多德在这一点上是一致的：并非给的钱越多，就越慷慨。亚里士多德明确指出了这一点，而从第一个故事中，孔子不赞赏第一个弟子的慷慨之举也可以看出这一点。

（3）论述不够深入。文中可以指出他们的观点中有哪些地方是我们可以学习和借鉴的，哪些地方是应该舍弃掉的。

建议大家参考大赛前几届给出的阅读书目，对照真题和参考答案进行解读，总结出题的规律、答题的角度和格式规范。在对照往届题目总结出规律后，带着问题进行思考式的深层阅读。尽量选择英文原版进行阅读，如果外文原著阅读难度大，可以先从中文翻译版看起，梳理作品的作者、框架结构、情节梗概和时代背景等重要信息，再选择性地对照阅读外文原版书籍中的重点内容。在下笔前，理清原著的观点思路、列好框架，梳理出自身观点的具体内容及推论依据，然后再下笔撰文。

阅读学习是一个长期的积累过程。希望通过阅读大赛，以赛促学，唤起同学们对阅读学习的关注和重视。希望同学们能够博览群书，汲取世界文化与思想的精华，同时养成良好的阅读习惯、勤于思考，提升自己的阅读理解能力和人文素养。

第 8 章
英语写作类竞赛

📖 本章导读

英语写作能力是指用英文书面语言表达思想和传递信息的能力，是高质量的"复合型"创新人才的必备能力。英语写作类竞赛可以为大学生提供运用英语语言的机会，也可以为大学生在学习积极性、心理素质、交际能力、组织协调能力、跨文化交际能力、办公能力、语言应用能力等各个方面提供展示的舞台。本章主要带领读者了解"外研社•国才杯"全国英语写作大赛、"讲述中国"全国英语写作大赛及其比赛要求，学习英语写作的方法以及不同体裁写作的备赛技巧。

📝 本章要点

- "外研社•国才杯"全国英语写作大赛要求
- "讲述中国"全国英语写作大赛要求
- 议论文写作技巧
- 说明文写作技巧

8.1 认识英语类写作比赛

英语写作是英语学习的有机组成部分，可以全面反映大学生英语综合运用能力，也是高质量"复合型"创新人才的必备能力。

目前，全国大学生英语写作类大赛主要包括"外研社•国才杯"全国英语写作大赛、"讲述中国"全国英语写作大赛等。

8.1.1 "外研社•国才杯"全国英语写作大赛

"外研社•国才杯"全国英语写作大赛是由外语教学与研究出版社和中国外语与教育研究中心联合主办、北京外研在线数字科技有限公司和中国外语测评中心联合承办的大型赛事。凭借其权威性、学术性和专业性，写作大赛自2018年起，连续五年入选教育部中国高等教育学会发布的"全国高校大学生竞赛榜"，被全国多地教育主管部门纳入省厅级比赛项目。写作大赛在引领理念、培养人才、推动教学等方面的成果备受认可。

写作大赛坚守初心，自2013年创办以来不断创新，致力培养具有家国情怀、全球视野、专业能力的国际化人才。赛题设计服务国家发展，紧扣时代脉搏，搭建理解中国、沟通世界的桥梁，提供深入思考、自信表达的平台，在考查语言、思辨、跨文化沟通等能力的同时，帮助学生增长见识、开拓视野、磨砺意志，让学生成为堪当民族复兴大任的有为青年。

"外研社·国才杯"全国英语写作大赛参赛方式包括初赛、省级决赛、外卡赛和全国决赛四个赛程。

1. 初赛

初赛大致在每年5—6月，选手通过大赛官网注册报名，主办单位大致在9—10月通过大赛官网发布线上初赛。比赛方式为现场写作或线上写作。现场写作不允许携带电子设备，不允许查阅其他资料。参赛院校可参加由主办单位统一举办的线上初赛，也可自行组织初赛。

参加线上初赛选手登录大赛官网进行比赛。线上初赛赛题由主办单位提供，题型为议论文写作1篇（500词左右）、说明文或应用文写作1篇（300～500词），写作时间为120分钟。比赛由大赛专用赛事系统"iTEST智能测评云平台"支持。大赛指定"iWrite英语写作教学与评阅系统"进行机评支持。如院校自行组织初赛，可联系"外研在线"市场经理开通iWrite使用权限，便于进行校内选拔。

初赛评委人数不少于5人，中国籍评委须具有讲师以上职称，有英语写作教学经验。评分标准须规范、公平、公正，可参考全国决赛评分标准。初赛设特等奖和一、二、三等奖数名。所有获奖选手将获得由大赛组委会颁发的电子获奖证书。

2. 省级决赛

"外研社·国才杯"全国写作大赛的省级决赛是以省（市、自治区）为单位，由各省（市、自治区）大学外语教学研究会（指委会）组织成立省级决赛组委会。各省级决赛组委会决定各初赛赛点进入省级决赛名额的原则，并预先公布。具体比赛时间根据本省（市、自治区）大学外语教学研究会公布的时间而定。比赛赛题为议论文写作1篇（500词左右）、说明文或应用文写作1篇（300～500词），写作时间为120分钟。参赛选手登录"iTEST智能测评云平台"现场写作。

评委人数不少于5人（须包含外籍评委），中国籍评委须具有副教授以上职称，有英语写作教学经验。比赛评阅方式为写作系统评阅和人工评阅。评分标准须规范、公平、公正，可参考全国决赛评分标准。

省级决赛的奖项设置与全国决赛一致，即包括特等奖（3人，赴京参加全国决赛）、一等奖、二等奖、三等奖。特等奖获奖选手代表本省（市、自治区）参加全国决赛，并可免费报名参加"国才考试"（国际人才英语考试 ETIC）任一科次的考试，详情见国才考试官网（http://etic.claonline.cn）。获奖选手的指导教师相应获得指导教师特等奖、指导教师一等奖、指导教师二等奖、指导教师三等奖。每位选手限指定一位指导教师。

3. 外卡赛

2022 年写作大赛增设外卡赛晋级名额，在 2022 年上半年"国才考试"中获中级优秀、高级良好及以上、高端合格及以上，且书面沟通能力量表分大于或等于 230 分的考生，可享有写作全国决赛外卡赛报名资格。组委会将根据报名考生的书面沟通能力量表分由高到低取前 30 名（分数相同时，按报名先后排序）发放外卡赛晋级名额，考生经审核直接晋级写作全国决赛。

4. 全国决赛

全国决赛选手包括各省（市、自治区）决赛前 3 名的选手（共 93 名）和外卡赛晋级的 30 名选手。全国决赛时间为每年 12 月，参赛选手登录"iTEST 智能测评云平台"现场写作。大赛专用评阅系统"iWrite 英语写作教学与评阅系统"提供机评支持。比赛不允许携带电子设备，组委会统一提供词典。评委人数不少于 7 人，其中外籍评委不少于 2 人。中国籍评委须具有教授职称，有英语写作教学经验。评分方式为写作系统评阅和人工评阅。两篇作文分数相加得出每位选手总分。

比赛共分为两部分：议论文写作和记叙文写作，题目在比赛现场公布。

（1）议论文写作（800 词左右）。

侧重考查选手的文献阅读理解、信息综合处理、判断分析、逻辑思辨、评价论述等能力，展示选手的知识广度、视野维度、思想深度等综合素质。评分标准见表 8-1。

表 8-1　议论文写作评分标准（总分 50 分）

内容	占比
内容构思	40%
组织结构	30%
语言使用	30%

（2）记叙文写作（600～800 词）。

侧重考查选手的阅读理解、语言运用、细节描写、形象思维、创意构思、人文素养等综合能力。评分标准见表 8-2。

表 8-2　记叙文写作评分标准（总分 50 分）

内容	占比
内容构思	40%
组织结构	30%
语言使用	30%

8.1.2 "讲述中国"全国英语写作大赛

"讲述中国"全国英语写作大赛由中国外文局CATTI项目管理中心和中国外文局主办，是为了更好推动中华文化走出去，鼓励参赛选手用外语讲述中国故事，通过赛事选拔更多优秀人才。中国翻译协会人才测评委员会为全国大学生英语写作大赛提供学术支持。大赛旨在全面提升当代大学生等各类群体的英语写作能力和素养，培养和发现优秀的英语写作人才，向世界阐释推介更多具有中国特色、体现中国精神和蕴藏中国智慧的优秀文化。

"讲述中国"全国英语写作大赛分为初赛、全国决赛两个赛程。

1. 初赛

初赛时间大致在每年的10—11月，参赛选手登录大赛官网，通过"比赛入口"提交参赛作品。赛事主题是"用外语讲述真实、立体、全面的中国"。参赛选手可以任意选择其中一个主题，主题一经选择，便不能再更改。写作字数要求为600~800词。体裁为记叙（narration）、议论（argumentation）、说明（exposition）、描写（description）。要求语言详实丰富，篇章结构完整，文体规范。分数排名约占报名人数前35%的选手进入全国决赛。完成比赛的选手，可向组委会申请电子版参赛证书。

（1）个人奖项。设立一、二、三等奖和优秀奖

一等奖：初赛得分在所在分组排名前5%的选手。

二等奖：初赛得分在所在分组排名前10%的选手。

三等奖：初赛得分在所在分组排名前20%的选手。

优秀奖：若干。

（2）优秀指导教师奖。初赛指导参赛选手获得三等奖及以上奖项的教师，颁发优秀指导教师奖。

（3）优秀组织奖。初赛阶段，参赛学生人数在一定规模以上，可获得优秀组织奖。

初赛获得一、二、三等奖的选手晋级决赛。

2. 决赛

决赛时间大致在每年12月。初赛获得一、二、三等奖的参赛选手晋级参加决赛。参赛选手登录官网（http://www.catticenter.com/writing），单击"比赛入口"，在电脑上完成作答，不支持手机或ipad。赛事主题是用外语讲述真实、立体、全面的中国。参赛选手可以任意选择其中一个主题，主题一经选择，便不能再更改。写作字数要求为600~800词。体裁为记叙（narration）、议论（argumentation）、说明（exposition）、描写（description）。要求语言详实丰富，篇章结构完整，文体规范。进入决赛的英语写作作品将汇编成册，参赛者具有署名权。

（1）个人奖项。设立一、二、三等奖。

一等奖：决赛总人数的前5%。

二等奖：决赛总人数的前10%。

三等奖：决赛总人数的前 20%。

决赛结果将在多家中央媒体公布。

获得一等奖和二等奖的选手将获得主办方推荐，参与各类国际国内项目，进入中国外语人才库。

优秀作文将在征得参赛选手本人同意后，在相关央媒平台及大赛官网发布。

（2）指导教师奖。决赛获三等奖及以上参赛选手的指导教师可获得百优导师奖。

入围决赛二等奖及以上的参赛选手和指导教师自动进入中国外语人才库，后期在专业提升和科研课题参与和培训等方面，将获得优先邀请。例如，可获得推荐名额、参加中国外文界举办的课题、论文征集、教材研发等教研与学术活动。

8.2 了解英语写作类竞赛要求

8.2.1 了解英语作文的基本要素和评价标准

英语作文主要包含内容、语言、组织和书写规范四个基本要素。内容涉及作文的主题思想和相关细节内容；语言指的是词汇语法运用、修辞手段的运用及语体语气的运用；组织涉及组织内容的方式、展开描述或讨论的顺序、语篇连贯及逻辑的表现形式；书写规范则包括对标点符号、大小写和拼写等的要求。

对英语作文的评价也是围绕以下四个维度展开：

（1）内容：选题或切入角度新颖，内容充实，见解深刻、独到，材料丰富、鲜活。

（2）语言：语言准确、流畅、生动、优美，词汇丰富，句式灵活，表达方式多样，善于使用修辞手法，语体、语气恰当。

（3）组织：结构完整，中心突出，条理清晰，逻辑严谨，构思精巧。

（4）书写规范：无拼写错误，标点使用规范，大小写使用规范，卷面整洁。

该评价将四个维度分为内容和形式两个层面。形式是内容的外在表现，优秀作文的内容和形式交相辉映。竞赛作文首先需要见解独到、构思精巧。其次，作文语言（词汇和语法）精确、丰富、流畅、得体，英语作文尤为如此。这是因为，作文的最终呈现形式是书面文字，而谋篇、布局、风格等方面最终体现于语言表达。最后，作文需要逻辑严谨、论述充分或描写细腻。

下面这一段文字摘自 2013 年"外研社·国才杯"全国英语写作大赛的冠军作文。这篇作文的特点是观点合理；中心突出，条理清晰；逻辑严谨，论述不偏不倚，充分可信；语言准确、丰富、流畅。

It's depressing that nowadays people would more often than not equate imitation with copying behaviour. Imitation is by no means equal to plagiarism even if it seems to be. Here the imitation I said refers to the one with boundaries, within the limitations of law and with great integrity and honesty, while copying is literally taking away others', answers, inventions or creations without getting permission and for selfish purpose. We couldn't be more assured that imitation, not piracy, has been of vital importance in the history of human beings. We've seen so many innovative imitations that we could never count and write down. Innovative imitation is surely not a contradictory oxymoron but a reflection of the essence of imitation. MP3 copied the basic structure and fundamental functions of Walkman yet it's more convenient with larger storing capability and smaller size; smart phones imitated the elemental use and preliminary fractions of phones but they are more helpful and modern with their fashionable designs and multi-functional ability; audible books are also books with the same content and chapters while they are more user-friendly and beneficial to the disabled; Albert Einstein's *Theory of Relativity* was based on all the mathematical and physical theories brought up before. As Newton said, "If I ever made any achievements, that was because I was standing on the shoulders of giants." Imitation can be seen as a shortcut to greater success. All the inventions and experiences collected before us can be positively used to gain knowledge and to pave way for innovation.

（注：原稿中的个别拼写错误已做修改。）

8.2.2　了解英语作文特点

1. 作文组织

（1）观点集中清晰。

1）突出中心：英语作文的一大特点在于强调内容的深度而不强调广度，要求集中对一个点进行清晰、透彻的分析。

2）使用主题句：英语作文要求全文围绕一个核心观点，每一段围绕一个分论点。说明文和议论文要求主体部分的每一段都有一个主题句。

3）体现分论点与核心观点之间的逻辑关系：分论点应直接支撑核心观点。英语作文要求语言表述上能够体现出论据与论点之间的直接关联。

范例1：中心突出、条理清晰。

① It's depressing that nowadays people would more often than not equate imitation with copying behavior. ② Imitation is by no means equal to plagiarism even if it seems to be. ③ Here the imitation I said refers to the one with boundaries, within the limitations of law and with great integrity and honesty, while copying is literally taking away others' answers, inventions or creations without getting permission and for selfish purpose. ④ We couldn't be more assured that imitation, not piracy, has been of vital importance in the history of human beings. ⑤ We've seen so many innovative imitations that we could never count and write down. ⑥ Innovative imitation is surely not a contradictory oxymoron but a reflection of the essence of imitation. ⑦ MP3 copied the basic structure and fundamental functions of Walkman yet it's more convenient with larger storing capability and smaller size; smart phones imitated the elemental use and preliminary fractions of phones but they are more helpful and modern with their fashionable designs and multi-functional ability; audible books are also books with the same content and chapters while they are more user-friendly and beneficial to the disabled; Albert Einstein's *Theory of Relativity* was based on all the mathematical and physical theories brought up before. ⑧ As Newton said, "If I ever made any achievements, that's was because I was standing on the shoulders of giants." ⑨ Imitation can be seen as a shortcut to greater success. ⑩ All the inventions and experiences collected before us can be positively used to gain knowledge and to pave way for innovation.

评析：这一段文字中心突出、条理清晰、逻辑严谨，堪称典范。很多同学认为，观点只要说一次就可以，不需要重复。其实，优秀的作文全篇在用不同的方式、从不同的层面表述观点。

这一段话共十句，句句相连，环环紧扣。作文首先提出问题，①指出目前人们倾向于将"模仿（imitation）"和"复制抄袭（copying）"等同，着实令人沮丧。②紧接着指出"模仿"不等于"抄袭（plagiarism）"③对"模仿"和"复制"之间的差别进行解释，从道德维度将两者区分开来，并对概念进行定义，不仅使作者与读者产生共同的出发点，也使逻辑更加严密。在此基础上，④指出"模仿"对人类发展起着重要作用。这是第一次明确表明这一段的观点。⑤进而指出，人类历史上已出现过无数"创新性的模仿（innovative imitations）"，这既是对前一句的解释，也是为后面的列举埋下伏笔。在罗列大量例子之前，⑥接着点出，"创新性的模仿"才是"模仿"的本质，"创新"与"模仿"并不矛盾。这是在分析的基础上，对①④观点进行进一步的明晰。⑦连续举出数项人们熟知的例子，说明"创新性的模仿"推动了科技和人类社会进步。举例也非泛泛而谈，而是涉及一些技术细节，表明作者并非人云亦云，而是确实了解情况，并依据事实说话。⑧至⑩总结例子的寓意，层层递进。作文先通过牛顿的名言间接地表示，所有成就都建立在前面研究的基础上（⑧），进而指出"模仿"是成功的一条捷径（⑨），最后得出有力的结论：可以通过学习已有的知识开启创新之门（⑩）。

（2）语篇逻辑严谨。

1）使用连接词：英语作文的逻辑关系主要体现在连接词的强制性使用。这里所说的连接词主要指那些标志顺序、关系和发展脉络的副词或短语。按照功能，英语作文中常用的连接词可以分为以下十类：

A 表示顺序：first, second, finally, hence, next, then, to begin with, last of all, after, before, as soon as, in the end, gradually。

B 表示空间：above, behind, below, beyond, here, there, to the right（left）, nearby, opposite, on the other side, at the top, at this point, adjacent to。

C 表示说明解释：for example/instance, to be specific, such as, in particular, namely, just as important, similarly, in the same way。

D 表示程度：and, also, in addition, besides, further, furthermore, too, moreover, another, equally important。

E 表示因果：as a result, hence, so, accordingly, as a consequence, consequently, thus, since, therefore, for this reason, because of, as, because, due to/owing to the reason。

F 表示目的：to this end, for this purpose, with this in mind, for this reason。

G 表示对照：like, in the same manner（way）, as, similarly, alternatively, compared with。

H 表示对比：but, however, in contrast, conversely, still, nevertheless, nonetheless, yet, on the other hand, on the contrary, or, otherwise, despite, in spite of this, actually, in fact。

I 表示确定性：obviously, certainly, plainly, definitely, of course, undoubtedly。

G 表示总结：to sum up, to conclude, in summary/conclusion, to repeat, briefly, in short, finally, on the whole, therefore, as I have said, as you can see。

通过连接词的使用，可以判断写作者驾驭词汇和句式的能力以及思辨能力。

范例2：连词使用得当。

However, at this moment I felt something expanding in my heart and telling me that I was incredibly wrong because I have the fears of mortals and the desires of immortals. The voices that force me to quit can be barely audible now because I'm watching the most beautiful flower with his innocent smiles right now. Surely he is the most beautiful flower like the one in my hands.

评析：这段话语言流畅、表达清晰。语段共有三句，句句有连接词，分别是 however、now、surely。如果去掉这三个连接词，则语言和表达都不甚理想，语言形式和内容上无法体现逻辑性。这段话连接词的使用不仅充分，而且灵活。however 出现在句首，now 在句中，surely 又回到句首。加之语言本身优美，读起来朗朗上口。

2）句与句之间的逻辑关系紧密：英语作文前后两句话之间的逻辑关系应是"直线"的。范例1是一个典范，十句话之间的逻辑关系环环紧扣。

2. 语言

作文内容的呈现方式是语言，语言表述包括语法、词汇、修辞、语体等方面。

（1）语法。英语和汉语语法差异较大，其主要表现在以下两点：第一，英语长句结构较多，例如非谓语动词短语复杂以及后置定语较长等；第二，英语语法的语言表征较多。能够准确处理长句，通常能为作文加分。

反例1：语法错误。

He urged me and turning around, took great strides ahead.

评析：这句话的用词不错，从 urged 和 took great strides ahead 可以推断写作者英语基础较好。但是该句出现了明显的语法错误，如 turning around 和 took great strides ahead 的语法混乱，逻辑主语错误。

衡量是否是优秀作文的标准之一就是写作者能否熟练使用长句,但这并不意味着使用长句就是优秀作文,还需要考虑长句的语义和逻辑。

反例 2:长句逻辑松散。

In the artistic field, all the great painters start out from copying their teachers, work so that they can learn the basic techniques, then they will go on to repaint the famous works of art before them so that they can get a grasp of the feeling hidden in the brush strokes and therefore learn how to express their own idea with their creations and when all of these have been achieved, they can finally be ready to express their own creative thinking into their work.

评析:这个句子包含 86 个单词,反映了写作者一定的英语语言功底。但是,类似的长句在英语本族语者的作文中较为少见。长句不一定要这么长,且每一句话中的信息一定得有一个核心内容。

该句中间部分 then they will go on to repaint the famous works of art before them so that they can get a grasp of the feeling hidden in the brush strokes and therefore learn how to express their own idea with their creations and when all of these have been achieved 读起来很吃力,理解起来也不容易,反而加重了读者阅读过程中的认知负担。仔细分析句子,发现这个长句内容分散、逻辑松散。可以将该长句分成两至三个句子,并使用连接词来理顺逻辑关系。

范例 3:长句清晰、通顺。

It's my opinion that blatant plagiarism and copying is unacceptable under all circumstances and have no benefit whatsoever to the progress of industries or society as a whole. However, building over others existing successes is a viable approach to innovation and should not be overlooked or be considered as equivalent of copying——it's not that imitation is more valuable than innovation, for smart imitation often leads to innovation itself.

评析:这一小段话包含两个长句,每一个长句都含有多个小分句。第一个长句表明了写作者的立场,即剽窃是绝对不能接受的,对工业和社会的发展毫无益处。第二句话使用 however 转折,指出在别人基础上的创新不能等同于抄袭,虽然模仿不能与创新同日而语,但是富于智慧的模仿常常是创新的前奏。这两句话语义清晰,前后逻辑通顺。第二句话后半句使用破折号对前半句进行了解释。

(2)词汇。英、汉语的措辞和搭配有所不同。在写作大赛中,区分写作者写作水平的一个重要指标就是词汇的运用。下面通过几个范例及反例的分析,来看看应如何运用词汇。

范例 4:使用高级词汇。

The conflict between imitation and innovation is not a rare scene in the present-day society of high-speed development in economy and also technology. To tip the balance in favor of either imitation or innovation goes against common wisdom and will be labeled as one-sided.

评析:这一段中 tip the balance 的使用、其与 in favor of 的连用、goes against common wisdom 以及 labeled 的使用，都是英语中的高级词汇，为作文增色不少。

范例 5：使用亮点词汇和短语。

The original design of the software was traced back to that of similar software developed by an Israeli which did not bloomed into the flower of success in the barren Middle East land.

评析：这段文字中使用的 designs、traced backs、developeds、bloomed into the flower of success 和 barren 都可圈可点。两个亮点短语是 bloomed into the flower of success 和 the barren Middle East land。

范例 6：搭配正确、用词准确。

1）And yet I had no real emotion upon realizing that, other than a brief surprise. I hardly empathized with him, for I already had enough things to worry about, and my only retreat from this depressing world is being interrupted by him. Whether he realized it or not, being blind does not entitle one to the privilege of randomly harassing others.

2）Those who have one sense taken always have other senses sharpened.

评析：范例中写作者使用 harassing 一词，用夸张的修辞手法表达自己当时的心情。brief surprise、empathized with、retreat from this depressing world 等，表达精确。Those who have one sense taken always have other senses sharpened. 一句话使用了对偶的修辞手法。

反例 3：措词不当。

The behaviors of destroying precious tour sites and defecating in public places can never be illustrated as positive ones within any cultural structure.

评析：从句式使用来看，写作者水平中等偏上。从措辞可以看出，写作者试图寻找准确的词语，但结果差强人意。destroying 一词语气太强，从赛题的背景信息看，游客的行为还不至于"摧毁"景点。be illustrated as 中的 illustrated 可换成 considered/viewed/recognized/acknowledged，这样语义更切合一些。cultural structure 这一短语也欠妥。作文所表达的意思与文化传统或氛围更近一些，与"结构"关系不大。

（3）修辞。修辞格是语言使用的重要组成部分。能够正确、充分使用修辞格的作文很容易脱颖而出。大家熟悉的修辞格包括明喻（simile）、隐喻（metaphor）、借代（synecdoche、metonymy）、拟人（personification）、双关（pun）、夸张（hyperbole）、矛盾修饰法（oxymoron）、反语（irony）以及各种排比（parallelism）、对偶（antithesis）、反问（rhetorical question）和拟声（onomatopoeia）、头韵（alliteration）等。这些修辞格很大程度上与汉语类似，但是由于语言和文化本身的差别，英语中修辞格的具体使用与汉语仍有较大差异。

范例 7：修辞使用正确、充分。

However, at this moment I felt something expanding in my heart and telling me that I was incredibly wrong because I have the fears of mortals and the desires of immortals. The voices that force me to quit can be barely audible now because I'm watching the most beautiful flower with his innocent smiles right now. Surely he is the most beautiful flower like the one in my hands.

（注：原稿中的个别拼写错误已做修改）

评析：这一段语言最耀眼的一处莫过于对偶的使用，... because I have the fears of mortals and the desires of immortals，fear 与 desire 语义对立，词尾半押韵；mortal 与 immortal 的语义对比强烈。对偶手法即使对英语本族语的学生来说也不易掌握，而这位写作者却能够使用得恰如其分。

这个段落整段都是相互交融的暗喻、拟人以及象征的手法，如 ...I felt something expanding in my heart and telling me... The voices that force me to quit can be barely audible now because I'm watching the most beautiful flower with his innocent smiles right now. Surely he is the most beautiful flower like the one in my hands.

（4）语体。较之汉语，英语作文中正式语体与非正式语体的差别更大一些。语体特点不仅反映在词汇上，更反映在句式上。

范例 8：语体正式、表达客观。

It is already clearly stated in the passage that many of the successful businesses nowadays are in fact imitators, with practices originally based on earlier yet somewhat less successful pioneers.

评析：在正式语体中，一方面要避免口语化的措词，另一方面需要尽量保持陈述的客观性。这两点都反映在词汇和语法的使用上。It is already clearly stated in the passage that 的表达方式和对 state 的选用，以及全句被动语态的使用，使整个句子非常正式、客观。与之相对的非正式语体可能表述为"I have discussed that..." "We've known that..."。

独立主格结构 ... with practices originally based on earlier yet somewhat less successful pioneers 的使用，也使语言更为精练、正式。

正式的语体和客观的角度往往能提升写作者观点的可信度、增强说服力。

3. 书写规范

作文中的书写规范反映出写作者的英语素质。写作比赛中，囿于时间限制，少量的打字错误在所难免。但是一些明显的英语写作规范错误，包括标点符号规范、大小写规范、拼写规范等，会影响到评阅人对写作者英语水平的整体印象。

（1）标点符号规范。如果标点使用不规范，很可能被排除在最优秀作文之外，即使该篇作文在其他方面相对不错。

反例 4：空格及省略号使用不规范。

1）" Oh, what a beautiful flower now, isn't it? I think it must be a bright red colour......"

评析：这句话的标点使用有两点错误：英语的前引号（"）之后不应空格；英语的省略号与汉语不同，应该是三个点（...）。

2）Secondly, the primary schools period. Going into this period means the kids are grown to be real students. At the age of 6, they are ready to attend primary school in fall. Students are protected to finish this period of learning by law, so every parent has the responsibility to send their children to school.Primary school is a six-year teaching system,during which, students are taught basic knowledges.Teachers always attach importance to Chinese and Math,and at the third grade, English will also be the main course.They also learn some other courses,like Music, Science,Art,Sports and Basic Skills, etc. Students are requested to study 5 days and have 2 days off.They would have final exams at the end of each system.

评析：英语标点符号之后，需要空一格。

上面这一段例文除了一处句号之后有空格，其他地方均未能空格。编辑 Word 文档过程中，电脑的语法拼写检查系统会以红色的下划曲线标示。

在标点（如逗号、句号）之前空格，也是错误的。

（2）大小写规范。大小写是英语区别于汉语的重要特点之一。作文大赛中，个别的大小写错误可以原谅，但反复出现的错误，或者完全可以鉴别出非打字疏忽原因的错误，便可能降低一篇作文的印象分。

反例5：大小写误用。

1）Iphone vs. iPhone

如果作文中仅出现一次 Iphone，可以原谅；如果多次重复出现，则说明选手对所谈论的话题不够了解，不仅在规范方面会被扣分，其论述的可信度也会相应降低。

2）I've read about Helen keller and zhangHaidi...

该作文中连续出现了两次大小写错误。正确的形式是 I've read about Helen Keller and Zhang Haidi...

（3）拼写规范。拼写错误好比汉语作文中的错别字。优秀的英语作文也不该有过多拼写错误。写作中还应注意，英、美拼写规范最好不要混用。

英语作文与汉语作文相比有其显著特点。以上仅对两种语言的主要区别进行分析，不能以偏概全。写作者在准备比赛的过程中可以此为线索，深入学习。

8.3　备战英语写作类竞赛

8.3.1　议论文写作技巧和案例评析

英语写作比赛议论文赛题通常有两类：描述一个社会现象和针对某一社会现象提出两种不同的观点。当然，议论文的题型也可以是命题作文（给定标题），甚至是话题作文（给定话题，可添加小标题）。议论文（Argumentative Writing）要求写作者从两个冲突的方面进行论证。

优秀的议论文一般具有以下四个特点：一是见解独到、深刻；二是立论有据，驳论有力；三是推理严谨，逻辑缜密；四是语言或犀利、或稳健、或风格多样，给人留下深刻印象。

从某种程度上讲，议论文不像记叙文和说明文那么单纯，可以只记叙或者只说明，它需要借助描写或说明来论证。议论文写作最关键的是论证要有力，有力主要体现在作文的内容、组织和语言上。

1. 内容

对议论文内容方面的一般要求是审题正确，对材料进行正面的、有力的回应；见解深刻；论据充分。在内容维度上能够满足以上三点的作文并不多见。下面看一些具体案例。

反例1：不正面回应、跑题。

When western culture meets Chinese culture, it is where disagreements come about. Westerners know Confucius, but the Confucian thoughts make no sense to them; Chinese people get to know Socrates, while we do not really care about his ideas. Human society has witnessed a rapid process of globalisation, as a result of which people all over the world together share the joy of economic boost and bear the grief of financial decline. However, culture doesn't have such a good luck. Different cultures, though transmitted in a wider range, haven't been receptive in an alien environment. In order to catch up with the process of economic globalization, bonds need to be built among various cultures.

评析：一般来说，作文的开篇应该以材料中的事件为出发点，并点明观点。这篇作文应该写出如何解决题目所述事件所反映出的中国游客的国际形象问题。但写作者在开篇部分完全撇开了材料中的事件，试图站在一个非常高的高度对"中西文化"这个非常大的话题进行论述，而不能集中谈一个小点。作文的主体部分（因篇幅限制，这里不做全文展示）则泛泛谈论文化交流的重要性。这篇作文属于跑题。

此外，从组织方面看，作为开篇，选手未能直接、清楚地回答两个问题：本文要探讨什么问题？本文的观点是什么？

反例2：对材料的回应无力，话题和观点均不明确。

Nowadays, there is a trend that more and more people don't realize the importance of some impolite behaviors. At the same time, they can't cooperate together. A typical example of which can be "a rude Chinese tourist". From my own expective, we should take some issues to stop this phenomenon. And we also learn how to cooperate to each other.

评析：与反例1相比，这篇作文能够提及材料，并进行回应。但是回应力度不够，观点模棱两可。换言之，中心论点不清楚。

当需要对两种不同观点进行评论时，不少学习者喜欢选择中庸之路，目的是避免冲突。英语作文不完全排斥这种选择，但是，如果有意避免冲突，不去直面两难境地，作文则很难出彩。

范例1：对题目材料进行正确的直接回应。

① From my perspective, I do not endorse the statement declared in the passage. ② Although cultural difference might incur some misbehavior and inconvenience, yet it is not central to the root of the problems that Chinese tourists are confronted with at present. ③ The incorrect conduct is not induced by misunderstandings of another culture, not even pertinent to it. ④ Instead, it is aroused by individual quality and moral codes.

评析：①开头点题，表明写作者的不同观点。②③简单陈述理由，④清晰地陈述自己的观点：游客的不雅行为源自个人素质和道德准则。

反例3：论据不充分，观点不明确。

There is a well-known saying from our Chinese leader, "Education should start from little child." We can easily conclude that education is an imperative part of everyone's concept. However, education concepts vary from person to person, from country to country, so do the effects. But generally, we support public school mainly because its expertation, variety and negotiation. While some would choose homeschooling owing to its individuality. All in all, personally, I assert the public school better.

评析：赛题展示了关于孩子教育问题的两种观点。有人认为孩子应该接受常规的学校教育，而也有人认为，如果精心设计，孩子在家中完成基础教育的效果更佳。赛题要求选手进行选择和评论。这一段的问题在于没有观点和论据。如果不看题目，仅阅读这一段，恐怕读者的感觉是不知所云。

虽然写作者在形式上似乎给出了自己的观点："All in all, personally, I assert the public school better"，但全段的其他部分与这一观点几乎无关，论据不能支撑论点。所以，实质上属于没有观点。为什么说也没有论据呢？仔细审视每一句话，发现每一句话都是作者的主观想法（opinions），没有任何客观事实（facts）支撑。这说明写作者没有英语段落的基本概念，需要在作文的内容和组织两个方面加强练习。首先要确定这一段的中心观点是什么，然后阐述为什么持这一观点，有什么事实来支撑该观点。建议先回答这两个问题，然后再行文。这是英文写作的基本训练。

反例4：无支撑观点，或无价值的论据。

Westerners know Confucius, but the Confucian thoughts make no sense to them; Chinese people get to know Socrates, while we do not really care about his ideas.

评析：这句话是写作者主观臆断的观点，因为 Confucian thoughts make no sense to them 和 we do not really care about his ideas 没有事实支撑。这句话也不是论据，因为它们并不是事实。

反例5：论据不可靠。

Apple, the company that enjoys the highest share price of the world, with only one smart phone, the iphone as is known to us all, scraped away a large amount of wealth from consumers' pocket.

评析：写作者的论据信息不正确，因为苹果不是股价最高的公司。不正确的论据直接影响论证的可信度。

反例6：编造数据嫌疑。

The last but not the least, according to the statistics worldwild in 2012, more than 53% grown-ups regret being stuck in the monotonous assignment and countless exams. Also, nearly half of them in favour of "homeschooling education" wouldn't argue a handful of them have been trained just for taking examinations nerds...

评析：写作者通过according to the statistics worldwild in 2012（原例中出现了拼写错误，正确拼写应为worldwide）提供数据。这种说法有编造数据的嫌疑，应该杜绝。

反例7：论点本身力度不够。

Still, others prefer homeschooling to the traditional public school for several merits can only be acquired through homeschooling that public schools can not offer. As far as they are concerned, first of all, one of the biggest advantages of homeschooling is that either the parents or the teachers can give their special concern to their children while the teachers in public schools cannot cover every student in both study and their daily activity. Secondly, the learning schedule of homeschooling is always more flexible than the public school. Children do not need to wake up early for fear of missing the school bus, or stay up late into the night to finish their homework that will be due in the next morning. Thirdly, since children are taught singly, it is unnecessary to follow other fallows' learning pace, what they have to do is just set up their own goals and then move forward step by step without worrying whether they are fall behind or not, which can avoid unnecessary peer pressure that derived from the public schools.

评析：这篇作文出现的问题是论点无力。一些同学认为，只要列出几个相关论点就可以，对论点本身力度的审视不够。

为了论证家庭学校比常规学校的教育好，写作者给出三个理由。第一点是孩子可以得到更细致的照顾。第二点是个性化的学习方案更加灵活。第三点是可以放慢学习节奏，不至于因为赶不上同学而倍感压力。想想看，家长们真的愿意为这几个理由而放弃常规的学校教育吗？如果真的想，说明在家里"上学"比在学校好，则必须写出学校教育让家长和孩子不能忍受的方面。换言之，要抓住问题要害。

范例2：论据充分，见解独到。

Some people believe that imitation is more valuable than innovation. Copying others' ideas is good business, and sometimes, even great business. While examining the leading players in many sectors, you will be surprised to find that it is not the pioneers but the able and creative imitators that often have the edge. *McDonald imitated a system pioneered by White Castle, an American regional fast food restaurant chain. Visa, MasterCard and American Express all borrowed from the efforts of Diners Club to introduce the credit card to a then skeptical audience of consumers and merchants. The founder of Wal-Mart admitted that it had borrowed most of its practices from its predecessors but then improved on them and combined them into a winning formula.* Todays lions are the descendants of copycats.

评析：这是作文的第一段，也是第一种观点，论据充分、论证有力、见解独到。最大的优点是能够提供切题的事实性证据。能够从普通人想法的对立面进行深刻剖析，用大量的事实支撑论点（如斜体部分）。

当然，这一段的组织方式也较合理。先引入话题，接着陈述并阐释观点，再用事实论证，最后再强调观点。这是议论文写作的一个难得的范例。

2. 组织

议论文的组织或展开方式最容易被写作者忽视，很多写作者没有组织方式这一概念。组织方式的核心就是具体的论证方法。组织的含义不仅包括开头、主体和结论三大部分以及几个分论点，更包括三个部分之间的逻辑关系，主体中各自然段之间、每个自然段内部的逻辑关系。写作提纲的核心要义就是先厘清逻辑关系。逻辑不通，论证则无力。

议论文开篇一般要交代背景、明确观点。主体部分的论证要条理清晰、逻辑严密，而结尾部分要总结观点，强调核心论点。练习时需要注意以下几点：

（1）是否采用了具体的论证方法，例如举例、类比、分析归纳、推理等。

（2）是否采用了一定的组织顺序，例如问题—解决方案、问题—原因—解决方案、优势—劣势比较、定义—阐释—比较等。

（3）论据与论点是否相关、契合。

（4）每个自然段的内部逻辑（句与句之间）是否关联、严谨。

（5）语篇的逻辑连贯是否在语言上得以体现，例如词汇、句式。

下面我们看一些实例：

反例8：逻辑松散，论据不能有力支撑论点。

① Besides, the funding from the government, serving as an indispensible part of the financial factor, makes public schools stand tall. ② If homeschooling can be regarded as the result of individual efforts, then public schools is the fruit of joint efforts. ③ Some advanced equipments can hardly fall into individuals reach. ④ So the types of classes by homeschooling are fairly limited. ⑤ Homeschooling supporters may insist that their children don't necessarily have to take courses involving the participants of high-tech equipments since their children have a fixed goal or prospect, which is often the case with the child stars. ⑥ But the point is that this still cannot serve as strong evidence to show the superiority of homeschooling, as it can never be the ideal choice for most of us—we ordinary people.

评析：这一段论证的主要问题在于论据与论点之间逻辑脱节。写作者的观点在①中陈述得很清楚：政府的财政资助是公办学校的教育条件优于家庭学校不可或缺的因素。但是，下面的五句话与①之间的逻辑关系很松散。②的意思是如果说家庭学校是个人努力的结果，那么公办学校就是集体力量的结晶，③的意思是一些高级设备是个人无法获得的，这三句之间的逻辑关系不明确。英语作文提倡"直线式思维"，因此，这里的逻辑漏洞很明显。④起句用 So，表示这句话是结果，因此很多家庭学校的课程很受限，但实际上并不能看出③④之间的因果关系。⑤⑥两句看似在评论家庭学校的诸多弊病，但都是泛泛而谈，并不能证明公办学校有多好，所以，这两句话也不能直接作为公办学校好的原因。

可以这样修改，在组织这段的每一句话时，需要时刻回应为什么政府的财政资助 makes public schools stand tall。

这一段的组织顺序的亮点在于对优势和劣势进行比较。

反例 9：逻辑松散：论点不清楚，部分论据无关。

① Undoubtedly, innovation can be of vital importance to the sustainability and prosperity of corporations. ② Nevertheless, the message conveyed by the first paragraph is to some extent understandable. ③ According to the book entitled *On the Establishment of Enterprises*, the fundamental mission of a self-employed man is to earn enough money for the survival of his company first. ④ Highly innovative as some proposals seem, they invariably lack practicality and are not realistic for small firms to carry out, which reminds us of the risks of innovative ideas. ⑤ Being innovative is means that no one else has done that before, posing even a greater threat to the implementation process. ⑥ A case in point is that Yao Xing, the founder of PPTV, started his company by imitating the work of other starting-up IT companies. ⑦ Despite the fact that he had a brand new idea of P2P video technology in his mind, he decided to lay a solid foundation for the establishment of his firm by imitation before his company possessed the capacity of implementing innovative plans. ⑧ That is partly why his company has been unparalleled and remarkably successful in the field of Internet television today, and also why today's lions are the descendants of copycats, as is mentioned in the passage.

评析：从词汇、语法的使用看，这位写作者非常优秀。但同时也存在一些问题，如：逻辑松散，即分论点不清楚，无关论据太多。读者第一眼会认为①是主题句，即分论点，但是往下读就发现并非如此。毫无疑问，创新对企业的可持续发展和繁荣至关重要。尽管如此，第一段所传递的信息从某种程度上讲也是可理解的。①②之间的逻辑关系未能表达清楚，nevertheless 一词的使用值得推敲，转折从何而来？写作者提到第一段，但该作文题目要求中的第一段第一句话是 "It is in a competition that I realized the significance of innovation to corporations"，并未指出模仿值得鼓励。这种语义的不连贯造成分论点的混乱。③所提供的信息跟本段的论点有什么关系？这是无关信息。英语作文中，如果某一信息在逻辑上与上下文不直接相关，那么正确的做法是加一个连接语（如各类连接词），以明确其逻辑关系，或者删掉这部分。④似乎意在说明创新有时候不奏效、⑤解释创新的含义、⑥⑦举例说明。这一小部分内部的逻辑尚算通顺，意在说明有时候模仿更有效。⑧阐释前面例子的含义，即模仿能帮助企业成功。

对比段首和段尾，想一想写作者究竟想表达什么观点？最终通过作文表达出了说明观点？作文是写作者和读者之间的对话，写作者需要写明白读者可能不理解的部分。这篇作文还有一个致命问题——全文的核心论点不够突出，这是作文的大忌。英语议论文不仅要求中心突出——一个核心观点，不是多个，还要求将核心观点清清楚楚地表述出来。核心观点说一遍还不够，需要多次地、变换方式地表述一个观点。

3. 语言

议论文、记叙文和说明文的语言特点分别可以描述为记叙文要生动、说明文要准确、议论文要有力。语言有力主要通过词汇、句式的运用，也可以通过语言风格和语体的把握。下面我们看几个例子。

反例 10：词汇、语法及书写规范均有较大问题。

The world is a groblized ecnomic world, so the culture communication is important for us to cooperate with each other, but things happen a lot when we misunderstand other cultures. We must build bridges of understanding to make things more easier. So lets make a decision. Firstly, no matter who you are, where you come from, we must be polite and friendly to others, we shouldn't make others feel uncomfortable and hurt, it's not the right way to communicate with others, especially foreigners, we must show our good side and hide the evil side to others, in this way, we can understand each other very well.

评析：第一，这一段文字多处句法混乱。Firstly 之后的这句话标点符号使用不规范，句法不相关的小句全部由逗号连接。英语的逻辑很多时候需要通过句式来体现。逻辑严谨（甚至可以说"死板"）是英语句法的一大特点。第二，词汇丰富程度不够，整段都是极普通的词汇。当然，这并不是要求作文要用生僻词汇。作文中如果要表达细微的语义差别，常需要高级词汇。语义表达的精确度和力度常依赖于词汇的选择。除此之外，单词的拼写错误也是应该避免的，如 groblized、ecnomic，正确的写法为 globalized、economic。内容的载体是语言，语言使用不当，内容表现就很难确切。

反例 11：语言表达不当，自相矛盾。

The truth is, however, that the initial and prime intent of all the travelers is merely to appreciate and experience the cultures and customs that they have never seen before, probably with their arms folded. They are prone to be just spectators who only witness the local people perform and act, without any urges to interfere the authenticity. The majority of visitors, according to my observance, abide by the rules and customs of other countries strictly, not to mention infringement or even destruction.

评析：这位写作者的词汇丰富、写作句式灵活。段落中多处使用插入语（如 however、according to 等）以及一些精确的英文表达（如 with their arms folded、abide by the rules and customs 等），均反映了写作者较高的英语素养。但是，语言的使用和逻辑思维的严谨性有时并不同步。这一段的问题在于前半段似乎在说旅客对当地风俗与文化持漠然态度，表现出旁观的架势，而后半段却表示，根据写作者观察，不少旅行者自觉遵守当地规则及风俗。前后论述矛盾。

范例3：语体正式，搭配准确，连接词恰当。

More importantly, it's also advisable that some of the cultural and moral standards can be unified if we have sufficient mutual understanding between cultures.

评析：这是一个包含三个小分句的长句。其中，写作者使用 it's also advisable... 的句式，较为正式，给人沉稳有力的感觉。More importantly 和 also 两个连接词使用恰当，使得该句与前文衔接自然。Advisable 一词不卑不亢，增加了论证力度。Unified standards 和 sufficient understanding 的准确搭配显示出写作者极好的英语功底，同时也提高了其可信度。这些语言表现都增加了论证本身的力度。

范例4：句式使用灵活，英语表达得体。

We emphasize cooperation and coordination in the development of the modern society, be it related to business field or diplomatic affairs. Likewise, the integration of imitation and innovation with equal importance attached should be hailed as an ideal mode of development for either an enterprise of several hundred staff members or even a country with millions of citizens.

评析：这一段词汇丰富、句式灵活，词汇和句式都较为正式，英语表达可谓精致、得体，有效提高了论证力度。business field or diplomatic affairs、either an enterprise of several hundred staff members or even a country with millions of citizens 这两处对偶的使用为这一段语言增加了亮点。

8.3.2 说明文写作技巧和案例评析

英语写作大赛的说明文主要包括两种题型：命题作文和材料作文。两种题型在写作过程中略有差异，但从说明文的基本特点来说，共性居多。

从对文体的整体把握来看，说明文中出现的问题主要表现在说明不够和议论太多。

说明文区别于议论文的显著特点体现在以下三点：写作目的主要是提供真实、有价值的信息，而非论证某个观点的正确性或说服读者；交流口吻力求客观，避免个人感情的宣泄；语言表达力求准确、清晰。

如果从一个侧面比较记叙文、说明文和议论文，那么记叙文是美在描写的细腻、生动、说明文是美在说明的清晰、客观，而议论文是美在论证的充分、有力。

下面将重点从内容、组织和语言三个要素来探讨说明文最显著的特点。

1. 内容

说明文在内容方面有四个要求：审题准确；基本交流目的为说明而非议论；语气客观、语体正式（这一点将并入"语言小节"分析）；信息准确。

反例1：审题不准确，未能完成预期任务。

以下是一道图表说明文的具体要求：

... you should summarize the features of the two charts and make comparisons to examine whether there is any connection between them.

评析：赛题来自"外研社·国才杯"2013 年复赛赛题。赛题提供了两幅图，有两项要求：总结两幅图的主要内容和对比两幅图并寻找联系。

有的参赛作文只完成了第一项，没有完成第二项。

反例 2：审题不准确，议论过多，说明文文体特点不显著。

Its not surprising that the majority of Chinese mobile netizens are the 80s generation and the early 90s generation. In a certain sense they're the lucky ones. They're born in a time when China is transforming, when the primal seeds of concept of the Internet were sowed in this old country. No wonder they naturally proceeded to become the pioneers on mobile networks consequently with their open mindsets that are more susceptible to new ideas and technologies.

评析：这篇作文的写作者语言基本功极好，但从整体上看，不是说明文，文体更像是议论文，内容及陈述角度均不够客观。再者，该篇没有按照题目要求陈述图表信息，并依据图表信息进行比较。

反例 3：信息错误。

From 3 to 15 years old, the Chinese school system can be divided into 3 stages: preschools, primary schools and secondary schools.

As an adolescence, we step into secondary schools. There are 3 years learning journey.

评析：这是一道命题作文，要求写作者向外国朋友介绍中国学制，提示写作者从学前教育、小学教育和中学教育三个阶段展开。选手对文体把握准确，但是，将中学教育仅锁定在初中三年，出现信息错误。

反例 4：说明文成了议论文。

Every coin has two sides. It is an old but a tested truth. We should rebut the argument that there is something wrong with the phone. It's not. The real problem is that what the choice we make in using it. It is imperative for us to realize the issue and make the right judgement. Be the master not the slavery.

评析：本段是文章的结尾。英语说明文的结尾需要对主体部分进行总结，这一段显然不是基于前文的总结。其段首是典型的议论文风格。从写作目的上看，作文严重偏题。

范例 1：内容完全基于图表信息，说明文特点显著。

As is quite apparent in the second chart, games are the most popular of all the apps available for download, totaling 34.7 percent. A sharp decrease is observed when it comes to the second highest rank, social networking apps, with only 18.8 percent, just a little bit more than half of games. The figures for social networking apps, system tools and photo or video apps, which follow social networking, don't differ significantly, with 14.7 percent for former and 13.2 percent for the latter. Finally, the lifestyle apps, e-books and others occupy only a little in percentage, with 6.3 percent, 1.7 percent and 76 percent respectively. Briefly, it is evident that games and social networking dominate the apps market.

评析：这一段描述第二幅图表的主要信息。每个句子均直接描述图表特点，并以数据作为佐证且句式带有典型的说明文特点。作文的说明顺序完全依据图表从左至右的排列，结构脉络清晰，说明文特点显著。全段未出现一处议论，或与图表无关的信息、错误信息，内容客观、准确。

范例2：合理添加图表以外的信息。

The chart also shows that the users aged 20-29 outnumber those aged 10-19. *One possible explanation for this may be the fact that the teens are buried in their study preparing themselves for the entrance exam to the university.*

评析：这段说明中，写作者合理添加了图表以外的信息。

如何确定添加的信息是合理的呢？首先，添加的信息服务于写作目的。这一段的目的是说明图表中的一项信息"20～29岁年龄段的网民人数高于10～20岁的用户群"。图表信息本身是中心，添加的斜体部分是为了说明图表信息，为图表信息提供支撑，因此是合理的。如果将图表信息变成了支撑材料，作为论据去论证写作者的某一看法，那就不合理，属于文体错误。其次，添加的信息本身必须是客观事实，足以作为支撑材料。

这种信息添加有时是必要的。例如，有些作文题中要求的字数暗示写作者进行必要的展开。

2. 组织

英语说明文的组织结构可以从两个方面来看：文章整体的组织结构（开头、主体、结尾）和主体部分的组织结构。

（1）文章整体的组织结构。在撰写英语说明文过程中，首先告诉读者你要说明什么（开头），然后进行详细说明（主体），最后告诉读者你最终说明了什么（结尾）。

英语说明文的这种组织结构反映了英语的"直线式思维"。

（2）主体部分的组织结构。与记叙文和议论文相比，说明文更加强调条理清晰。说明文的目的是帮助读者获取信息，可读性高的作文才能将信息有效地传达给读者。那么，主体部分（body）如何做到条理清晰呢？一是在内容组织上要遵循一定的组织模式（如"定义—解释"顺序、时间顺序、空间顺序、比较、对比等）；二是中心内容方面，段落中心和全文中心必须清晰明了；三是逻辑组织上，要做到逻辑严密、过渡自然，借助词汇方面的连接手段。

反例5：开篇没说明话题的作文，也不具备说明文特点。

As China gears up to connect with the international platform, it has achieved a lot in terms of technology during the course of modernization. Mobiles are never a luxury to us any more, instead it is now the most common thing of two exactly different people. As the first chart shows, people, however young and old, are equipped with a mobile phone.

评析：这是作文的第一段。作为说明文，这一段的每一句都是相互独立、没有关联的，整体不能让读者明白写作者要表达的具体问题。

这篇作文题目的要求是：You should summarize the features of the two charts and make comparisons to examine whether there is any connection between them。写作者其实并未完成题目的规定任务。

范例3：成功的开篇会揭示核心话题并揭示全文脉络。

① The Chinese School System is a large and coherent system that has developed rapidly from the beginning of the People's Republic of China. ② Similar to most Western countries, the system mainly consists of three stages: pre-schools, primary schools and secondary schools. ③ Each of the stage is coherent to the former and later stages, and the education level increases significantly among the three stages.

评析：这是一个成功的开篇。全段共三句话，语义清晰。

3. 语言

说明文写作中的常见问题主要有两点：一是选择使用能表述客观信息的正式句式；二是熟悉图表描述的相关表达法。

反例6：第一人称表述不够客观、正式。

The 10-to-19 group is also an electronic-immerged age bracket who are much more affected by the digital current. The only reason that they only rank the third is definitely the age problem. Some of them are too young to assimilate the knowledge of the Internet. I'm sure they leap to the first position once they reach maturity.

评析：从第一人称单数的角度进行介绍，容易让读者觉得是主观倾向的观点（如画线部分所示）。说明文应该避免这种主观陈述角度。

反例7：不熟悉图表描述的表达方式，中式英语表达明显。

From the first bar chart, it is clearly seen that the percent of the age group from 20 to 29 far outnumbers that of the other groups. It counts for 36.9% of the whole netizens. There are two age groups closely following the leading group. People of the age from 10 to 19 and 30 to 39 almost share the same situation. The percentage of these two groups are 27.8 and 24.4 respectively. Netizens aging from 40 to 49 occupy only 7.5% of the whole groups of people, which leaves the other three age groups to be less than 5%. It can be concluded from this chart that the young generation whose ages are from 20 to 29 are the main body of the netizens.

评析：这一段文字中式英语表达较多。有些用法明显错误，如 the percent of the age group from 20 to 29 far outnumbers…；有些动词使用单调，如汉语"占多少百分比"的表达局限于 be 动词或 occupy；有些语句读起来别扭，如 the young generation whose ages are from 20 to 29。写作者平时应该加大阅读有关图表说明的文章，熟悉对百分比、趋势的表达等。

第 9 章
英语辩论类竞赛

本章导读

英语辩论是大学生思辨能力发展的重要方法。英语辩论竞赛因其参与面广、赛程长，在全国大学生中的影响力极大。英语辩论竞赛对辩手的知识储备、思辨能力，以及对社会问题的敏感度都有着极高的要求。那么，辩手如何能在辩论赛中做到"言有礼有节，辩有理有度"，展现出卓越的英语语言表达能力与严谨的逻辑思考魅力呢？本章主要介绍辩论赛基本知识、"外研社·国才杯"全国英语辩论大赛要求以及如何成为一名优秀的辩手。读者应在了解辩论比赛特点的基础上重点掌握英语辩论的备赛技巧等。

本章要点

- 辩论赛基本知识
- "外研社·国才杯"全国英语辩论赛要求
- 英语辩论技巧

9.1 认识英语辩论类竞赛

英语辩论竞赛在国际范围内应用广，被多数国家的高校接受。在国际化的背景下，中国大学生应在参与英辩活动的同时，不断提升自己的国际视野，提高国际素养。在参与辩论时，选手应冷静面对比赛辩题，明确所处位置及表达方向。同时，英语辩论竞赛对跨文化交际能力也有较高的要求，当面临一项提议或政策时，学生对其看法的宽度和深度的延伸也是很关键的问题。

9.1.1 了解英语辩论基本知识

1. 基本概念

辩论赛也叫作论辩赛、辩论会，是参赛双方就某一问题进行辩论的一种竞赛活动，实际上是围绕辩论问题而展开的一种知识竞赛、思维反应能力的竞赛、语言表达能力的竞赛，也是综合能力的竞赛。

辩论赛的核心就是一个"辩"字，正如这个"辩"，中间一个"言"，两边各自一个"辛"，双方辩手势均力敌，每一方都有自己的论点和论据，双方的观点都不能完全主观地评判谁对谁错，两者都有道理。双方辩手凭借自己的能言善辩、思维能力和相关知识，争取这场辩论赛的胜利。赛后，评委依据辩论赛的评分标准进行打分，决定胜负。

2. 基本要素

（1）参赛人员。近年来流行的大型辩论赛，一般是由8人（每队4人）参与。各参赛队中的4名成员，分为一辩、二辩、三辩、四辩手，亦有分为一辩、二辩、三辩手及自由发言人等，并按此顺序，由辩论场的中央往旁边排列座位。但有时也会有不同情况。其中，一辩主要是阐述本方观点，要具有开门见山的技巧和深入探究的能力，要能把观众带入一种论辩的氛围中，所以要求一辩具有演讲能力和感染能力；二、三辩主要是针对本方观点，与对方辩手展开激烈角逐，要求他们具有较强的逻辑思维能力和非凡的反应能力，要能抓住对方漏洞，加以揭露并反为己用，要灵活善动、幽默诙谐、带动场上气氛；四辩要能很好地总结本方观点，并能加以发挥和升华，要求有激情、铿锵有力，把气氛引入另一高潮。

（2）主持人。辩论竞赛活动要有一名主持人（亦称主席）主持辩论活动。主持人维护辩论会场的良好秩序，保障辩论活动按照辩论规则有秩序地进行，坐在两个参赛队中间、比参赛人员座位稍后一点的中央位置，便于观察整个辩论会场的情形。

（3）评判人员。辩论赛既然是一种竞赛活动，那么，参赛者谁胜谁负，需要有人做出评论和裁判。评判人员必须是具有与辩论内容相关的有专门知识的人员，他们一般由数人组成评委或评判团，其中设一名评委主任或一名执行主席，主持评委或评判团会议进行评判。

（4）公证人。正规的辩论赛，一般都有公证人到场，负责对辩论竞赛活动及竞赛结果进行公证，为辩论赛活动及有关人员提供法律认可的证据。有些辩论赛也可以不要公证人。

（5）辩论规则。通常的辩论规则主要有以下三点：一是有多支参赛队参加的辩论竞赛实行淘汰赛，经过初赛、半决赛、决赛，决定优胜者；二是要规定正反双方8名辩手发言的次序；三是要规定发言时限。

（6）确定辩题。参加辩论竞赛的双方辩论什么？围绕什么问题来展开辩论？这就要确定辩论题，让参赛双方围绕辩论题从正反两个方面进行辩论。确定什么样的辩论题对辩论赛活动影响很大，它决定了辩论内容的范围，还影响着双方辩论能否很好地展开。从辩论赛的实践经验看，选择辩题要着重把握两点：一是辩题的现实意义，即辩题本身是不是人们关注的问题，通过辩论能不能给人们一种思想启迪。这不但影响听众对辩论赛的热心程度，而且影响参赛人员的热心程度，最终会影响辩论赛的气氛和效果。二是辩题的可辩性，如果辩题所规定的一方观点明显是正确的，另一方观点明显是错误的，缺乏可辩性，那么观点明显错误的一方不能有力地反驳对方观点，同时因为观点明显错误，怎么辩也难以说服人，给人的印象总是缺乏说服力。因而，对方也不容易深入地论证自己的观点，最终会使双方难以深入地展开辩论，影响辩论效果。

（7）双方论点。辩论题确定之后，需要把参赛双方分为正方和反方，正方持辩题的正面观点，反方持反面观点，由此产生参赛双方的两种观点及其理论之间的论辩。参赛双方，谁为正方，谁为反方，是由双方抽签决定的。正、反方决定之后，再给参赛人员一段时间做准备，辩论竞赛就可以进行。

（8）评判优胜。双方辩论结束后，评判团或者评委暂时离开辩论赛场进行评判，评判出优胜队和优秀辩论员（亦称为最佳辩手）。这期间，主持人可组织赛场听众就辩论的问题发表意见。评判团或者评委评判完毕之后，随即返回赛场，由其中的执行主席或评委主任上台代表评判团或者评委对双方的辩论情况做出评议，然后将评判出来的优秀辩论员和优胜队名单交给主持人，由主持人当场宣布。

（9）公证意见。邀请公证人员参加的辩论赛，在宣布评判结果之后，就由公证人员就辩论竞赛活动及评判结果情况和各个辩手的表现情况发表公证意见。

（10）颁奖。颁发证书和奖品。整个辩论赛决赛结束时，要向优胜队和优秀辩论员颁发证书，同时颁奖。

3. 赛制及主要形式

议会制英语辩论是世界范围内大学校际英语辩论赛的主要形式，其赛制与规则因地域文化的差异而有些许变化。现存的几大形式主要有英式辩论、美式辩论和全亚模式辩论。其中，英式辩论有四支队参加，正、反方各两支队，每支队2人；美式辩论只有两支队，每队2人；全亚模式辩论有6人参加，每队3人。

9.1.2 认识"外研社·国才杯"全国大学生英语辩论赛

"外研社·国才杯"全国大学生英语辩论赛（FLTR CUP）和中国大学生英语辩论赛（China Universities Debating Championship，CUDC）是目前在国内具有较大影响力的赛事。CUDC是由教育部全国翻译专业学位教育指导委员会指导、中国外文局全国翻译专业资格（水平）（CATTI）项目管理中心主办的，虽然只举行了两届，但是已经吸引了全国260余所高校报名参赛。

"外研社·国才杯"全国大学生英语辩论赛（以下简称"大赛"）是由北京外国语大学主办，外语教学与研究出版社、中国外语测评中心、北京外研在线数字科技有限公司承办的国内创办最早、规模最大、水平最高、影响最广的全国性英语辩论比赛，也是高校最关注的比赛。

"大赛"自 1997 年创办以来,每年举办一届。"大赛"始终以我国外语教育发展、培养国家所需人才为使命,坚持以赛促教、以赛促学、学赛结合,致力于人才培养,服务于教育改革,坚持创新,与时偕行。经过 25 载品牌积淀与坚定前行,"大赛"已发展成为一项高规格、大规模的权威赛事活动,产生了广泛而深远的社会影响。凭借其权威性与专业度,"大赛"在 2020 年、2021 年连续两年被纳入教育部高等教育学会发布的"中国高校创新人才培养暨学科竞赛排行榜",以赛促教、以赛育人的成果持续获得学界认可。

历经 25 年发展,2022 年第 24 届"大赛"已有 410 支队伍参赛。"大赛"始终关注社会热点,把握时代脉搏,牢记办赛初心,辩题凸显"议会制"本色,紧密贴合当代大学生所关注的时事和政策新闻,引导学生立足全球发展、提升多元能力,为国家培养家国情怀与国际视野兼备、实力与思想并存的国际化人才。如今,"大赛"已成为优秀大学毕业生的摇篮,许多优秀辩手如今已奋斗在大公司、大企业的一线岗位上,外交部、欧盟商会、《环球时报》和路透社等也都能见到辩手的身影。

9.2 了解英语辩论类竞赛要求

"外研社·国才杯"全国大学生英语辩论赛采用英式辩论赛制(British Parliamentary style,BP 赛制)。

9.2.1 了解参赛资格及赛程设置

1. 参赛资格

比赛本着公平竞争、择优选拔的原则,为所有符合报名资格的参赛队伍提供竞技和展示的机会。"外研社·国才杯"全国英语辩论赛欢迎符合以下条件的学生报名参赛:

(1)辩手必须是在中国大专院校全日制就读的中国籍(含港、澳、台地区)在校本科学生。

(2)曾获得"外研社·国才杯"全国英语演讲大赛出国奖项的选手不可参赛。

(3)曾获得往届"外研社杯"全国英语辩论赛出国奖项的选手不可参赛。

2. 赛程设置

(1)辩论队。每轮英国议会制辩论比赛中有 4 支辩论队同场,每队 2 人,如图 9-1 所示。支持辩题的队伍称为正方,即"上议院",驳斥辩题的队伍称为反方,即"下议院"。代表正方的两支队伍是正方上院和正方下院,代表反方的两支队伍是反方上院和反方下院。

图 9-1 辩论队伍及辩手名称

正、反两方分别由两支队伍构成，并分别发表开篇陈述和总结陈词。每支队伍都需要与另外三支队伍进行竞争，最后决出 1 至 4 名。

（2）辩手角色分配。每个选手都有一个定位，每一个发言都有其特殊目的。下面列出的辩手角色描述具有借鉴作用，并非必须完全遵循。根据不同的辩论形式，辩手有时需要在完成本角色需要说明的部分之外，还要表述其他方面的观点，在正方支持辩题、反方驳斥辩题的基础上，发言结构仍需满足其他论证的需要。详见表 9-1。

表 9-1　辩手角色与职责

辩手	角色及职责
首相	（1）定义和解释辩题。 （2）描述第一个政府团队将采取的方法。 （3）为辩题的解释构建案例
反对党领袖 / 党魁	（1）为整场辩论确立反对党上、下两院都可以捍卫的立场。 （2）驳斥正方首相提出的论点。 （3）根据正方首相的解释，提出一个或多个反对辩题的论点
副首相	（1）反驳反对党领袖的论点。 （2）重建首相提出的案例。 （3）构建一个或多个新的论点支持首相的观点
反对党副领袖 / 副党魁	（1）继续驳斥首相提出的案例。 （2）驳斥副首相提出的任何新论点。 （3）重建反对党领袖的论点。 （4）构建一个或多个新的论点来支持反对党领袖的论点
内阁成员	（1）支持正方上院的总体方向和案例。 （2）继续对反方上院的论点进行简单的反驳。 （3）驳斥反对党副领袖提出的新论点。 （4）构建至少一个与正方上院不同但立场一致的新论点（延伸）
反方党成员	（1）支持反方上院的立场。 （2）继续简单地驳斥正方上院的论点。 （3）驳斥内阁成员提出的论点。 （4）构建至少一个与反方上院不同但立场一致的新论点（延伸）
正方党鞭	（1）反驳反对党成员提出的延伸论点。有时，这种反驳可以纳入辩论的总体总结。 （2）从正方立场总结整场辩论的观点（主要冲突点 / 关键问题），捍卫上议院两院的总体观点，突出内阁成员的案例，维护内阁成员的延伸论点。 （3）总结中不应再提出新的论点（但可以引入新的例子和证据）
反方党鞭	（1）反驳内阁成员提出的延伸论点。有时，这种反驳可以纳入辩论的总体总结。 （2）从反对党的角度总结整场辩论（主要冲突点 / 关键问题），为两个反对党阵营的总体论点做辩护，并强调反方党成员的案例，突出其延伸论点。 （3）总结中不应再提出新的论点（但可以引入新的例子和证据）

注意：除了两方最后一位辩手（正方和反方的党鞭），其他所有辩手都应引入新的论据和材料（但并不须是新观点）。除了首相，所有辩手都应反驳对方辩手的观点。

（3）辩论的重点和内容。英国议会制辩论中，正方辩手应提供辩题为真的原因，同时反方辩手提供辩题为假或正方辩手提出的辩护无法论证辩题为真的原因。双方都有责任通过直接或间接的方式反驳对方辩手提出的辩论。

若辩题持中立态度，那么辩手，尤其是正方一队的辩手，应该尊重辩题的原意，并将辩论中心集中在辩题的原意之上。正方一队诠释辩题的意义时，不应试图歪曲辩题原意。正方一队一辩有责任在开篇陈述中给具有特殊意义的词汇下定义。

在大多数实战中，正方一队对辩题的解释将会成为整场辩论的基础。如果开篇陈述没能明确阐释辩论的重点，或者完全误读了辩题，反方一队可以提出对辩题的重新定义。除了两方的一队一辩，其他辩手不能再次改变辩题中任何词汇的定义。

（4）质询。选手可以在辩论的第 1～6 分钟的任意时间口头提问或起身要求质询，被提问的辩手可以接受或回绝质询。

如果接受质询，提问辩手有 15 秒时间提出异议或提出问题。质询和回答时间记在被提问辩手的发言时间中。提问与回答双方辩手对质询的把握能力，将会被列入裁判裁定辩论队优劣及单个辩手评分范围内。而质询的次数以及优先度不计入评分范围。

（5）准备。所有赛场的辩论都将在辩题公布后的 15 分钟后开始。也就是说，辩手准备时间只有 15 分钟。在这 15 分钟内，辩手不可以使用任何通信设备，但可以从纸媒资料中获取信息（预先准备的纸媒资料在辩论中可以使用）。

在准备时间内，辩手可以与本队辩友进行讨论。辩手不能在准备时间内与其他任何人（包括其他队伍的教练、辩手，教导人员，裁判等）进行讨论。

正方一队有权在辩论场地讨论，其他所有辩论队必须分别在不同场所讨论。

辩手必须在辩论开始前 5 分钟进入辩论场地，未能在规定时间内到达场地的辩论队是否被剥夺参赛权利将视裁判长裁决而定。

9.2.2　了解地区决赛及全国总决赛比赛模式

大赛历时 5～6 个月，共分三个阶段：校园选拔赛、地区复赛及全国总决赛。2020 年以来，因受新冠肺炎疫情影响，采用线上与线下相结合的方式。

1. 比赛结构

比赛分为两个主要阶段：第一阶段为循环赛和第二阶段为淘汰赛。一般来说，比赛包括 1 轮热身赛、6～7 轮循环赛和 4 轮淘汰赛。所有参赛队都应参加循环赛，只有 32 支强队能够进入淘汰赛。

2. 热身赛

热身赛是"外研社·国才杯"辩论赛培训的一部分。热身赛的参赛队辩手分配是随机的，比赛结果不计入循环赛和淘汰赛比赛积分。

3. 循环赛参赛队辩手分配

如果参赛队总数无法被 4 整除，或者在比赛过程中有参赛队退出比赛使参赛队总数无法被 4 整除，比赛官员有权使用替代队填补空缺。替代队每轮的比赛成绩应按实际情况评价（如果一轮比赛中替代队是表现最好的辩论队，他们将会被评为最佳），但不能以此作为晋级评判标准。"替代队"来自非参赛院校。

第 1 轮的队伍分配将会随机进行。在除第 1 轮以外的其他所有循环赛结束时，将按照总分由高至低的顺序对参赛队排名。依排名情况，参赛队将被分组，得分相同或相近的队分在一组，在本组内部，参赛队也由高到低排名。如果任何组（例如"高分组"）的参赛队总数不能被 4 整除，那么就必须从排在其下面的一组（"次高分组"）中随机挑选参赛队加入"高分组"，使"高分组"的队数成为 4 的倍数。如果"次高分组"因有参赛队被选入"高分组"而使得队伍总数不能被 4 整除，则按照以上规则调整，直到所有组的队数都是 4 的整数倍。第 1~4 轮预选赛采取公开裁判的方式，每轮辩论结束时，裁判团将在现场进行口头评判。第 5、6 轮采取不公开裁判方式，没有现场口头点评，不会公布结果。

4. 进入淘汰赛选拔

在所有的预选赛结束时，辩论队将会依以下条件排名：①6 轮比赛的队伍总分；②队内选手总分，即两个辩手得分的总和；③若两队排名一致，则以两队相遇时的比赛结果为依据。如果这些仍没能打破所有平局情况，将从平局两队中随机抽取晋级队伍。选拔结束后，排名前 32 位的辩论队有资格进入淘汰赛阶段。

5. 淘汰赛参赛队辩手分配

淘汰赛分为 4 轮：八分之一决赛、四分之一决赛、半决赛和总决赛。每轮淘汰赛参赛队的分配由"折派"方式决定，即八分之一决赛第一场的四个参赛队应由排名在第 1、第 16、第 17、第 32 位的辩论队组成；第二场则应由排名在第 2、第 15、第 18 和第 31 位的辩论队组成，以此类推。

6. 淘汰赛辩论队晋级方式

在每轮淘汰赛结束之后（不包括最后一轮），裁判团将从参加辩论的四支队伍中选出两队晋级之后的比赛。获得最高排名的队伍保留参赛资格，也就是说依据排名规则，八分之一决赛第一轮获胜的两支队伍将被排在第 1 位和第 16 位，无论他们在该轮比赛前成绩如何。在决赛中，裁判团将选出一队为冠军，其他所有进入决赛的小队都将被授予"决赛队"头衔。

9.2.3 了解英语辩论赛流程及评分标准

1. 英语辩论赛流程

英语辩论赛采用国际议会制比赛形式，参照第二十四届"外研社·国才杯"全国英语辩论赛的要求，具体流程为：

（1）主席致辞：宣布辩题及辩题相关背景资料；介绍选手，包括学院、专业、年级及正反方所持观点等；介绍评委及比赛规则。

（2）比赛阶段：比赛由正方和反方组成，双方各两名选手，选手可自行分工，一人担任一辩，一人担任二辩。比赛前15分钟主席将辩题公布给两队，并以抓阄的方式决定正、反方，正方对辩题持肯定态度，反方对辩题持否定态度，双方在辩论开始前有15分钟准备时间。辩论进行过程中，发言者、发言者的角色、发言时间及顺序见表9-2。

表9-2　发言者、发言者的角色、发言时间及顺序

发言者	发言者的角色	发言时间
正方上院第一位辩手	首相或正方领袖	7分钟
反方上院第一位辩手	反对党领袖	7分钟
正方上院第二位辩手	副首相或正方副领袖	7分钟
反方上院第二位辩手	反对党副领袖	7分钟
正方下院第一位辩手	内阁成员	7分钟
反方下院第一位辩手	反方党成员	7分钟
正方下院第二位辩手	正方党鞭	7分钟
反方下院第二位辩手	反方党鞭	7分钟

（3）发言倒计时。每位辩手的发言的时间均为7分钟。辩手提出质询的时间应在第2~6分钟之间。质询是指在对方发言时，针对发言者正在申述的论点提出的本方观点。

发言计时从辩手开始说话为始，所有必要内容（包括说明、介绍等）都在计时范围内。计时人员将在以下时间点向选手示意，见表9-3。

表9-3　质询时间及提示

时间	提示
第一分钟末（1:00）	响铃一次（允许开始提"质询"）
第六分钟末（6:00）	响铃一次（提出"质询"的时间结束）
第七分钟末（7:00）	连续响铃两次（发言时间结束）
超时15秒之后（7:15）	连续响铃（发言缓冲时间结束）

在连续两次响铃结束后辩手有15秒缓冲时间，在这段时间内允许选手总结已出具论点。缓冲时间内不允许出具新论据，且提出的新论据可以被裁判判为无效。在缓冲时间后仍继续发言的辩手将被裁判团扣分。

（4）评判团评议裁决。由一名评委进行点评，向辩论赛主席递交比赛结果。

2. 评分标准

裁判主要依据辩论内容、辩论风格和辩论方法三个维度进行评判。

（1）辩论内容。辩论内容是指辩论中讨论的问题和用来证明论点的材料，裁判应评估辩手所提出问题的质量以及支持辩手所主张证据的力度，如观点陈述是否明确、有条理，论点和论据内容是否正确、充实，引用资料和实例是否恰当。

（2）辩论风格。辩论风格指的是演讲者的表现和表达，裁判不应该仅仅根据辩手的英语水平来评估他们的表现，而应该超越英语水平来评估他们的表现。如比赛中是否尊重对手、主席、评委和观众，举止、表情是否大方、得体，是否有风度。

（3）辩论方法。辩论方法是指辩手的策略和战术，裁判应评估辩手如何组织他们的个人演讲以及他们是否解决了最相关的问题，如语言是否连贯、反应是否迅速，辩手语言是否流畅，说理、分析是否透彻，反驳和应变能力是否强，是否具有较强的说服力和逻辑性。

此外，裁判还应评估全队各辩手的论点是否一致，结构是否完整，队员之间的配合、合作是否默契。基于上述标准，表 9-4 的评分依据旨在规范裁判的评分，供其给每个辩手打分时参考。表 9-5 为评分表。

表 9-4 评分依据

选手得分	评分依据
95 分以上	表现出色。几乎在各方面都超出了大多数人的预期
90～94 分	表现好。在大多数方面都超出了预期
80～89 分	表现一般。满足最低期望，但不超过期望
75～79 分	表现较差。低于平均水平的演讲者。不能满足最低期望
70～74 分	表现差。未达到最起码的期望

表 9-5 评分表

正方上院	角色	姓名	得分	总分	反方上院	角色	姓名	得分	总分
	首相					反对党领袖			
	副首相					反对党副领袖			
名次					名次				

正方下院	角色	姓名	得分	总分	反方下院	角色	姓名	得分	总分
	内阁成员					反对党成员			
	内阁党鞭					反对党党鞭			
名次					名次				

评委须知：

(1) 队伍得分必须与排名相符，即第一名必须得分最多，第四名必须得分最少。

(2) 把做决定的理由写在上面的空白处。评论应该集中在你为什么认为获胜者基于他们在回合中提出的论点。

9.3 备战英语辩论类竞赛

备赛英语辩论涉及很多技巧，如资料的收集与整理、辩题分析、提出有说服力的论点、逻辑思维训练等。本节重点讨论最为重要的一些辩论技巧：反驳和重构论点、质询、倾听和做笔记的技巧以及辩论演讲风格。

9.3.1 掌握英语辩论技巧

1. 分析辩题

大多辩题源于时事或长期热议话题，题目措辞清晰明确。本节精选 2017—2023 年比赛中的 50 道辩题供读者训练。这些辩题紧扣时代特色，既关注社会热点，又放眼全球形势，对辩手的知识储备、思辨能力和临场应对能力都有很高的要求。

拿到辩题以后，如何分析辩题呢？

首先，应该分析辩题背景、判断其类型（policy、value、action）、对辩题中的关键概念进行界定并对辩题进行解读，分析辩题中可能涉及的问题。辩题一般分为三种：政策类、价值判断类、行动者类。下面重点讲解如何判断辩题类型。

（1）政策类。一般来说，政策类辩题的主体往往是行政、立法机构，辩手要讨论针对某项政策有没有去变动的必要性、可行性。这类辩题可能要求提出新政策来解决现存政策未解决的问题、对不能满足现状的现存政策提出修正方案或提议废除现存政策。常见句式：This House Would (do)…(THW)。

例如：THW forbid all employers to have access to job applicants' criminal records. 该辩论是关于 this house（执行者）是否应该制定这项政策，而不是现实世界中的对应机构是否会执行。

（2）价值判断类。价值判断类辩题表达了对命题中所指向的人、地点或对象的品质的判断。要考虑人们基于这个问题的当前观点和态度，这些观点和态度既不是真的也不是假的，同时仍然有真实或虚假的事实支持。也就是要解释为什么要进行这样的价值判断，为什么是好或坏。常见句式：

1）This House Believe that…

2）This House Support/Opposes…

3）This House Prefers a wolrd in which…

4）This House Prefers X to Y.

5）This House Regrets…

6）This House Believes that X should…

7）This House Believes That X…

这类辩题要求正方团队为陈述（X）的真实性辩护，而反方团队则为陈述（X）的错误辩护。正方团队没有必要执行一项政策，但是，他们应该在辩论中定义术语并提供一个度量标准。

例如：This House supports/opposes [X]. 该辩论不需要正方提出政策，但团队应该定义辩论并提供衡量标准。

例如：This House opposes the glorification of career achievements as a basis of self-worth. 该辩论的焦点是价值判断，即美化职业成就作为自我价值的基础是否合理，对某些相关和重要的利益相关者是否有益，而不是关于"我们"支持或反对及其影响。

（3）行动者类。这类辩论的焦点是从 X 的角度来看这句话是否正确，而不是从一个中立的观察者角度出发。团队必须考虑行动者 X 的知识、价值观、能力和兴趣，并解释为什么这个措施符合或不符合 A 的最佳利益，不一定是关于你的行动是否对世界最好，你的行为准则很重要。常见句式：This House, as X, Would[do Y]…。

例如：This House, as developed countries, Would not accept skilled labour from developing countries. 该辩论要从发达国家的角度来解释是否要接受来自发展中国家的技术劳工，这样做对发达国家有何利弊。

2. 制定模型、构架框架

制定模型对于辩论的成败至关重要。拿到辩题之后，辩手应与队友一起对辩题进行分析，制定合适的模型。辩题类型不同，分析模型也是不一样的。

价值类辩题一般可围绕一个核心分三步走。核心就是价值判断的标准（metric），而三步分别为认清现实状况（the status quo）、选择本方立场（team stance），考虑原则和结果（principles & consequences）。政策类辩题可以采用 SQ-Cause-Cure-Cost 模式，价值类辩题可以用 Object-Standard-Application 模式。

（1）政策类。辩题要求正反方论证的是他们是否应该制定这项政策，而不是现实世界中他们是否要执行该政策。

例如：THW eliminate all patents for vaccines. 该辩论的焦点不是政府是否能在现实中取消所有疫苗的专利，而是我们是否应该取消所有疫苗的专利。图 9-2 为正反方构建的框架。

THW eliminate all patents for vaccines

Gov	Opp

• **problems**
  ○ lacking access to vaccines due to patents
• **Clarifications & Model**
  ○ patents & how to eliminate
• **Justification**
  ○ competing rights(IP vs. public health)
• **Solvency:**
  ○ access
  ○ innovation
  ○ positive competition
	• **Problems**
	  ○ things are getting better
	  ○ there are existing mechs to deal with them (expanding market share, PR, temporary waiver, etc)
	• **counter-model**
	  ○ mutual exclusivity
	• **No justification**
	  ○ IP is more important (innovation)
	• **No solvency/more harms:**
	  ○ stifle innovation
	  ○ reducing access to vaccines and impacts
	  ○ short-termist pricing

图 9-2　正反方构建的框架 1

（2）价值判断类。

例如：THBT dating shows have done more harm than good. 该争论的焦点是相亲节目是否真的弊大于利。图 9-3 是正反方构建的框架。

THBT dating shows have done more harm than good

Gov	Opp

• **clarification/characterization**
  ○ what do dating shows look like?
 • **Metrics:**
  ○ unique/huge harm > insignificant/marginal/non-exclusive benefits
  ○ misrepresentation of romance > entertainment/discourse
 • **Case:** principles/Mechanize/compare benefits and harms
  ○ scale of misrepresentation and impact
  ○ discrourse non-exclusive & marginal
	• **stance & clarifications**
	  ○ more good than harm
	  ○ recharacterize if needed
	 • **Metrics** (agree on them or some of them/offer alternative metrics and weighing them)
	  ○ unique discourse/diversity > misrepresentation
	 • **Case:** principles/Mechanize/compare benefits and harms
	  ○ most meaningful discourse as compared to other representation & impacts
	  ○ misrepresentation is marginal

图 9-3　正反方构建的框架 2

例如：This House opposes the glorification of career achievements as a basis of self-worth. 该辩论的焦点是价值判断，即美化职业成就作为自我价值的基础是否合理，对某些相关和重要的利益相关者是否有益，而不是关于"我们"支持或反对及其影响。图 9-4 是正反方构建的框架。

THO the glorification of career achievements as a basis of self-worth

Gov	Opp

• **set up/clarification:**
  ○ glorification
  ○ career achievements
 • **Metrics:**
  ○ access to happiness and self-worth
  ○ interpersonal and societal impacts
 • **Case:** principles/Mechanize/compare benefits and harms
  ○ a subjective and arbitrary standard
  ○ stress and frustration
  ○ interpersonal and societal harms (discrimination, etc)
	• **stance & clarifications**
	  ○ do you need to counter-characterize?
	 • **Metrics** (agree on them or some of them/offer alternative metrics and weighing them)
	  ○ motivation & productivity
	 • **Case:** principles/Mechanize/compare benefits and harms
	  ○ positive externalities (social good)
	  ○ accessiblity
	  ○ supportive policies

图 9-4　正反方构建的框架 3

例如：This House Regrets the rise of "lying flat" culture. 该辩论的焦点是如果"躺平文化"不存在，世界是否会更好。团队必须描述一个没有"躺平文化"的世界会是什么样子，而正方一方不能使用他们的定义权力来设置反事实，相反，他们必须争论其可能性。图 9-5 是正反方构建的框架。

This House Regrets the rise of "lying flat" culture

Gov	Opp

• **set-up/clarification:**
  ○ clarify/characterize the culture
  ○ set up the counter-factual: hard working/realizing potential..
  ○ prove its likelihood
• **Metrics:**
  ○ the well-being of certain stakeholders
  ○ social impacts
• **Case:principles/Mechanize/compare** benefits and harms
  ○ disproportionately harms the young; loss of productivity, etc
  ○ the counterfactual is better
	• **stance & clarifications**
	  ○ can deal with uncharitable characterization and recharacterize when necessary
	  ○ can question the likelihood of the counterfactual when needed
	• **Metrics** (agree on them or some of them/offer alternative metrics and weighing them)
	• **Case:principles/Mechanize/compare** benefits and harms
	  ○ resistance culture as a coping mech
	  ○ positive social changes
	  ○ the counterfacutual is worse

图 9-5　正反方构建的框架 4

（3）措施类。辩题要求从题目限定的角度来看这句话是否正确，而不是从一个中立的观察者角度出发看问题。团队必须考虑行动者的知识、价值观、能力和兴趣，并解释为什么这个措施符合或不符合行动者的最佳利益，不一定是关于其行动是否对世界最好，你的行为准则很重要。例如辩题：This House, as a financially comfortable citizen in an East Asian society, would pursue "warabel" ("warabel" describes the phenomenon of balancing individual pursuits (e.g. spending time with family and socializing with friends) and work even at the expense of increased salaries and career opportunities.) 图 9-6 是正反方构建的框架。

This House, as a financially comfortable citizen in an East Asian society, would pursue 'warabel' (balancing individual pursuits and work)

Gov	Opp

• **set up/clarification:**
  ○ characterize this citizen: what does "financially comfortable" mean?
  ○ Why it is true?
• **Metrics:**
  ○ individual happiness
  ○ family obligation
• **Case:principles/Mechanize/compare** benefits and harms
  ○ fulfilling family obligation thro company
  ○ balancing is important: parental authority, filial piety
  ○ diminishing returns of more salaries
	• **stance & clarifications**
	  ○ can deal with uncharitable characterization and recharacterize when necessary
	• **Metrics** (agree on them or some of them/offer alternative metrics and weighing them)
	  ○ financial security
	• **Case:principles/Mechanize/compare** benefits and harms
	  ○ better fulfillment of family obligation
	  ○ benefits from financial stability: sense of security, support family,etc

图 9-6　正反方构建的框架 5

3. 反驳与重构论点

反驳的目的是推翻或者削弱对方的论点。有时，反驳也可以使已经被驳斥的论点重新站住脚。因此，反驳兼具推翻某一论点和重构论点的双重功效。重构论点的过程包括驳斥论点和建设性重构论点。

辩手们需要注意的是，在辩论中无法也不该反驳对方提出的每一条论点。因此，挑选所要反驳的论点在辩论中非常关键，要学会分辨哪些需要反驳，哪些无关紧要，可以忽略。

不论反驳是为了削弱还是重构论点，其方式分为两种：由内进行和由外进行。其步骤一般可以分为四步：

（1）"They say..."确定了辩手将要反驳的论点，便于裁判或听众了解辩手所引用的论点。如 My opponents said that education policies are already reformed.

（2）"But I say..."是辩手对所要驳斥论点的回应，为裁判或听众提供理解的方向。如 But these educational reforms referred to by my opponent are merely cosmetic.

（3）"Because..."表明辩手即将开始解释其反驳的细节，如 The reforms mentioned by my opponent do not solve the essential problems of employment opportunistic...

（4）"Therefore..."表明辩手即将解释反驳的重要性，如 My opponent's argument is not sufficient to suggest...

反驳之后，辩手还可以采用"五步法"来重构论点，让已经被对方驳斥的论点重新焕发生机。"五步法"分别是：

（1）确定原始论点，如"We said..."或"Our original argument was..."。

（2）明确对原始论点的反驳，如"Our opponents said..."或"Our opponents refuted the argument by saying..."等。

（3）评价对方的反驳如"But we say..."或"But we say the refutation offered by our opponent is insufficient."等。

（4）解释评价的细节，如"Because..."或"You merely asserted that ... without providing any relevant examples...""Your policy helps on the minority, the smokers, but what about the majority of the non-smokers who have to inhale second-hand smoke in pubs ..."等。

（5）依据反驳重建原来的论点，如"Therefore...""Therefore, our original argument that... still stands, even in light of our opponent's refutation."等。

这些步骤看起来可能比较机械，并非辩论时必须遵循的模板，但可以帮助辩手们了解反驳和重构论的关键要素，从而让交流更高效。

4. 质询

对方辩手可以根据发言者正在申诉的论点提出本方的观点质询（Point of Information，POI）。很多时候，辩论的质量取决于辩手们提出以及回应质询的水平。通常来讲，质询是一场辩论中最有趣、最生动的部分。质询环节可以为辩手们提供直接互动的机会，从而使辩手们不断完善自己的论证。因此，高效的辩论离不开有效的质询。

比赛阶段提问者提出 POI 的注意事项：

（1）POI 要简短（15秒以内）、切题、机智。严禁针对比赛规则和个人提出问题。

（2）提出 POI 时要从座位上站起来，并举手示意。提问者可以用类似 on that point、

Sir/Madam 的话引起发言者的注意。

（3）发言者可以采取以下方式回应对方提出的 POI：语言拒绝（类似 sorry）、接受提问（类似 ok）。

（4）如果提出 POI 的要求被发言者接受，那么 POI 的陈述要以澄清事实或提出评论为形式，用一两句话在 15 秒内表达出来；如果被发言者拒绝，那么提问者坐回原位，准备下一次提问。

5. 倾听辩论、转述与记录辩论

（1）倾听辩论。倾听是辩论的关键交流技巧。辩手们需要有效而批判地倾听，因为反驳对方的观点需要所有参与者拥有优秀的倾听技巧。辩论中，在第一位发言者之后的每位发言者都必须对前一位发言者的论点提出反驳。而且第一位发言者也需要仔细倾听，以便能够提出质询。积极地倾听可以让辩手批判性地倾听前一位发言者提出的论点，并制定适当的应变策略来加强自己的论证。

（2）转述。转述是辩手应该练习的重要技巧，是简单地用自己的话重申别人的论点。好的转述不是简单地重复前面说话人提出的完整论点，而是对前面说话人提出的主要主张或立场的简明总结。在辩论中，辩手应该默默地转述，以便在心里记下其他辩手所提出的各种论点。辩手反驳时应该避免在发言中花费太多的时间来总结对方的论点，避免不必要的细节（例如重复前面发言者的所有证据），因为反驳的大部分时间应该花在为己方在辩论中发展独特的论点上。在一个论点被不同的发言者反复转述几次之后，通常就足以在总结或反驳的要点中确定论点。

（3）记录辩论。在一场 56 分钟的英式辩论中，参与者有一项艰巨的任务，即追踪双方的许多论点。认真倾听是重要的第一步。然而，记录辩论也很重要。成功的辩手和裁判都要掌握记录笔记的方法，便于跟踪每轮辩手的贡献和整轮对话的发展。

首先，辩手需要倾听每位发言者的关键思想、模式、过渡和其他结构元素。听提示词（"第二"和"第三"等词）、过渡词、主要论点名称以及主要论点的预览和回顾。

其次，辩手需要注意支撑材料。发言者提供的各种证据，如例子、类比、统计数据或其他类型的支持信息。支持性证据往往需要反驳的回应，而辩手如果不仔细倾听，就会错失推进自己论点的机会。

最后，综合所获信息，对主要论点有一个清晰的认识，理解一些用来支持论点的具体材料。

此外，可以使用不同颜色的笔记录正方和反方的争论，或用数字来追踪正方的论点、用字母来追踪反方的论点以便区分双方论点（图 9-7）。当然，辩手可以用自己熟悉的任何速记符号来区分双方的辩论过程。

总之，辩论需要专注地倾听、对重要信息的准确理解和概括，以及笔记的技能。

6. 辩论演讲风格

辩论演讲的风格影响着论点的说服力及观众如何解读这些论点，因此评委们在评判队伍名次和分数时，会同等地考虑辩论的内容和辩论的方式。

辩手在发表辩词时，要有裁判意识、使用即兴的表达。辩手的工作不是给其他辩手留下深刻印象或说服他们，而是确保其论点和演讲对裁判小组来说是清晰而有说服力的。裁判小组的作用是决定辩论的结果，因此辩手应该关注裁判小组，不仅因为他们是评判打分者，还因为他们可能是最容易被说服的人。辩论中，辩手要记得向裁判而不是辩手陈述其论点，如辩手会说 My opponent's argument is wrong，而不会说 Your argument is wrong。在陈述观点的过程中，记住要把所有观点都指向法官，确保法官理解、考虑并相信他们的论点。

GOV1	PM （M） 1. 2.	LO 1. 2. A. B.	OPP1
	DPM 1. A. 3.	DLO 1. A. B. 3.	
GOV2	MG C. 4. 5.	MO 4. 5. E.	OPP2
	GW ★1, C ★5, D ★4, B	OW ★A, 3 ★D, 2 ★E, 4	

注：用数字记录政府的每个新论点，用字母记录反对党的每个新论点。

图 9-7　记录辩论样例

此外，辩手还应练习即席演讲的表达方式。一场辩论只有 15 分钟的准备时间，无法写一篇完整的逐句稿，只能思考论点、例子和理由，并写出发言提纲。提纲可以提醒辩手发言的逻辑性和条理性。

同时，辩手要充满自信，表达要自然，注意说话的音量、节奏、语音语调等，要注意在高效表达中肢体语言的运用（手势、眼神的交流等），语言要口语化、流畅自然、逻辑严密，又不失幽默风趣。驳斥对方的立论、论据、论证时，应揭其荒谬、避其锋芒、挫其锐气。

除了掌握上述技巧，准备工作对于辩论的成功至关重要。辩手们要熟悉有效的研究方法才能查找并评估出对构建论点有益的信息，要养成良好的研究习惯，知道如何选择恰当的信息资源，学习查找信息的正确方法，还要知道如何评估信息本身及其来源。

9.3.2　案例评析

1. "大赛"辩题

本节精选 2017—2023 年"大赛"中的 50 道辩题供读者训练。

（1）Assuming the technology exists, This House Would allow people to sell portion of their longevity to others.（2017年全国总决赛辩题）

（2）This House Would privatize all exams.（2017年全国总决赛辩题）

（3）This House Prefers a world in which individuals are incapable of lying.（2017年全国总决赛备选辩题）

（4）We regret the decline of tightly integrated families.（2018年地区复赛辩题）

（5）We regret the rise of the gig economy.（2018年地区复赛总决赛辩题）

（6）This House Would allow terminally ill patients to access experimental treatments.（2018年地区复赛辩题）

（7）This House Would make all cultural heritage sites free for all visitors.（2019年地区复赛辩题）

（8）This House Believes That China should heavily subsidize its agricultural sector and slow down the urbanization process.（2019年地区复赛辩题）

（9）This House Believes That artists should not attempt to finish other artists' unfinished art works.（2019年地区复赛辩题）

（10）This House Would ban cosmetic surgeries that do not have medical necessity.（2019年地区复赛辩题）

（11）Assuming that another inhabitable planet is found, This House Believes That mankind should prioritize saving the earth from environmental hazard over migration to the new inhabitable planet.（2019年地区复赛辩题）

（12）This House Supports the narrative that "people should be themselves regardless of others' opinions".（2019年地区复赛辩题）

（13）This House Regrets the popularity of superhero movies.（2020年地区复赛辩题）

（14）This House Prefers a world where Artificial Intelligence (AI) is researched and developed by a joint project involving all countries over a world where all companies and countries compete to produce the best AI on their own.（2020年地区复赛辩题）

（15）This House Would ban all forms of advertising for luxury products.（2020年地区复赛辩题）

（16）This House Believes That we should not tell "white lies" for the sake of protecting people's emotions.（2020年地区复赛辩题）

（17）This House Believes That the state should financially incentivize corporations to hire ex-convicts.（2020年地区复赛辩题）

（18）This House Believes That developed nations should pay developing nations to reduce the extraction and consumption of fossil fuels.（2020年地区复赛辩题）

（19）We would rotate the best performing public school teachers to the worst-performing public schools.（2020年地区复赛辩题）

（20）The state would focus economic stimulus packages on businesses instead of individuals.（2021年地区复赛辩题）

（21）We would introduce significant "cost caps" in sports.（2021年地区复赛辩题）

（22）We oppose the rise of influencer economy.

Info slide: Influencer economy is the use of social media influence for selling products, such as streaming shows, promotion in YouTube and Bilibili videos or on Instagram etc.（2021年地区复赛辩题）

（23）Environmentalists should predominantly adopt anthropocentric campaigning strategies.（2021年全国总决赛辩题）

（24）This House Would create medical bodies with the power to prevent individuals in professional sports from continuing their sporting careers (e.g., due to serious injuries).（2022年地区复赛辩题）

（25）This House, as the parents of an averagely intelligent single child, Would educate the child to reach a moderate life as opposed to exhaust all means to be successful.（2022年地区复赛辩题）

Info Slide: For the purpose of this debate, single child refers the only child in a family. And being successful means a wealthy and reputable life in a worldly sense, while moderate life means everything tends to be average and normal.

（26）This House Would impose a cap on the number of graduates from top universities a company can annually employ.（2022年地区复赛辩题）

以下为2023年地区复赛辩题：

（27）We Regret the narrative "win at all costs" in sports.

（28）We Would actively develop AI caretakers for elderly nursing institutions.

（29）We Regret the trend to romanticize vllains in films.

Info Slide: When filmmakers romanticize a villain, they tend to shape the villain in a certain way to make the audience get drawn to the villain.

（30）We Regret the glorification of meritocracy.

Info Slide: Meritocracy is a social system in which people are awarded because of their abilities and achievements, not because of their money, family background, or social position.

（31）As envionmental movements, We Would embrace Climate phlanthropy.

Info Slide: Climate philanthropy refers to the concept of business leaders and philanthropists funding climate-related initiatives, building support networks, using their influence to push for climate solutions, etc.

（32）We Regret the narrative that "people should actively move out of their comfort zone."

（33）We Believe That commercial college admission counselling services do more good than harm.

（34）We Regret the popularity of personal finance influencers.

（35）We Regret the glorification of judging a person by their career success and academic achievement.

（36）We Would tell the present harsh realities of job hunting to college students.

（37）We Believe That major sports events should be held at a fixed country.

（38）We Prefer a world where everyone is born with the same IQ score.

（39）We Regret the rising trend to take an online test to self-diagnose mental health conditions.

（40）We Regret the rise of learning multi languages among the Chinese youth.

（41）We Support the salary history ban.

Info Slide: A salary history ban prohibits employers from inquiring about job candidates' past salary, benefits, or other compensation in any way, including on job applications or other written materials, or during an interview.

（42）We Would provide financial incentives to companies that re-hire retired people.

（43）We Regret the rise of "Buy Now, Pay Later (BNPL)" services.

（44）We Would incentivize the establishment of company towns.

Info Slide: A company town is a place where practically all stores and housing are owned by one company that is also the main employer. Company towns are often planned with a suite of amenities such as stores, schools, markets and recreation facilities.

（45）We Would ban child actors/actresses.

（46）We Regret the increasing trend of producing popular shows featuring neurodivergence as the central theme.

Info Slide: Neurodivergence is a term that describes people whose brain processes, learns, and/or behaves differently from what is considered "typical".

（47）We Would allocate funding to universities based on their Employer Reputation Index.

Info Slide: Employer Reputation is an index that shows how universities are perceived by employers in terms of the employability of their graduates. The Employer Reputation Index is expected to reflect the quality of education provided by universities.

（48）We Support the glorification of start-up culture that encourages people to set up their own businesses after graduation.

（49）We Believe That large multinational companies should be liable for environmental damages associated with their supply chains.

（50）We Support the glorification of start-up culture that encourages people to set up their own businesses after graduation.（2023 年华北地区复赛总决赛辩题）

2. 简析典型案例

限于篇幅，本节只简析两个案例。

案例 1：

辩题来自 2023 年第 25 届"外研社·国才杯"全国大学生英语辩论赛华北地区复赛总决赛，辩题是 We Support the glorification of start-up culture that encourages people to set up their own businesses after graduation.。本节选取了反对党副领袖的发言稿，该辩题辩手金睿祺同学及其队友在本次大赛中获得冠军，金睿祺同学获得"最佳辩手"称号，他在决赛中的表现大放异彩，是英辩爱好者们学习的典范。

该辩论的焦点是价值判断：即推崇人们毕业后创办自己企业的创业文化是否合理，对某些相关和重要的利益相关者是否有益，而不是关于"我们"支持或反对及其影响。

Elon Musk's father owned an emerald mine in Zambia. Donald Trump's father was the only source of funding for his first business. What people are told is that ambition and diligence helps you succeed. The truth is that startups are built upon nepotism, cronyism and the inheritance of privilege.

开篇以两位名人的创业成功案例指出其创业成功的实质：初创公司事实是建立在裙带关系、任人唯亲和特权继承的基础上。

I'm going to do two things in the speech. First, I'm going to prove to you why people be overly optimistic of their likelihood of succeeding in a startup. Second, I'm going to tell you about the devastating consequences of failure for the future lives of young individuals and why that outweighs any sort of potential impact on gaining new technology or more innovation in the society.

判断标准：证明为什么人们对创业成功的可能性过于乐观；失败对年轻人未来生活的毁灭性后果；为什么这种失败的影响更严重。言简意赅。

Before that，let's just do a reality check on what opening government has offered us. What does this glorification actually look like in the status quo? It looks like people like Elon Musk, Steve Jobs, Mark Zuckerberg having their autobiography published and read all across the world. It looks like these people being glorified as geniuses, as the most talented, brilliant minds in our society. It looks like TV shows like *Shark Tank* where lots of random people just present their ideas and somehow can gain an investor that supports them. The startup culture also exists primarily in the tech sector because the Silicon Valley is where it originates, so all of these things often require lots of initial capital and you need a venture capital or your own family to be wealthy enough to support you to start something like that, where you have a reasonable chance of success.

认清现状，指出创业需要大量的初始资本、一笔风险投资或家庭足够富有。

Firstly, I would note crucially that glorifying success in this case does not mean tolerating failure. So perhaps it has some marginal impact on how the society views people who have, you know, started their own companies and failed. But the emphasis is placed on how glorified these people who start up their own companies and succeed are, not that those who fail are still worthy of our attention. So, given that, the first thing I'm going to prove is that people will be overly optimistic about their likelihood of success, which necessarily means their chance of failure is significantly greater on side Gov. As we've told you, young college students are incredibly ambitious. They are frustrated with their normal lives. They find it boring. They want to change the world, which is why without thinking it through, without examining their capacity, their knowledge, their networks, they start businesses that are destined to fail.

Second, the survivorship bias. You only hear stories of success on social media, not just because they're most sensational, but because it's the successful ones that tell you about their past. It's the successful ones that have the right to publish their stories on social media and control hegemonic discourse.

Third, it's about the idols and role models you're exposed to since your childhood. These celebrities that are successful entrepreneurs that you look up to and want to become emotionally.

Finally and crucially, the successful people never emphasize their privilege. They emphasize their diligence. They think that if they can do it, you can do it too. But the reality is you definitely cannot without a wealthy father who's going to fund every business attempt you have.

指出存在问题：①人们会对自己成功的可能性过于乐观，年轻的大学生没有经过深思熟虑，没有审视自己的能力、知识和网络，这必然意味着他们失败的机会要大得多；②生存偏差；③偶像和榜样的盲目激励；④成功人士只强调自己的勤奋，从不强调自己的特权（富有的父亲）。

All that indicates that for the average individual, success in a startup is very very rare and almost impossible. OG's response to this is there will be policy support because when people believe in startup culture, government will start supporting start up culture.

Two responses. One, this is not true. Most startups empirically still get funding from venture capital due to their own connections or get funding from their families and friends who are wealthy enough. But the structural reason for this is twofold. One is that the government has a very limited budget and tons of other priorities, like paying for social welfare, things like medicare, things like unemployment benefits. All of that, especially in their post pandemic context where the government is literally short on money, there's no reason why they spend millions of dollars on college projects that are just destined to fail. Secondly, there's no political incentive to do so because the crucial audience here, the college graduates are the young people who often are apathetic towards politics. They're the young people who don't vote. So there's no reason why politicians have to appeal to their interests, subscribe to their culture, watch the shows that they watch and believe in the things that they believe in to get popular and to actually get elected. So, no, this isn't a voting issue.

It's unclear why government will support this. But the second response is, even if the government does have some support policies, this will still be subject to the precisely the same reasons we gave you. So this will still be subject to exaggeration and survivorship bias on social media, such that your optimism results in you overlooking the potential harms and focusing on the benefits. So all that indicates that the likelihood of failure and the number of people who fail are significantly lesser on our side.

得出结论，强调论点：对于普通人来说，创业成功是非常罕见的，几乎是不可能的。接着反驳正方提出的"将提供政策支持"的观点。首先，基于现实和经验，指出这种观点不正确，其次，缺乏政治动机。

Why is failure bad then? First, on an individual level, it's not the narrative that matters in terms of how the society treats the individual. It's the practical consequences that matter. Young people might be forgiven by the public. They will not be forgiven by people who have lent them tons of money and now see that money go to waste. So there are three things that can happen. One, when you take out loans and debts from the government or venture capital firms and you're unable to pay it back, your credit score decreases. Governments are going to tell your future employers about this. It's going to be much harder for your future well-being. Second, when you take out loans from your families or your friends, then it worsens your life quality when they're broke and you lose credibility to them, too. Third, when you take out loans from informal channels, which are often the only ones accessible to the average individual, that is the most dangerous because you get saddled in increasing amounts of debt.

Finally, a traumatizing experience can have lasting consequences on the mental health of an individual in the long run. So it's things like substance abuse that people turn to as a result of seeing something they've worked on for 5 years just fail miserably, seeing their life lose purpose at these point that people turn to alcohol and drugs or even suicide. All that means that the person that fails is not going to see the world in a better light. They're going to be saddled in debt and lose credibility and have all sorts of issues. But for the society, even if the sort of policy they want to believe in does exist, then lots of governmental support are simply going to waste when we can use all that money and direct them towards better purposes, towards more productive ventures, towards social welfare that actually helps people on the ground. That is the impact in this debate OG never bothers to deal with. So a random stranger might forgive you, the person who has given you tons of money will not.

考虑原则和结果：从个人、社会和家庭三个层面论述创业失败对年轻人信用、生活、家庭和心理的重要影响和严重后果。

Finally, let's weigh this against all of their impacts. One, on startups, you can still start your own company after you work in corporate for several years, because that's precisely the point where you have accumulated the knowledge, experience and networks that are necessary for you to succeed. That is also the point where even if you fail, you don't have financial pressure. As an example, like the founder of ofo, a Beida [Peking University] graduate who lost everyone's money and ran away, is a terrible example for gov. side. The founder of Xiaomi, Lei Jun, who worked in Jinshan[Kingsoft] and as an executive for decades, is the sort of actual entrepreneurship that is productive for society. But secondly, we told you that privileged people can start startups anyways, even absent this narrative. Finally, we told you innovation and startups are not necessarily good when they're profit-driven. When platforms like TikTok, Facebook and Instagram are literally the reason why most American teenagers are depressed, that's the point where startups lose their value.

For all these reasons. Oppose.

最后，以相反的案例提出解决办法，再次强调己方论点。

案例2：

辩题来自2017年第19届"外研社杯"全国大学生英语辩论赛全国总决赛，辩题是This house would abolish marriage and allow individuals to create their own customized relationship contracts enforced by the state. (These contracts could allow more than two parties, set a time limit or condition for ending the relationship etc.) 该辩题是政策类，辩论的焦点不是政府是否能在现实中废除婚姻，而是我们是否应该废除婚姻，允许个人创建自己的定制关系合同并由国家来强制执行（这些合同可以允许两方以上，设定终止关系的时限或条件等）。下面分别阅读正反方的发言稿，学习分析辩题和构建辩论框架的思路。

（1）正方/政府方（Proposition Case）。

首先，描述当前社会婚姻的现状：婚姻就是终身一夫一妻制的定义过于狭隘，任何违背这一制度的行为都是违法的，都被社会所厌恶。

接着，正方团队从两个方面来探讨这一辩题。第一，现行的婚姻制度是对个人追求幸福的阻碍；第二，定制关系制度能够更好地保障当事人的权益和幸福。

1）Why is the current marriage system a hindrance to individuals' pursuit of happiness?

① The current marriage system denies people's pursuing other forms of intimate relationships within the context of the law.

In human life, it is very natural for people to desire diversified intimate relationships other than the marriage relationship for their own reasons. For example, some individuals are not willing to get married because they are scared of the responsibilities they have to shoulder and the troubles they might have to tackle under the current marriage system. Some individuals want to have a trial period before establishing a long-term relationship because it enables them to know each other better. Some individuals yearn for the relationships involving more than two parties, or the relationship only for bearing children, or other needs-based relationships. For all these individuals, although the currently defined marriage relationship is not what they desire, they still hope to gain happiness as well as legal protection of their rights and interests in an intimate relationship. Unfortunately, the current marriage system does not provide for alternatives, posing a dilemma for them. They will either seek legal protection by stepping into the exclusively recognized marriage relationship reluctantly or stay in the unprotected relationship. No matter what their final choice is, they inevitably have to sacrifice either freedom or interests, failing to achieve true happiness they long for. The opposition bench may argue that the current marriage system allows people to set up provisions in prenuptial contracts to meet individual needs and it also does not exclude LGBT groups. However, the fundamental principles as well as the basic rights and obligations described in the marriage law can never be altered, and thereby the diversified relationships and various needs will never be admitted or satisfied under the current marriage system.

② The current marriage system creates an ideology of discriminating other forms of intimate relationships.

Ever since the first *Marriage Law* was introduced, its narrow definition of monogamous relationship for life has been telling people that any relationships other than the defined monogamous relationship are deviant and frown upon by the society. As a result, people seeking their desirable relationships will unavoidably suffer from great pressure from their parents, relatives, friends, colleagues, neighbors, and so on, feeling isolated in society. The opposition bench may argue that it's not because the marriage regime has been spreading the message to the society but simply because the minority voice of seeking other types of relationships is not accepted by the country's mainstream culture. However, looking back in history, group marriage, dual marriage, polyandry and polygamy do exist and gain social acceptance in their times. Why are these relationships rejected by people nowadays? It is precisely because the interpretation of the modern marriage system that strengthen the sole acceptance of monogamous relationships. And it can also be concluded that the social concept of discriminating any intimate relationships other than the monogamous relationship will not be truly subverted, as long as the current marriage system exists. Accordingly, it is hardly for individuals pursuing the diversified relationships to be free from the stress imposed by the social bias. It is not uncommon for them to yield to social consensus, giving up the pursuit of happiness they desire. Sad to say, in either case, they can't live very easily and happily.

2) Why can the customized relationship system better ensure parties' rights, interests and happiness?

① Which functions better in building a satisfactory intimate relationship, the individual's freedom of choice or the State's uniform enactment?

A. Since a customized relationship contract allows individuals to involve more than two parties as well as set any limits and conditions, it affords them a chance to design any possible intimate relationship patterns they are eager for. Compared to the marriage law enacted uniformly by the State, it will surely show more humanized care and bring a more happy feeling to individuals. The opposition side may argue that if the freedom of choice is given to individuals, it will cause the chaos of intimate relationships and consequently lead to serious social problems. However, this is just an assumption with no evidence. The government side can start from justifying the freedom of choice. The threshold for freedom is clear: one can do all one intends as long as there is no third party harm. When individuals are free to choose the relationships they favor, there is no need for hurting the third party. The opposition bench may cite children as the third party example, arguing that children will be hurt for they can't bargain when they are unborn or still young, but the government bench can advocate that by including the provisions about how to deal with the problem of their future children in advance, individuals are able to protect the children from harm. The issue of third party harm can also be proved from the opposition angle. In the current marriage system without alternative choices, there is a higher tendency of third party harm. For example, marriage of convenience by homosexual pretending to be heterosexual would likely hurt the innocent marriage partner, which demonstrates how importance the freedom of choice is in establishing a happy intimate relationship. Of course, the government bench can also reinforce this point by setting the precondition of a customized relationship contract as no third party harm. Going back to the issue of social problems the opposition bench concerns. Since there is no clear evidence showing that the freedom of choice will cause the third party harm, the only problem left is the acceptance of diversified intimate relationships. Just like our concepts about intimate relationships can shift from the polygamy to the monogamy due to the enactment of the modern marriage law, it is believed that we will accept the notion of diversified intimate relationships with the enforcement of customized relationship contracts by the State. Once people admit the justification of diversified intimate relationships, they won't think this diversification as chaos and hence adapt to new situations by developing solutions to all possible problems. Moreover, since it is very natural for people to have diversified needs, what a responsible government should do is to understand people's needs and carry out a policy based on the research of possible problems and establishment of corresponding solutions, building a more inclusive society, in which people will achieve their desirable happiness, thereby having higher motivation for making contribution to society.

  B. Concerning the establishment of an intimate relationship, it is difficult to imagine how a State could possibly devise and implement solutions aimed at personal woes. People are unique and each has their own set of problems. A State acts in a generic manner and thus would hardly be flexible enough to cater for all kinds of problems. In contrast, individuals can create a customized relationship contract based on their own needs and profits, and hence it can be private and peculiar, which is helpful for all parties to find out satisfactory solutions to reach a settlement when there are problems and conflicts. Although the clauses in customized relationship contracts won't succeed in all instances, compared to the uniform articles in the current marriage law, the personalized provisions in customized relationship contracts are still more practical for individuals to protect their rights and interests, boosting their satisfaction and happiness in intimate relationships. The opposition may argue that provisions involving crucial rights and obligations has been available in the marriage law. However, the particularity of an intimate relationship requires more personal and detailed clauses to help individuals cope with their private problems. For example, in the marriage law, it is written that the couples have the mandatory obligation of financially supporting each other (even the prenuptial agreement can't violate the principle). However, if a spouse really doesn't wish to support his partner for his own reason, like the worry of his partner's marrying him for money, in this case, his expectation is unachievable within the marriage law, while it is surely possible for him to set the condition in a customized relationship contract.

  ② Which functions better in protecting people's rights and interests, including "irrational" people and "vulnerable" groups , the customized relationship system or the current marriage system?

  As previously noted, the customized relationship system can better protect people's rights and interests because it provides them a chance to define their personal rights and interests in customized contracts. Take the cases of "irrational" people, "vulnerable" groups like women as examples.

  As to the "irrational" people, the opposition may argue that most people commit to a intimate relationship for love, thereby increasing the risk of making irrational choices. Even if it is true, the government still think it is better to prevent them from making irrational choices rather than put them into the trouble of bargaining for their rights and interests. In other words, if carrying out the policy, people in society will come to realize it is their own duty to write provisions in their own customized relationship contract. Instead of relying on the State's enactment, they will learn to be sensible and considerate, working outing beneficial conditions to defend their own rights and interests.

As to women, the opposition may argue that women are always in an unequal position and will sign an unfair contract when entering into a relationship, therefore they need to be protected by the marriage law. However, the government believes that the customized relationship system will better help women became invulnerable than the marriage system. Under the customized relationship system, women are given a lot of options. They can refuse child bearing in an intimate relationship, freeing themselves from the burden of child raising so that they can pursue their career without distraction and consequently improve their socioeconomic status. With the advancement of socioeconomic status, women will enjoy more equality in a relationship, creating a positive cycle to help themselves win rights and interests. On the contrary, under the marriage system, the vast majority of women still have to carry the burden of child bearing and raising, struggling for the balance of career and family life, or becoming a full-time housewife. In the former situation, they will very likely give up the opportunities of career development and income increase. In the latter situation, they will be financially dependent on their husbands. Therefore, it is harder for them to get an equal say in fighting for rights than under the customized relationship system. Of course, under the customized relationship system, women can also choose to have children, but the situation is very different from that under the marriage system. Women can set private and particular conditions in contracts, getting rights and interests they expect, which are not attainable under the marriage system due to its rigid principles. The opposition side may argue that the prenuptial agreement can function very well, but the government side can rebut that even the prenuptial agreement is not allowed to violate the basic principles in the marriage law.

All in all, the examples of "irrational" people and "vulnerable" groups like women clearly illustrate why the customized relationship system can better ensure stakeholders' rights and interests.

（2）反方/反对党派（Opposition Case）。

反方团队从两个方面来探讨这一辩题。一方面，国家不需要用定制合同来取代婚姻（即命题所预设的现状不存在），另一方面，如果实施该政策，谁的利益会受到损害？

1）Is it necessary for the State to carry out this policy?

The proposition side may argue that current marriage system is a problematic restrictive thus hinders people from pursuing diversified relationships.

Nevertheless, diversified forms of relationships are compatible with the existing marriage system and people with special needs are allowed to enter into legally enforceable contracts alongside their marriage. For example, when individuals are seeking for a multi-party relationship, options like an open marriage or multi-party cohabiting are available under the current system. Those seeking for polygamy are frown upon by the society is not due to current marriage system. It's simply because the minority voice is not accepted by mainstream culture and apparently not influential enough to change the current institution. It has been proved that the forms of marriage can be diversified if it's necessary. The legalization of gay marriage in an increasing number of countries is one example. So current marriage system does not exclude LGBT groups. Also, differentiated prenuptial contracts are allowed. People can set up provisions and clauses to satisfy individual needs in a relationship.

2）Why can't the institution of marriage be replaced by customized relationship contracts? Whose interests are involved?

Prior to answer the question, it has to be clarified that how the current system of marriage is different from a regime of relationship contracts. In the existing institution of marriage, the State enacts laws relevant to citizens' crucial rights and interests, to govern their relationship; while contracts allows individual to make laws by themselves and in any form they wish. Namely, committed relationships would be left anarchic. Citizens' rights and interests primarily rely on how much advantage they can take when bargaining with the other party. Here comes the question: why is the institution of marriage better than a regime of customized contracts? The answer can be analyzed from three groups of stakeholders: irrational people, vulnerable group, and the children.

① Which institution can better protect irrational people who are the majority when entering a binding relationship?

A. People are irrational in a committed relationship.

When committing to a relationship and a family, most people make the choice based on love or affection towards their partners. It's typically at a time of optimism, a time of heady romance. Decision-making is based on personal affection that is definitely subjective with a great chance to be temporary. People cannot make rational choice when the choice is associated with their romantic feelings. It is hard to think of one's partner as a potential adversary at precisely the time one is about to make a binding contract with them.

B. Irrational citizens' interests can be jeopardized in the regime of relationship contracts. If signing a contract is the only option to enter a legitimate relationship, provisions concerning individuals' critical rights and interests would be completely relied on their irrational decision. Consequently, they cannot be able to foresee the potential problems or bargain the best of beneficial provisions and clauses for themselves. Even worse, Irrational individuals would surrender fundamental rights in a heady romance, such as rights of property, custody, and would approve unfair provisions.

C. On the contrary, under the institution of marriage, provisions and clauses relevant to marriage are objective and impartial to both parties, thus irrational people's rights and interests are safeguarded by the State. Provisions involving crucial rights are first drafted by experts and then sent to congress—which represents all the voters in a country—to be scrutinized with thorough discussion and debate, and finally to get approved hence can be written in the law. That's the reason why the institution of marriage can be fair and impartial.

② Which one can protect vulnerable groups?

Vulnerable groups are contracting parties who are in an unequal position when they enter into a contract. In most cases women are the typical ones. Their inequality in both the relationship and labor markets puts them at a disadvantage when bargaining about the terms. The proposition bench may argue that contracts are built on the freedom of choice thus people are not forced to sign them. However, when signing a contract, some do not enjoy an equal say as the other party. If they want to build up a committed relationship, signing the contract is the only option even though the provisions are unfair. It's especially true for women in rural areas surrendering to social pressure or for those in need of a legal citizenship for their unborn baby. They would be coerced to a committed relationship and have no leverage when signing contracts. In this case, an unequal contract offers them no protection but harm. In contrast, under the institution of marriage, relevant laws and regulations guarantee those vulnerable citizens' interests and rights even in the worst scenario. They don't have to bargain for their interests when they are in disadvantages, for the State takes care of them.

③ Which one concerns children's rights and interests?

Provisions and clauses in a customized contract are decided based on the consent of two parties yet rights of the third party, in this case the children, cannot be secured. The opposition bench can dive into the notion that marriage better protects children than relationship contracts. For example, the opposition side can argue that as an institution applied to the majority of citizens, the system of marriage prioritizes children's rights in laws and regulations. Yet their rights are excluded in a customized contract since they do not even exist when the contractual parties enter to a contract and they cannot bargain for terms to secure their rights. Duties and clauses concerning children are set by contractual parities for their own interests, not the children's. Once problems exist, their interests would be periled, like child and adolescent abuse, or custody dispute when a relationship breaks up, or inefficient financial support for a child. To ameliorate this argument, the opposition bench can further illustrate how children are vitally involved in people's binding relationship and the society's well being. This argument can also be elaborated from the perspective of the State's role.

9.3.3 成为优秀辩手

辩论是一场知识与反应能力的较量，是一种果断的交锋与取胜。中美两国的哲学家都强调过道德和正义在辩论与演讲中的重要性。辩手们不管是在比赛还是训练中，都要注意自己的言行和修养，从而提高辩论的水平。

1. 尊重他人，团结协作

团结队友，听取不同意见，在语言和肢体动作上尽力展现自己的尊重，在辩论中追求思想的交锋，而不要发起人身攻击。同时，要尊重裁判，可以就辩论结果与裁判进行交流，改进自己论证和推理的方式。

2. 丰富知识，善于倾听

辩手要加强学习和研究，博览群书，拓宽知识面，熟悉社会热点话题，有深厚的文化底蕴。在辩论中，要愿意倾听、善于倾听，包括倾听队友和倾听对手，能归纳总结其观点，并清晰而有力地论证自己最有力的观点。

3. 研究对手

熟悉对手，知己知彼。充分设想对手可能使用的论点、论据、思路、弱点等，并研究如何对这些进行有力的反驳，反驳时，要抓住要害，一语中的。

4. 讲好故事

人们喜欢故事，崇拜善于讲故事的人。设计一个切合自己观点的精彩故事，讲好该故事，让听众成为你演讲的一部分，引起观众的共鸣，启发其思考其中的价值观。

5. 挣脱困境

当你遇到一个出色的对手时，可能会陷入两难境地。对对手的观点未能做出有力的反应可能令你错失良机，甚至因此挫败。要使用简短幽默的语言来缓和或消除对手策略的影响。

6. 掌握事实

不正确的统计数据和错误的日期可能会给对手提供机会，要把所有东西都整理好并与队友交叉检查，确保用正确的事实进行辩论。

7. 表达清晰

语言表达能力可以说是一个辩手进行辩论的基础。辩手能够流利并思路清晰地进行7分钟的论述，并善用语言的节奏、停顿、音高和语调配合体态语表达出自己的情绪和真实感情，生动简洁地描述生活中的事件，重点突出、思路明确。因此，作为辩手，平时应加强语言表达训练，提高表达能力。

8. 应变迅速

辩手在比赛中随时可能遭遇意外情况，如何做出反应使局面得到控制或者扭转，就依赖他们的应变能力。在赛场中，优秀的辩手发言时能充分支持自己观点并对对方观点做出一定的有效攻击，能准确把握双方的论证方向并从中梳理出较清晰的逻辑线，能带领队友调整战术并变更论证、反驳的重点。辩手要有过人的应变能力，做到在赛场上临危不乱，且对比赛有整体把握并且有全局观。当然，应变能力是辩手最难培养的一项素质，有不少性格和天赋因素。

本章重点介绍了"外研社·国才杯"全国大学生英语辩论赛，并扼要概述了英式辩论赛的准备技巧及三个案例分析。限于篇幅，本章没有讨论有关论点、论据、论证、谬误等知识以及每个发言者如何就某一辩题展开辩论的具体策略与技能。因为这些技能需要日复一日地学习和积累，而辩论是辩手围绕辩题展开的一种综合能力竞赛，双方辩手凭借自己的能言善辩，凭借自己的思维能力和相关知识获胜。要想在辩论中胜出，辩手要养成良好的阅读和思辨的习惯，拓宽知识面，提高自己的表达能力和演讲的水平。

第 10 章
商务英语类竞赛

📖 本章导读

商务英语各类竞赛通过以赛促教、以赛促学的途径与方法，在提高学生专业英语知识水平的同时，重点培养学生广阔的国际视野、专业的国际商务知识与技能以及西方企业管理的基本思想。本章主要通过介绍全国高校商务英语竞赛、"亿学杯"全国商务英语实践技能大赛以及"学研汇智杯"全国高校商务英语综合能力大赛的内容、赛制和要求，帮助读者认识和了解各类商务英语竞赛的特点，并掌握不同类别的商务英语竞赛的备赛技巧等。

📝 本章要点

- 全国高校商务英语竞赛比赛要求
- "亿学杯"全国商务英语实践技能大赛比赛要求
- "学研汇智杯"全国高校商务英语综合能力大赛比赛要求
- 备赛与应试技巧
- 典型例题解析

10.1 认识商务英语各类竞赛

商务英语各类竞赛坚持"以学生为中心、以商务情景应用为导向"，为商务英语专业学生提供一个展示英语语言应用能力、商务知识与技能专业能力、商务实践能力和综合素养的舞台。商务英语各类竞赛的开展有助于培养商务英语专业人才的实践能力，充分体现商务英语"跨"的特性，即跨学科、跨专业、跨课程、跨场景、跨文化和跨技术等，同时也为国家发展储备合格的商务英语人才，在国际商务交流活动中传递中国文化自信。

10.1.1 认识全国高校商务英语竞赛

全国高校商务英语竞赛由高等教育出版社、中国对外贸易经济合作企业协会指导，中国对外贸易经济合作企业协会商务英语专业工作委员会主办，自 2017 年以来已成功举办了七届，历届大赛共吸引了来自北京大学、清华大学、浙江理工大学、中国科学技术大学、厦门大学、上海师范大学、湖南人文科技学院等全国各地1700多所参赛院校共同参与，参赛人数和影响力也逐年提升。

全国高校商务英语竞赛旨在为贯彻落实《高等学校外国语言文学类专业教学质量国家标准》，激发大学生学习英语的兴趣，促进当代大学生英语能力发展，通过以赛促教、以赛促学的途径与方法，促进英语教、学、测协调发展，为当代大学生搭建教学成果交流和学生风采展示的平台。在提高学生专业英语知识水平的同时，重点培养学生广阔的国际视野、专业的国际商务知识与技能以及西方企业管理的基本思想。帮助学生了解国际商务活动规则，具备较强的跨文化交际能力。

该项赛事比赛时间约为每年5月，竞赛内容主要是考察基础词汇、语法与商务知识，商务知识涵盖了商务谈判、商务礼仪、跨文化交际等。参赛对象为全国本科及高职高专院校在校学生，不限专业。大赛分为初赛和决赛两个赛段，设专业组和非专业组两个组别，每个赛段中专业组和非专业组的竞赛试题相同。每个赛段分开评奖，初赛获奖率为50%，决赛设置了高额奖金。竞赛奖项包含参赛选手奖项、指导教师奖项、院校组织奖项。

1. 竞赛赛制

本竞赛分为初赛和决赛两个赛段，每个赛段中专业组和非专业组的竞赛试题相同。

（1）初赛：采取线上闭卷答题形式，参赛选手可根据自身情况在教室、宿舍、家中等地方进行。初赛可同时支持电脑、手机、平板、手机微信端等登录形式。本赛段比赛用时60分钟。内容涵盖基础词汇及短语，全部采用客观单项选择题型，共50题，满分100分，由计算机自动阅卷判分。

（2）决赛：采取线上闭卷答题形式，参赛选手所在院校有赛点的选择本校赛点，按赛点指定的时间和地点参赛，答题设备由赛点提供或按赛点要求自行携带。参赛选手所在院校无赛点的选择线上赛场，按线上要求选择比赛场次，自行安排场地参赛。本赛段比赛用时90分钟。内容涵盖听力、商务知识与词汇等，全部采用客观选择题型，共100题，满分100分，由计算机自动阅卷判分。

2. 竞赛奖项

参赛选手竞赛成绩在所在组内排序分别计奖，当竞赛成绩相同时，依据答题时长排序，用时短的排序在先。

（1）初赛奖项：初赛各组别分别设置一、二、三等奖。各奖项的获奖人数为该组别参赛选手总人数的10%、15%、25%。当获奖人数计算结果出现小数时，按四舍五入法取整数计算。获得初赛一、二、三等奖的选手均可获得由竞赛主办单位颁发的电子版荣誉证书，未获得初赛奖项的将获得电子版参赛证明。

获得初赛一、二、三等奖的选手均可晋级决赛。初赛成绩为60分（含）以上的参赛选手，可自愿向竞赛主办单位缴费申领由中国对外贸易经济合作企业协会颁发的"国际商务秘书"证书或"外经贸业务员"证书。

（2）决赛奖项：决赛各组别分别设置特等奖和一、二、三等奖。其中特等奖获奖人数为 10 名，一、二、三等奖项的获奖人数分别为该组别参赛选手总人数的 5%、15%、25%。当获奖人数计算结果出现小数时，按四舍五入法取整数计算。

特等奖根据排名颁发奖金、证书和奖杯，第 1 名奖金 2000 元，第 2 名奖金 1000 元，第 3 名奖金 500 元，第 4～6 名奖金 300 元，第 7～10 名奖金 200 元。决赛所有获奖选手均可获得由竞赛主办单位颁发的纸质荣誉证书。决赛成绩为 60 分（含）以上的参赛选手，可自愿缴费申领由中国对外贸易经济合作企业协会颁发的"高级国际商务秘书"证书或"高级外经贸业务员"证书。

3. 竞赛的组织和管理

全国高校商务英语竞赛的指导单位是中国对外贸易经济合作企业协会和高等教育出版社，主办单位为中国对外贸易经济合作企业协会商务英语专业工作委员会，初赛和决赛由各赛点院校承办。据了解，全国高校商务英语竞赛已经在全国各省设立了超过两百个赛点。该竞赛由"我爱竞赛网"提供技术支持，关于竞赛的各项信息和获奖查询均可由考生自行登录大赛官网进行查询。该竞赛为收费比赛，参赛选手每人收取 28 元报名费用。

10.1.2 认识"亿学杯"全国商务英语实践技能大赛

"亿学杯"全国商务英语实践技能大赛是由福建亿学教育科技集团筹办的全国性商务英语学科技能竞赛，大赛权威性高、辐射面广、影响力强。截至目前已连续举办五届，成功组织竞赛 70 余场，覆盖全国 30 多个省／直辖市，辐射学生近十万人，此项比赛已经成为众多院校商英学子的一门"必修课"。

大赛秉承"以赛促教、以赛促学、以赛促改"的精神和"理论与实践相结合"的赛事理念，旨在通过竞赛考核学生商务知识、实践技能、跨文化知识、人文社科和跨学科综合知识等方面的文化储备，培养学生对于理论知识的应用能力，鼓励当代大学生立足企业和社会的可持续性发展，关注社会热点问题，激发大学生创新思维，引导大学生投身实践，激励大学生学以致用、知行合一，促进高校全英商务课程理论和实践相结合，培养全方位发展的综合型人才，为企业吸收高素质人才打下坚实基础。同时，大赛为校际间师生以及企业间搭建了很好的交流平台，也为当代大学生绽放自我、展现风采、服务国家提供了新平台。

1. 大赛赛制

"亿学杯"全国商务英语实践技能大赛时间约为每年 4—12 月，参赛选手须为报名院校全日制在籍本科学生（商务英语及相关专业），各普通高等学校商务英语及相关专业学生均可报名。赛项为团体赛，每所报名院校选派 1～2 支参赛队伍，每个参赛团队由 3～5 名在籍学生及 1～2 名指导教师组成。参赛院校不足 10 所的省／直辖市将由组委会统一安排与其他数量不足省／直辖市合并办赛。

大赛分为校选拔赛、省/区域复赛和全国决赛三个阶段；采用"平台知识竞赛+商务主题演讲"形式完成，主要考核学生的商务英语理论基础知识、实务操作、演讲等商务综合技能。校赛由各学校自行组织，各校至多推荐两支优秀团队进入省/区域复赛；复赛由组委会指导承办单位协作完成，并遴选优秀的队伍晋级全国决赛；各省/区域复赛、全国决赛形式根据情况另行通知。本科组设总冠军1名，一等奖、二等奖、三等奖若干；另设个人奖两项，分别为现场最佳风采奖1名和平台最佳表现选手奖1名。以上获奖团队及个人均会发放奖金及荣誉证书。

（1）校选拔赛：由参赛院校自行组织，比赛形式和内容由各参赛院校自行安排。指导教师也可根据赛事通知联系赛事技术支持人员开通竞赛练习账号，通过平台答题形式进行校内选拔。竞赛时长为90分钟，由系统自动评分。各参赛院校根据校内选拔成绩综合考量后组建队伍，并在报名时间截止前完成选手信息报送工作。

（2）省/区域赛：各参赛院校须按照大赛组委会的要求在大赛官网填写符合条件的参赛学生信息。本阶段竞赛由云平台测试和演讲视频两部分组成，均通过线上进行，竞赛时长为90分钟，录制演讲视频时长不超过8分钟。大赛组委会于每年报名完成后公布演讲主题，各参赛队伍根据组委会公布的主题，进行企业考察与数据采集，制作相关PPT，并录制演讲视频，队伍所有选手均需参与展示，通过赛事官网作品上传通道进行提交。提交文件内容包括：演示文稿（PPT），要求全英文，包括音乐、视频以及字体；演示视频，要求展示项目研究目的、实践过程及研究结果，限时8分钟；参赛选手学生证扫描件，扫描件须含有学生照片、学生姓名、所在学院盖章。提交的视频要求图像与声音清晰、无杂音，为一个完整的演讲视频文件，不得进行编辑、裁剪等加工处理。视频格式支持MP4、AVI、WMV，大小不超过600M。在上传截止期前，每支队伍有3次修改机会，可对上传的视频及PPT进行替换，截止期限后上传通道自行关闭，逾期提交不予受理。组委会将邀请专家组成评审团，对演示视频和项目概述进行打分。所有参赛队伍的最终成绩=云平台竞赛成绩×50%+PPT演讲视频展示成绩×50%。

（3）全国决赛：决赛由半决赛和总决赛两个环节组成，通过半决赛选拔出9支队伍参加总决赛。

1）半决赛：参赛对象为各省/区域赛晋级队伍，半决赛由承办院校安排竞赛场地。所有晋级院校抽签分3组同时进行比赛，竞赛模式与省/区域赛一致，分为云平台测试和现场比赛两部分。各组根据队伍总成绩晋级3支队伍进入总决赛，晋级总决赛队伍数量为9支。

2）总决赛：参赛对象为半决赛晋级队伍和总决赛承办院校。竞赛地点由总决赛承办院校安排竞赛场地。参赛队伍总成绩=软件平台测试平均分×50%+现场比赛得分×50%。

2. 大赛奖项

（1）校选拔赛奖项：各校根据报名选手数量，分别设置一、二、三等奖获奖人数和比例，由学校颁发获奖证书。最多选出前 10 名参赛选手组队，代表学校参加下一轮比赛。

（2）省/区域赛奖项：竞赛为团队赛，以实际参赛队伍总数为基数，根据参赛院校队伍成绩的高低顺序，按照 10%、30%、60% 的比例颁发一、二、三等奖。荣获一等奖的队伍晋级"亿学杯"全国商务英语实践技能大赛本科组决赛，每所院校至多晋级一支队伍，如同一所院校两支队伍均获得相同奖项，则由成绩较高的队伍晋级决赛，另一晋级名额由下一名队伍递补。

（3）全国决赛奖项：按照竞赛院校团体成绩的高低顺序，评选总冠军 1 名，其余根据区域赛晋级队伍数量 30%、70% 的比例评选一、二等奖，半决赛未晋级队伍为三等奖。另设现场最佳风采奖（个人奖）1 名，平台最佳表现选手奖（个人奖）1 名。以上获奖团队及个人均会发放奖金及荣誉证书。

10.1.3　认识"学研汇智杯"全国高校商务英语综合能力大赛

为了庆祝建党一百周年，高校英语专业的教学与发展在新时代、新契机的背景下正迈向更加辉煌的发展进程。作为大学英语专业核心课程之一的商务英语，不仅承担了新形势下的人才培养与输出的压力，同时也面临着与社会发展实际需求相结合这一深层次的客观要求。基于对如何帮助商务英语专业高品质、高效率输出实用性人才的多维思考，由中国国际贸易学会联合北京学研汇智网络科技有限公司主办的首届"学研汇智杯"全国高校商务英语综合能力大赛应运而生。2021 年首届大赛以"'一带一路'连接世界，商务英语筑梦中国"为主题，2022 年第二届大赛以"振兴家乡，助力有我（讲好中国故事，让世界听见家乡的声音）"为主题，2023 年第三届大赛以"商务英语塑品牌，踔厉奋进新时代"为主题。该赛事以培养学生英语应用能力、跨文化交际能力、商务话语实践能力、思辨与创新能力、行业实践能力和"商务+英语"的复合型能力为目标。大赛在全国分设多个赛区，首届大赛吸引了全国 20 多所高校参加。

该项赛事旨在贯彻落实《普通高等学校商务英语专业本科教学指南》《高等职业学校商务英语专业教学标准》，践行立德树人初心，牢记"为党育人，为国育才"使命。大赛坚持"以学生为中心，学以致用知行合一，校行政企深度融合，产学研用协同创新"的理念和"以赛促教、以赛促学、以赛促改、以赛促建"的原则，搭建"把握学科动态，分享教学成果，交流教育心得，展示师生风采"的平台，推动商务英语专业建设，促进产教融合、校企合作与产业发展；深化教学改革，促进产教融合、提高人才培养质量，推动商务英语教育迈进高质量内涵式发展新时代。

1. 大赛赛制

"学研汇智杯"全国高校商务英语综合能力大赛目前已成功举办两届，大赛时间为每年 4—12 月。大赛采用校级初赛、省级复赛、全国总决赛三级赛制。全国各高等院校英语、商务英语、国际经济与贸易等相关专业（或方向）在校本、专科学生均可参赛。

校级初赛由各院校自行组织，省级复赛和全国总决赛由大赛组委会统一组织。全国总决赛现场由微视频作品模块（20%）、短剧剧本模块（20%）、短剧表演模块（40%）和问题回答模块（20%）四个部分组成。其中，线上知识竞赛全程通过"51Learning 商务英语综合技能视听说实训系统"举行。

（1）校级初赛：初赛由线上知识竞赛模块和综合评估模块两部分组成，学生参加线上知识竞赛后才能拥有后续参赛资格。各院校须向组委会报名申请开通线上知识竞赛权限并自行组织初赛，遵循"知识能力互补"的原则，结合线上知识竞赛成绩综合评估择优选拔正式参赛选手，每校可推选 1 支参赛队（承办单位不超过 2 支），每支参赛队限定为 3～6 人，并配备 1～2 名指导教师。

（2）省级复赛：复赛由微视频作品评比模块（95%）和线上投票模块（5%）两部分组成，统一组织，按赛区分赛道独立评奖（参赛队数量不足 8 支的赛道将被合并或取消，最终以组委会发布的信息为准）。各赛区依据参赛队总成绩分赛道由高到低进行排名（总成绩相同者，按微视频作品评比模块成绩排序），按各赛道参赛队总数 15% 的比例四舍五入计算，确定各赛道晋级全国总决赛资格。

微视频作品评比模块所需提交的参赛作品包括微视频作品和微视频作品创作说明（缺一不可）。创作说明统一采用中文文本形式，格式自定，篇幅保持在一页 A4 纸之内即可，主要用以帮助评审专家了解微视频作品的创作思想等。参赛作品各处均不得出现任何与参赛队有关的信息（包含但不仅限于院校、指导教师和参赛选手等），违者按作弊处理，取消参赛资格。

（3）全国总决赛：全国总决赛由微视频作品模块（20%）、短剧剧本模块（20%）、短剧表演模块（40%）和问题回答模块（20%）四部分组成。统一组织，分赛道独立评奖，依据参赛队总成绩分赛道由高到低进行排名（总成绩相同者，按短剧表演模块成绩排序）。

2. 大赛奖项

（1）校级初赛奖项：以参赛院校为单位设置最佳组织奖，依据各院校初赛线上知识竞赛模块参与人数等进行综合评定，按各赛道参赛院校总数 30% 的比例四舍五入计算，各赛道评选出最佳组织奖。

（2）省级复赛奖项：省级复赛基于各赛道独立评比，设置团体奖、单项奖。

1）团体奖：以参赛队为单位设置团体奖，分为特、一、二、三等奖，教师及学生个人奖项比照团体奖。依据参赛队总成绩分赛道进行排名，按各赛道参赛队总数 10%、20%、30%、40% 的比例四舍五入计算，各赛道决出特、一、二、三等奖。

2）单项奖：依据网络投票结果分赛道进行排名，各赛道评选出最佳人气奖（按各赛道参赛队总数 30% 的比例四舍五入计算名额）。

3）晋级全国总决赛：各赛道内省级复赛总成绩排名前 15% 的参赛队将获得晋级全国总决赛的资格。

（3）全国总决赛奖项：全国总决赛基于各赛道独立评比，设置团体奖、单项奖。

1）团体奖：以参赛队为单位设置团体奖，分为特、一、二、三等奖，教师及学生个人奖项比照团体奖。依据参赛队总成绩分赛道进行排名，按各赛道参赛队总数10%、20%、30%、40%的比例四舍五入计算，各赛道决出特、一、二、三等奖。

2）单项奖：基于短剧表演和问题回答环节中参赛选手的表现，针对短剧表演选手个人设置"最佳表演者"奖项，针对回答问题选手个人设置"最佳思辨能力"奖项，由专家委员会按赛道分奖项各评选出若干名，按各赛道参赛队总数15%的比例四舍五入计算名额。

凡校级初赛线上知识竞赛模块成绩达到60分及以上者，均可自愿申领"国际商务英语一级证书"。凡所在参赛队省级复赛总成绩达到70分及以上者，均可自愿申领"国际商务英语二级证书"。以上证书由中国国际贸易学会核准颁发，可视为具有相应的商务英语专业知识和能力的证明，是用人单位招聘录用、考核晋升、岗位续聘和职称评定的重要参考依据，全国通用。

3. 大赛的组织与管理

"学研汇智杯"全国高校商务英语综合能力大赛主办单位为中国国际贸易学会，联合主办单位为北京学研汇智网络科技有限公司。由各参赛院校以学校为单位报名参加，不接受选手个人报名。各院校自行负责参赛选手的资格审核，不得弄虚作假。具体比赛信息可在大赛微信公众号查询，或登录大赛网站查询比赛通知、竞赛操作指南和微视频作品考核评定方法等具体赛事信息。该项赛事不收取任何费用。

10.2 了解商务英语各类竞赛要求

10.2.1 了解全国高校商务英语竞赛要求

本竞赛分为初赛和决赛两个赛段，每个赛段中专业组和非专业组的竞赛试题相同，均采用线上闭卷答题形式。

1. 初赛内容与要求

初赛内容涵盖基础词汇及短语，全部采用客观单项选择题型，共50题，满分100分，用时60分钟。初赛试题难度适中，涉及基础英语词汇及用法辨析，包括近义词、词组辨析、介词、副词等用法。

2. 决赛内容与要求

决赛内容涵盖听力、商务知识与词汇等，全部采用客观选择题型，共100题，满分100分，用时90分钟。决赛内容涉及专业商务知识及商务词汇，商务知识涵盖了商务谈判、商务礼仪、跨文化交际等。商务词汇包括基本的商务概念词汇辨析、国际贸易术语、市场营销术语等。

初赛与决赛均采用线上闭卷答题形式，听力部分只放一遍，需仔细审题后再播放。试卷分布及注意事项见表10-1。

表 10-1　试卷构成与注意事项

试卷分布	注意事项
听力	听力时长为本场次前十五分钟（即 10:15 和 14:15，系统准时收卷，也可提前交卷）。请各位考生提前登录官网，准点刷新后进入考试页面参赛
客观选择题	听力部分结束后，需单击"刷新"按钮再次进行第二部分考试。每题都需单击"提交"按钮，答完后可自行交卷，若无法交卷，时间到系统将自动交卷

初赛与决赛对于竞赛系统/软件要求见表 10-2。

表 10-2　竞赛系统/软件要求

项目	系统/软件	要求
浏览器	火狐浏览器（不支持其他浏览器）	线上参赛，保证联网环境
答题设备	自带前置摄像头的台式机或笔记本电脑	操作系统不限 Windows 或 Mac，Windows 系统须为 Win7 或以上，不能使用手机或平板登录答题
必备设备	耳机	确保设备接口连接播放正常

3. 赛卷构成

全国高校商务英语竞赛线上笔试试卷由商务英语技能（Business English Skills）和商务英语知识（Business English Knowledge）两部分构成，占比为 70% 和 30%。其中商务英语技能类试题主要由词汇题目和语法题目构成。词汇题目主要考查考生对于商务文本信息中的词汇的掌握和应用能力，主要包括动词词义（词组）辨析、名词近义词辨析、形容词、代词和其他商务词汇。语法部分主要考查考生对于从句，尤其是状语从句（时间、地点、原因、目的、条件、让步、比较、方式）的掌握及正确应用。此外，还考查非谓语动词（不定时、现在分词、过去分词）和倒装句的灵活运用。

商务英语知识题目主要包括会计知识、市场营销知识、财务管理知识、信息管理知识、供需与价格知识、国际贸易知识、保险知识、日常经济与生活知识。

4. 赛前模拟

参赛选手可以在正式比赛前通过以下三种方式进行赛前模拟练习：

（1）关注"商务英语竞赛"微信公众号回复"模拟赛"获取活动海报后转发到朋友圈和 QQ 空间，活动结束前不可删除。转发内容不可设置分组及屏蔽查看，请注意保留转发相关截图，作为参赛后领奖凭证。

（2）登录官网"个人中心"—"初赛报名"—"预约考前模拟赛"预约报名，预约成功后显示"考前模拟赛已预约"（不报名预约无法参与模拟赛）。

（3）登录官网，进入"个人中心"，单击"考前模拟赛"即可进入在线考试系统参赛。

10.2.2　了解"亿学杯"全国商务英语实践技能大赛要求

该项赛事主要分为校选拔赛、省/区域复赛和全国决赛三个阶段，采用"平台知识竞赛＋商务主题演讲"的形式完成，主要考核学生的商务英语理论基础知识、实务操作、演讲等商务综合技能。

1. 云平台竞赛内容与试题构成

"亿学杯"全国商务英语实践技能大赛云平台竞赛考核内容主要分为理论基础知识、实务操作和商务综合知识。

（1）云平台竞赛内容。理论基础部分分值占比20%，主要考核商务理论与实务知识，内容涉及国际贸易实务、国际商务谈判、国际商务礼仪、国际市场营销、国际商务沟通、跨文化商务交际、商务翻译、商务英语写作、商务计划、商务市场调查与分析、跨境电子商务、外贸函电、国际单证、国际物流、国际风险与担保、国际商务合同、国际结算等相关理论知识，题型有单选题、多选题、判断题和术语翻译题。实务操作部分分值占比40%，主要考核函电、单证、跨境电商实务，题型为填空题、选择题、审单和制单题等。商务综合部分分值占比为40%，主要考查考生的听力和阅读理解能力，内容涉及国际市场营销、国际贸易、国际商务谈判、跨境电子商务、国际商务沟通、跨文化交际、商务数据分析等。云平台竞赛答题时长为90分钟，满分为100分，由系统自动评分。云平台试题构成见表10-3。

表10-3　云平台试题构成

考核内容	题型	题量	目标
理论基础（20分）	单选题	10道	拉开差距
	多选题	10道	
	判断题	15道	
实务操作（40分）	函电理解（两封邮件），选择题	5道	按部就班
	单证操作，改错题	不定	
	实务操作，模拟平台	不定	
商务综合（40分）	听力理解，选择题、判断题、填空题	不定	稳扎稳打
	图表分析	不定	

（2）云平台题型解析。

1）理论基础部分：主要涉及贸易实务知识，如价格术语、信用证相关文件的签字、付款方式等；商务谈判知识包括谈判人员的遴选、谈判开始时的话题、还价策略、让步策略等；商务礼仪知识包括商务接待中的介绍顺序；跨文化交际知识包括霍夫斯泰德文化维度理论、高低语境文化、文化冰山理论；国际市场营销知识包括市场细分、定价策略等。此外，还涉及国际商务沟通知识，如遇到坏消息时邮件结尾写作方法和国际风险与担保知识，如保险公司承担的风险等。

2）实务操作部分：实务操作部分主要考查三个内容，即函电理解、单证操作和实务操作。函电理解主要是分析两封邮件并完成五道选择题（2+3）。这部分题目的特点是以阅读理解为主，需要明确写信目的、货物延迟交付的原因等，同时还涉及一些简单的商务知识拓展，如原始设备制造商（Original Equipment Manufacturer，OEM）、原始设计制造商（Original Design Manufacturer，ODM）。单证操作类全部为改错题，主要要求考生能够对比合同、信用证、货物委托书、发货清单、提货单等文件并修改错误，会涉及简单的计算，要求考生能够快速定位关键信息，如公司名称、地址、价格术语、金额等。实务操作部分主要是在模拟平台按照要求进行正确的操作，模拟平台包括Pinterest（与国内小红书平台类似）、亚马逊产品刊登、一达通订舱、产品描述文案配对、跨境电商进口通关平台服务等。要求考生能够根据操作指南，结合相关文件按部就班完成填写，特别需要注意每一步的细节，如同意条款的勾选按钮等。

3）商务综合部分：这部分主要是对语言能力基本功的考核。内容题材包括会议、谈判、面试等对话，题型为听力理解和图表分析。其中听力理解有选择题、判断题、填空题，具体体现为图文匹配、商贸术语中译英等。听力理解题的特点是可反复听，但最好一遍完成，推荐运用速记。图表分析题型要求考生能够根据柱状图、折线图等信息进行归纳，主要为填空、选择（信息匹配）题。该部分题目较简单，需注意答题时间的把控。

（3）云平台竞赛设备要求与规则。

1）场地需求：各院校需自行安排场地，组织本校参赛选手统一参与测试及比赛，所选场地须保证网络稳定，参赛选手按照前后左右间隔一个座位的原则就坐。

2）设备需求：每位选手需准备1台带有摄像头的电脑，用于进入视频会议及平台答题；每所参赛院校需准备至少2部现场监控手机，用于进入视频会议（建议使用华为Mate 9或同等配置以上手机，防止手机过热导致视频会议中途强制退出）。

3）软件需求：电脑端需提前安装谷歌或360极速浏览器，以保证平台正常运行；电脑端需提前安装钉钉软件，参赛选手自行注册账号，并以此账号加入对应组别的竞赛监控钉钉群；监控手机需提前安装钉钉软件，由监考老师或指导老师进行账号注册，并以此账号加入决赛竞赛监控群。

4）竞赛规则说明：采取同时异地云端竞赛方式，同一赛区的参赛选手需在通知的比赛时间准时登录钉钉会议，比赛全程必须保持钉钉会议处于登录状态，并保证摄像头始终正对选手开启，语音功能需同步开启，如比赛过程中出现摄像头关闭等情况，成绩无效。

竞赛过程中，选手不得离开摄像头范围，电脑页面不得离开竞赛系统，如比赛过程中出现以上情况，则成绩无效（特别提醒，在平台比赛准备阶段所有选手需要根据监控工作人员的提醒，双手持身份证置于胸前，以便对所有选手进行身份确认）。

系统自动评分，每支队伍所有选手得分的平均成绩为队伍成绩。

2. 主题演讲内容与要求

本环节采用团体比赛形式，大赛组委会于每年报名完成后公布演讲主题，各参赛队伍根据组委会公布的主题进行企业考察与数据采集，准备 PPT 演讲展示并录制演讲视频，队伍所有选手均需参与展示，视频时长不超过 8 分钟，通过赛事官网作品上传通道进行提交。评委团根据各院校提交的视频进行评分，评分及各院校视频内容通过指定渠道进行公示。

完成所有 PPT 及视频收集工作后，组委会公布专家评委团名单及评分时间，在评分时间内组织专家评委团专家对各参赛队伍作品进行打分，评分时段结束后的 5 个工作日内进行成绩公示。主题演讲满分为 100 分，队伍成绩为评委团平均分。主题演讲评分规则见表 10-4。

表 10-4　主题演讲评分规则

环节	评分项	评分说明	分值
演讲环节	内容和结构	符合主题、目的明确、内容完整、结构清晰、有理有据、有创新观点	80 分
	语言能力	流利度：演讲流畅、表达清晰，无明显停顿、迟疑或更正现象 语音语调：发音准确、腔调自然 准确度：用词恰当、无明显语法错误	
	表现力	衣着得体、表情自然、情绪饱满、表现力强、有较好的台风、能适当应用身体语言（站姿、手姿、眼神交流等）并有适当的互动	
	PPT 设计	图文设计贴合所选商务情境、排版合理、界面美观，无明显文字或链接错误，适当运用多媒体元素（图片、音视频等）	
	时间掌握	能在规定时间内完成演讲	
其他	团队表现	团队分工明确、配合默契	20 分

3. 决赛内容与要求

（1）半决赛。

1）竞赛内容：分为云平台测试和现场比赛两部分。

2）比赛时长：为期一天，云平台竞赛时长 90 分钟（提前一周通过线上方式进行，竞赛方式与区域赛一样），现场比赛每队演讲时长 8 分钟，评委问答时长 5 分钟。

3）评分规则：平台竞赛由系统自动评分，队伍得分 = 成绩最好的三位参赛选手的平均成绩。现场比赛由专家评委根据团队的整体表现进行现场打分，满分 100 分，队伍得分 = 本组评委评分的平均成绩，评分细则与省 / 区域赛一致。参赛队伍总成绩 = 软件平台测试平均分 ×50%+ 现场比赛得分 ×50%。

4）专家评委组成：半决赛专家评委团共 9 人，每组由 3 位评委组成，其中国内知名院校教授 1 位、知名企业高管 1 位、外籍教师 1 位。

（2）决赛。

1）比赛时长：为期一天，每支队伍演讲时长 10 分钟，评委问答时长 5 分钟。

2）竞赛内容：总决赛不再组织平台比赛，平台比赛成绩继续沿用半决赛成绩，半决赛晋级队伍根据决赛主题进行现场演讲比赛（总决赛与半决赛主题一致）。

3）专家评委组成：总决赛专家评委团为5～7人，由国内知名院校教授、知名企业高管、外籍教师等组成。

4）评分规则：平台竞赛由半决赛系统评分，现场比赛由专家评委根据团队的整体表现进行现场打分，满分100分，队伍得分＝去掉最高、最低分后的平均值，评分细则与省/区域赛一致。

10.2.3 了解"学研汇智杯"全国高校商务英语综合能力大赛要求

该项大赛采用校级初赛、省级复赛、全国总决赛三级赛制，其中校级初赛由线上知识竞赛模块和综合评估模块两部分组成。

1. 线上知识竞赛模块内容与要求

线上知识竞赛模块采用百分制，成绩以软件系统评判和人工复核为准，主要考核语言知识、商务知识和跨文化商务交际知识等。试题形式为客观题和主观题相结合，涵盖语言技能和商务知识两方面内容。语言技能方面测试考生在国际商务环境中英语听、说、读、写、译的能力；商务知识涉及国际商务中的主要业务，突出国际贸易实务方面的知识。试题来源为学研汇智商务英语综合技能实训平台3.0；竞赛形式为在线平台闭卷机考；线上知识竞赛模块评分方式为系统智能评阅和人工复核相结合。

本模块的题项分为词汇、判断、选择、阅读、单证和信函理解六个部分。线上知识竞赛模块试题结构说明见表10-5。

表10-5 线上知识竞赛模块试题结构说明

序号	题项	形式	比重/%	题材	题型	题数/道	计分/分
1	词汇	笔试	10	国际贸易知识与语言理解	匹配	10	10
2	判断	笔试	10	国际贸易知识	判断对错	10	10
3	单选题	笔试	10	国际贸易知识与语言搭配	单项选择	20	10
4	多选题	笔试	10	国际贸易知识	多项选择	10	10
5	阅读理解	笔试	30	经贸文章或图表等	完形填空	10	10
		笔试			图表	5	10
		笔试			判断	5	10
		笔试			合计	20	30
6	制单	笔试	15	国际贸易单证	制单填空	10	15
7	商务信函写作题	笔试	15	国际贸易类	写作	1	15

2. 微视频作品模块内容与要求

（1）微视频作品的制作要求。

1）内容要求：灵活运用所学国际商务相关知识（例如国际贸易理论与实务、国际市场营销、国际商法、国际金融、国际会计、国际货运与保险、国际商务沟通与函电、跨文化商务交际和跨境电子商务等），结合微视频作品可能的使用场景，以某个具有家乡特色的产品或服务为对象（可选既有品牌，也可自创品牌），以特定海外市场和客户群体为目标，可以围绕产品、市场、渠道、商业模式等要素，结合家乡文化与人文精神，用英语向世界进行展示推介（包含但不仅限于该产品或服务的历史特色、设计理念和营销策略等）。

2）形式要求：语言要求为全英文，呈现方式不限，可为脱口秀、演讲、解说、表演等方式，鼓励创新。参赛选手在视频中出镜与否自定，为保证评审环节的公平公正，视频中的任何位置都不能出现制作人员、学校名称等任何与参赛队相关信息。时长为5～7分钟，图像应清晰稳定、构图合理、声音清楚。格式为MP4或WMV，原则上单个视频文件大小不超过500M，能提供srt字幕者更佳。视频技术参数建议：视频编码为H.264/AVC，画面分辨率最小不得小于1024×576，最大不得大于1920×1080（可使用格式工厂等软件编辑调整），片头不超过5秒。

（2）微视频作品评分标准（满分100分）。

1）内容设计（20%）：与本参赛队所提交的微视频作品创作说明高度契合。

2）方案设计（20%）：设计主线清晰自然、不生硬、重点突出、逻辑性强、构思新颖、富有创意、具有启发引导性，合理运用国际商务知识、技能及策略，实现理论知识和语言技能的实践性转化。

3）思政元素（20%）：作品具有重要的影响和突出的现实意义，具有讨论的价值和学习的空间，蕴含思想政治教育元素，有机融入家国情怀、法律意识、社会责任、人文精神、工匠精神、职业操守等，春风化雨，润心无声。

4）视频材料规范（20%）：视频声音清晰、画面清晰、音画和字幕同步、多媒体元素应用得当、发音标准、语速适当、语言富有感染力。

5）技术应用（10%）：拍摄录制方法新颖、现代化信息技术应用合理、有创意，让人耳目一新。

6）效果评价（10%）：整体效果好，尤其是商务效果新颖有趣，可观看性好，传播效果佳。

3. 短剧剧本模块内容与要求

（1）基本要求。

短剧剧本模块以提高学生商务英语应用能力、跨文化商务沟通能力、商务分析决策实践能力和思辨创新能力等"商务+英语"复合型能力为主要目标。要求选手能够熟练运用所学国际商务相关知识（例如国际贸易理论与实务、国际市场营销、国际商法、国际金融、国际会计、国际货运与保险、国际商务沟通与函电、跨文化商务交际和跨境电子商务等），剧情应围绕国际商务相关知识、技能和策略等展开。以微视频作品所涉及的产品或服务为对象，就其所赋予的文化意义与传承发展、品牌策划与海外市场拓展等方面进行情景剧创作，并挖掘提炼其中可能蕴含的正能量精神（例如爱国敬业、遵纪守法、艰苦奋斗、创新发展、专注品质、追求卓越、履职担责和服务社会等）。剧情应涉及国际商务相关知识、技能和策略等。剧本要求原创，引用他人作品时需注明出处，且引用部分不得超过全作品内容的25%。

1）作品形式：封面设计和正文，正文可包含文字和图片等。

2）内容要求：剧名、人物角色、剧情摘要、剧本正文和剧情评论等。

3）剧名：中英文剧名，要保持简练。

4）人物角色：演员表及角色描述。

5）剧情摘要：中英文，要求有高度的概括力，语言精练、明确。中文摘要不超过300个汉字，英文摘要不超过300个实词。

6）剧本正文：全英文，篇幅不超过3000个实词，包括故事背景和完整剧情描述。

7）剧情评论：说明本剧运用到的商业思维、国际商务知识、技能及策略等，说明本选题的理念和商业价值。

（2）短剧剧本模块评分标准（满分100分）。

1）选题立意（20%）：宣传家乡文化，讲好"中国故事"，以研究现实问题为主，既有理论支撑又有实际商业价值。

2）剧本语言（20%）：格式规范，语言地道，行文流畅，逻辑严谨，无语法问题。

3）剧本内容（20%）：符合《高等学校商务英语专业本科教学质量国家标准》《高等职业学校商务英语专业教学标准》的指导精神，内容完整，融入职业品德、国际商务知识、技能及策略等。

4）剧情设计（20%）：符合剧情摘要，主次分明，张弛有度，条理清晰；剧情设计生动有趣，行之有效。

5）整体效果（20%）：完成大赛设定的剧本基本要求，树立职业梦想、提升职业品格、解决商业问题。整体效果新颖有趣，有应用价值。

4. 短剧表演模块内容与要求

短剧表演模块需完整演绎一场时长约15分钟的全英文国际商务情景剧，应包含剧名、人物角色、国际商务场景、音乐、服装和道具等关键要素。短剧内容要体现标题、角色、国际商务场景描述、故事背景、基本剧情、商业思维和商业精神等，宜包含起、承、转、合的完整剧情，并将国际商务知识、技能及策略等应用到短剧中。

短剧表演模块评分包括语言、内容、素养、效果、创新五个部分，评分标准见表10-6。

表10-6 短剧表演模块评分标准

评分项	评分标准	分值
语言	（1）口语流利，语音语调准确自然 （2）词语丰富，表达恰当，语法准确 （3）口语地道，国际商务交际策略运用恰当	20分

续表

评分项	评分标准	分值
内容	（1）能体现产品或服务与家乡文化之间的关联度 （2）能够运用国际商务知识、技能及策略 （3）选题角度新颖，有相当的理论意义和应用价值 （4）剧情内容完整	40 分
素养	（1）能体现商业品格、商务文化和国际商务礼仪等知识素养 （2）演员剧态自然，有感染力，不紧张，无过分表演 （3）有较高的人文素养，知识面广	15 分
效果	（1）表演过程合理流畅，衔接自然，有较强的舞台表现力和应变能力 （2）能够做到自然借助音乐、场景设计、服装和道具等手段，有效地呈现商业情景剧 （3）能把商务英语专业知识有效地融入剧中并加以演绎表达。	15 分
创新	（1）鼓励参赛队在科学正确的价值观指导下，勇于开拓创新，以实现最佳的短剧表演效果 （2）鼓励以创新为驱动，努力打造积极向上并能给国际商务实践带来启发和帮助的短剧	10 分

5. 问题回答模块内容与要求

每个参赛队 5 分钟（含评委提问时间），参赛队成员全部出场。根据参赛队微视频作品、短剧剧本和短剧表演等内容，评委专家提出两个问题，小组成员现场作答。

问题回答模块评分标准（满分 100 分）：

（1）理解力（20%）：听懂评委提问，理解提问意图。

（2）思辨力（30%）：回答切题、中肯，具有说服力。

（3）表达力（30%）：语言表达清晰、准确。

（4）反应力（20%）：能快速有效地组织应答语言（用以拖延时间的语气连接词堆砌不被认为是有效回答）；受到干扰时（如被评委打断）能及时做出合理回应。

10.3　备战商务英语各类竞赛

10.3.1　备战全国高校商务英语竞赛

1. 备赛与应试技巧

（1）熟悉商务英语常用词汇和短语。学习商务英语首先要从英语语言基础入手，由于商务英语涉及英语的听、说、读、写、译，商务英语专业学生必须在这些方面有一定的基础。提高听、说、读、写、译水平最根本的办法就是要掌握尽可能多的商务英语词汇、短语、句型和商务英语习惯表达法。商务英语专业的学生都有一定的英语基础，但对有关商务英语的词汇、短语、句型掌握得不多，对商务英语语篇不熟悉，因此，首先应该从商务英语词汇等方面开始。下面，就来看一看商务英语词汇等方面的特点。

英语词汇多达几十万且词语表义较为灵活，对上下文的依赖也较大，如 board 一词，本义为"木板"，但在不同上下文中，可以表示"车""船""伙食""会议桌""委员会"等。而在商务英语中，board 往往用来表示"董事会"，如 chairman or president of the board（董事会主席或董事长），并且它经常用在 FOB（Free on Board，离岸价、船上交货价）价格术语中，意思是"船"。

在商务英语中，有着许多通过引申、转换、添加等手段而获得的有别于普通英语词义的具有"新义"的"旧词"。例如：literature 在普通英语中表示"文学"，而在商务英语中表示 printed matters, including leaflets, instruction, product catalogue, price list, etc.（文字宣传资料，诸如产品说明书、使用说明、产品目录、价目表等），例如：In order to market our new product, we have printed fine literature.（为了推销新产品，我们印了精美的宣传资料。）claim 在普通英语中表示"要求，认领"。而在商务英语中则表示 demand or request for a thing considered one's due（索赔），例如：We claimed on that shipping company for the loss involved.（我们向轮船公司就有关损失提出索赔。）reference 在普通英语中表示"参考、查阅、提及"，而在商务英语中则表示 persons or firms named by a customer asking a supplier for credit, from whom the supplier can get information about the business reputation of the customer（担保人，证明人），例如：My reference will prove to you that I am efficient and dependable.（我的担保人将向你证明我的工作是高效的，并且我是可信赖的。）

除了属于英语共核部分（English common core）的词汇，商务英语还有着其特别的专门词汇。例如，backlog：orders to supply, needing to be dealt with quickly（积欠未交货的订单），We have a large backlog（我们积压的订货甚多）；in-tray：tray for incoming documents（放在办公桌上用来装收到的文件的容器，收文篮；用于盛放将要发出去的文件的容器叫 out-tray，发文篮）、When l am away, please help to check my in-tray（我不在的时候，请帮我查看我的收文篮）overheads：routine administrative and maintenance expenses of a business（公司的日常开支，如电费、文具费、汽车油费等）。

（2）培养商务意识及思辨能力。理解和遵守商业道德和伦理，了解中外商务礼仪和优秀商务文化，熟悉中外商务规则和惯例，自觉养成诚信意识、敬业与合作精神、创新意识、服务意识、品牌意识、风险意识、沟通意识、环保意识等。

商务思维是一种专业思辨能力和商业思维模式，是否了解和掌握中西方经济思想和东西方管理哲学的差异，是否能从商务的角度思考问题。商务思维的培养包括问题导向思维、创业导向思维、互利共赢思维、公平与效率兼顾思维和企业社会责任思维。

（3）积累经济、管理、市场营销方面的商务核心知识（决赛）。商务核心知识包括经济学知识、管理学知识、市场营销知识、财会知识等。

1）经济学知识是人类理解和分析经济社会现象和发展的一种思维方式和方法论，包括宏观和微观两个层面，了解体验经济、共享经济、低碳经济、循环经济和互联网经济的新理念和新模式等，解读和讲解授课中和教材中遇到的商业新现象或市场新特点。

2）管理学知识是指如何高效管理人员、组织和时间，涉及战略规划、资源配置、人力资源、领导技巧、沟通方式等理论知识与方法。

3）市场营销知识涉及展示、宣传、销售产品和服务的理论与方法，以客户需求和服务质量为导向等。

4）财会知识包括会计、结算、税务和审计等。

（4）了解相关商务知识。全国高校商务英语竞赛对于商务知识的考查，并不是考查该领域特别高深、特别复杂的或细枝末节的知识，而是考查某个领域中较主流或较重要的概念、理念、观点等，此外还包括日常生活相关的经济、管理、法律和文化相关的知识或细节。

2. 题型解析

本部分主要选取历年竞赛中出现的典型词汇题目、语法题目和商务英语知识题目进行题型的分类和分析。

【例 10-1】 The fact that the executives did not sell all the shares they could prior to the steep fall does indicate that they did not _____ collapse in the near future.

  A. foretell B. anticipate C. antedate D. predict

【例题解析】B。考查动词词义（词组）辨析。foretell 和 predict 都有预言、预测等含义，antedate 表示早于……之前，根据题意需选取 anticipate，表示预想到、预料到某种结果。

【例 10-2】 They _____ the rise in oil prices for the big increase in inflation.

  A. accused B. blamed C. charged D. criticize

【例题解析】B。考查根据介词选动词。根据题意，只有 blame 可以和介词 for 搭配。

【例 10-3】 The study found that emerging economies continued to grow in the three months to the end of June, but at a slower pace. The index _____ to 55.0, from 53.6 in the first quarter.

  A. slumped B. slipped C. climbed D. ascended

【例题解析】B。考查根据题目其他信息选动词。根据题意，指数从 55.0 下降到 53.6，因此选择 slipped。

【例 10-4】 As Aristotle put it, "The whole is greater than the _____ of its parts." Today, more than ever, the world needs a vision of 'the whole'.

  A. total B. addition C. sum D. subtraction

【例题解析】C。考查名词近义词辨析。total 表示总额或总数合计，addition 表示添加、算总数，subtraction 表示减法，只有 sum 表示总和、全部，符合题意。

【例 10-5】 Individual stockholders expect a high market _____ on their investment next year.

  A. repayment B. return C. growth D. performance

【例题解析】B。考查名词关键词提示。根据句子中的 investment 提示，可以选定 market return 表示投资的市场收益率。

【例 10-6】Is it possible that choosing stocks _____ random could be just as effective as getting advice from financial experts and stockbrokers?

  A. in   B. on   C. at   D. by

【例题解析】C。考查根据名词选介词。根据句中的名词 random，可以选定搭配介词 at。

【例 10-7】Markets tend to be segmented as each group calls _____ products suited to its particular tastes.

  A. off   B. for   C. up   D. on

【例题解析】B。考查根据动词选介词。根据句意，需选择表示呼吁的词组，因此选择 call for。

【例 10-8】As tokens of thanks for our successful negotiation, we exchange with each other a _____ scarf as a gift.

  A. long nice yellow   B. yellow nice long
  C. long yellow nice   D. nice long yellow

【例题解析】D。考查形容词。根据形容词的排列顺序，选择 D。

【例 10-9】In our letter of June 2, we made _____ clear that shipment is to be effected in August.

  A. you   B. them   C. that   D. it

【例题解析】D。考查代词。代词 it 做 make 的宾语。

【例 10-10】The department store going out of business made ads on TV that _____ merchandises are on sale for one week.

  A. below-price   B. down-price   C. out-of-price   D. off-price

【例题解析】D。考查商务词汇。off-price goods 打折商品；sell sth. off price 抛售，甩卖。

【例 10-11】What is the final step in the accounting cycle?

  A. Post-closing trial balance   B. Close accounts
  C. Adjusted trial balance   D. Prepare the financial statement

【例题解析】A。考查会计知识。会计循环流程包括分析交易过程和商业文书；记录交易日志（制作凭证日记账）；将凭证记入各个账户；确认会计报表平衡，编制试算平衡表；编制工作底稿；编制财务报表；编制调整分录；结账；编制结账试算平衡表。

【例 10-12】Customers like the new blueberry-flavored cupcake, but the cupcake company has not seen significant sales. Which of the following is the next move the company should make?

  A. Remove the blueberry cupcake from the menu right away.

B. Increase the price of the cupcake to change customer perception.

C. Introduce an incentive program where after they buy six blueberry cupcakes they get one free.

D. Try using a different flavor instead and offer free samples of that flavor.

【例题解析】C。考查市场营销知识。赠送促销（Gift Promotion），即通过向消费者赠送小包装的新产品或其他便宜的商品，来介绍某种产品的性能、特点、功效，以达到促进销售的目的。通过赠送，可以使消费者很快地熟悉企业的产品，刺激他们的购买欲望，使产品迅速打开市场，为企业赢得稳定的利润，因而常常为企业所用。

【例 10-13】Which of the following is the primary goal of financial management?

  A. Increasing wealth   B. Analyzing the stock market

  C. Blending alpha and beta returns   D. Creating alpha returns

【例题解析】A。考查财务管理知识。财务管理目标包括利润最大化；股东财富最大化；企业价值最大化；利益相关者财富最大化。证券投资者所获得的收益分为两部分：来自市场的平均收益（即 Beta 收益）以及独立于市场的超额收益（即 Alpha 收益）。

【例 10-14】Which world organization monitors trade and resolves disputes?

  A. WTO   B. GSP   C. World Bank   D. UNCTAD

【例题解析】A。考查国际贸易知识。WTO（World Trade Organization，世界贸易组织）：管理职能、组织职能、协调职能、调节职能（解决成员国之间的冲突）、提供职能。GSP（Generalized System of Preference，普遍优惠制）：是一种关税制度，是指工业发达国家对发展中国家或地区出口的制成品和半制成品给予普遍的、非歧视的、非互惠的关税制度。UNCTAD（UN Trade and Development，联合国贸易和发展）：审议有关国家贸易与经济发展问题的国际经济组织。

【例 10-15】Mitch has $100 to spend and wants to buy either a new amplifier for his guitar or a new mp3 player to listen to music while working out. Both the amplifier and the mp3 player cost $100, so he can only buy one. This illustrates the basic concept that _____.

  A. Trade can make everyone better off

  B. People respond to incentives

  C. Rational people think at the margin

  D. People face tradeoffs and opportunity costs.

【例题解析】D。考查机会成本知识。机会成本（Opportunity Cost）是指在面临多方案择一决策时，被舍弃的选项中的最高价值者是本次决策的机会成本。

3. 典型例题及真题解析

本部分选取历年竞赛中的部分词汇、语法或商务知识的真题，并对题目进行深度解析。

【例 10-16】The new practices to be introduced will further improve our ability to deal with financial risks and better _____ our requirements to each market's special needs.

  A. align   B. design   C. draw   D. tailor

【例题解析】D。考查谓语动词。align"使结盟，匹配"；design"计划，筹划"；draw"绘画，画"；tailor"剪裁，使合适"，结合题意选 D。句意：即将引入的新做法将进一步提高我们处理金融风险的能力，并更好地定制我们对每个市场特殊需求的要求。

【例 10-17】The regional managers, specialists in their local market conventions and regulatory requirements, work with the business divisions to optimize the _____ on the bank's capital.

    A. return   B. profit   C. realization   D. investment

【例题解析】A。考查词义。return"回报，收益"；profit"利益"；realization"认识，领悟"；investment"投资"，结合题意选 A。句意：区域经理是当地市场惯例和监管要求方面的专家，与商务部门合作去优化银行资本的收益。

【例 10-18】According to a recent report from the business data clearinghouse Dun & Bradstreet, nearly 51,000 companies throughout the world have one or more direct _____ in the Wuhan region of China.

    A. applicants   B. supplies   C. supplant   D. suppliers

【例题解析】D。考查形近词辨析。applicants"申请人，求职人"；supplies"物资，供应品"；supplant"代替"；suppliers"供应者"，结合题意选 D。句意：根据商业数据清算机构邓白氏（Dun & Bradstreet）最近的一份报告，全球有近 5.1 万家公司在中国武汉地区有一个或多个直接供应商。

【例 10-19】A key factor in this company's success has been its wish to create a highly skilled and motivated workforce, as highlighted in its mission _____.

    A. announcement   B. undertaking   C. statement   D. promise

【例题解析】C。考查名词。announcement"通告，布告"；undertaking"任务，事业"；statement"声明，陈述"；promise"许诺，允诺"。mission statement 宗旨，结合题意选 C。句意：这个公司成功的主要因素是他们一直以来都把创造一支高度熟练和积极进取的员工队伍作为愿景，正如其宗旨所强调的那样。

【例 10-20】If the total asset value of your portfolio averaged $1 million and the total value of assets sold during the year equals $200,000, then the portfolio _____ is 20% or one fifth.

    A. rate   B. return   C. trend   D. turnover

【例题解析】D。考查名词。rate"比率"；return"归还，退还"；trend"趋势，动态"；turnover"（商店的）货物周转率"，结合题意选 D，portfolio turnover 资产组合周转率。句意：如果你投资组合的总资产价值平均为 100 万美元，而在这一年中出售的总资产价值为 20 万美元，那么资产组合周转率是 20% 或五分之一。

【例 10-21】At this stage, to change the original product _____, some form of approval is required.

    A. classification   B. generation   C. identification   D. specification

【例题解析】D。考查词义。classification"分级，类别"；generation"一代（人）"；

identification "辨认，识别"；specification "规格，规范"，结合题意选 D，product specification 产品规格。句意：在这个阶段要改变原来的产品规格，需要某种形式的批准。

【例 10-22】Tom assured his manager that he would _____ all his energies in doing this new job.

    A. call at   B. call on   C. call forth   D. call off

【例题解析】C。考查短语。call at "拜访，访问；停靠（车站）"；call on "号召"；call forth "唤起；引起"；call off "取消"，结合题意选 C。句意：汤姆向经理保证他将全力以赴去做这项新工作。

【例 10-23】When the level of demand for Chinese goods and services is _____, it can push the economy against the limits of its capacity to produce.

    A. sagging   B. slight   C. stable   D. strong

【例题解析】D。考查词义。sagging "下沉；松垂"；slight "轻微的，少量的"，指身材又瘦又小；stable "稳定的，牢固的"；strong "坚固的，结实的"，既指体格健壮，又指体力或精神上的力量，结合题意选 D。句意：当中国商品和服务的需求水平强劲时，它可以推动经济突破其生产能力的极限。

【例 10-24】Information systems produce reports containing operational, financial and compliance- _____ information that make it possible to run and control the business.

    A. connected   B. determined   C. directed   D. related

【例题解析】D。考查词义。connected "连接的，相连的"；determined "下定决心的，坚定的"；directed "定向的；经指导的；被控制的"；related "相关的，有联系的"，结合题意选 D。句意：信息系统生成包含运营、财务和合规相关信息的报告，这些相关信息使业务的运行和控制成为可能。

【例 10-25】The larger company did not really want to join with the smaller one because it was more interested in a _____.

    A. turn over   B. turn up   C. overtaker   D. takeover

【例题解析】D。考查短语。turn over "移交给，翻阅"；turn up "出现，发生"；overtaker "赶上，压倒"；takeover "接管，收购"，结合题意选 D。句意：大公司并不想与小公司联合，因为它对收购更感兴趣。

【例 10-26】People depend on culture, as it gives them stability, security, understanding, and the ability to _____ to a given situation.

    A. react   B. reflect   C. reply   D. respond

【例题解析】D。考查词义辨析。react "反应，影响"，是指那些下意识的、直接的行为动作；reflect "反射，照出"；reply "回答；回击"；respond "回答，做出反应"，较正式用词，较少用于口语，侧重经过考虑的较正式答复。respond to "对……做出反应" 正式用词，指即刻的、以口头或行动对外来的号召、请求或刺激等做出回答或响应，结合题意选 D。句意：人们依赖文化，因为它给了他们稳定、安全、理解和反应的能力。

【例 10-27】Throughout this effort, we have been _____ in advocating that capital markets operate most efficiently when investors have access to high quality financial information.

  A. headstrong B. heavy-handed C. single-minded D. steadfast

【例题解析】D。考查形容词辨析。headstrong "任性的，刚愎自用的"；heavy-handed "笨手笨脚的，动作迟钝的"；single-minded "专心的，真诚的"；steadfast "忠诚的，坚定的"，结合题意选 D。句意：在整个努力过程中，我们一直坚定地倡导，只有当投资者能够获得高质量的财务信息时，资本市场才能最有效地运行。

【例 10-28】It's well known that marketing plays an important role in knowing what customers want, which allows corporations to develop the ideal, most _____ product.

  A. demanding B. commanding C. on-demand D. in-demand

【例题解析】D。考查形近词词义辨析。demanding "苛刻的，难以满足的"；commanding "指挥的，居高临下的"；on-demand "按照需求的"；in-demand "非常需要的"，结合题意选 D。句意：众所周知，市场营销在了解顾客需求方面扮演着重要的角色，这使得企业能够开发出理想的、最受欢迎的产品。

【例 10-29】Four basic factors influence a successful business _____: a qualified entrepreneur, a profitable business idea, a thorough business plan, and adequate capital.

  A. start-in B. start-off C. start-out D. start-up

【例题解析】D。考查短语辨析。start-in "开始"；start-off "出发"；start-out "着手进行"；start-up "初创企业"，结合题意选 D。句意：四个基本因素影响一个成功的创业：一个合格的企业家、一个有利可图的商业理念、一个全面的商业计划和充足的资金。

【例 10-30】Those companies have come to _____ China for its efficient factories, increasingly affluent consumers and years of hard-charging economic growth.

  A. dwell on B. get by C. depend in D. rely on

【例题解析】D。考查短语辨析。dwell on "详述；细想"；get by "通过；过得去"；depend 一般用 on 搭配 "取决于"；rely on "依靠，依赖"，结合题意选 D。句意：这些公司已经开始依赖中国高效率的工厂、日益富裕的消费者和多年来强劲的经济增长。

【例 10-31】These types of properties will _____ or become obsolete over a number of years; in recognizing this, you can make a yearly deduction for their cost for income tax purposes called capital cost allowance.

  A. turn out B. turn over C. wear down D. wear out

【例题解析】D。考查短语辨析。turn out "最后是，结果是"；turn over "移交给，翻阅"；wear down "磨损，使疲劳"；wear out "耗尽，磨损"，结合题意选 D。句意：这些类型的财产将磨损或在数年内被淘汰；在认识到这一点时，你可以每年扣除他们的成本所得税，称为资本成本免税额。

【例 10-32】Accountants help make sure that a firm is run efficiently, that its records are maintained accurately, and that its taxes are paid properly and in a _____ manner.

  A. controlled   B. courteous

  C. formal   D. timely

【例题解析】D。考查形容词。controlled "限制的，控制的"；courteous "有礼貌的，谦恭的"；formal "庄重的，合乎礼仪的"；timely "及时的，适时的"，结合题意选 D。句意：会计师帮助确保公司有效地运作、记录准确、及时恰当地缴纳税款。

【例 10-33】The chairman was obliged to bring the meeting to a _____ because a fire broke out in the adjoining room.

  A. cessation   B. standstill   C. stopping   D. halt

【例题解析】D。考查词义辨析。cessation 是指（正式的）行动的停止或中断，无论是暂时的还是最终的；standstill 意为静止状态，停顿；stop 指动作、运行、进展等停下来，含突然的意味；halt 侧重突然地、决定性地终止、停止某一活动，结合题意选 D。句意：由于隔壁房间失火，主席不得不中止会议。

【例 10-34】An opinion was _____ that the monitoring of intellectual capital growth needs to take place at both the individual and the organizational level if monitoring is to be of real objective value.

  A. explained   B. exploited   C. explored   D. expressed

【例题解析】D。考查形近词辨析。explained "解释"；exploited "开放，利用"；explored "探测，探索"；expressed "表达"，express opinion 表达意见，结合题意选 D。句意：有人表示，如果要使监测具有真正的客观价值，就必须在个人和组织两级对智力资本增长进行监测。

【例 10-35】An analysis to identify the areas requiring reform helps design a policy package tailored for a particular country, as opposed to a(n) "_____" approach.

  A. all-for-one   B. once-and-for-all

  C. one-at-a-time   D. one-size-fits-all

【例题解析】D。考查短语。all-for-one "人人为我"；once-and-for-all "一劳永逸地，彻底地"；one-at-a-time "每人一次"；one-size-fits-all "通用的"，结合题意选 D。句意：为了明确需要改革的领域而进行的分析有助于为特定国家设计一套定制的政策方案，而不是一刀切的方案。

【例 10-36】We will make no _____ for the catalogue, which you can take with our compliments.

  A. cost   B. debt   C. charge   D. payment

【例题解析】C。考查词义辨析。cost "成本，费用"，指生产某东西的成本，也泛指商品的价格，可与 price 换用；debt "债务"；charge "费用"，指提供服务时索取的费用，也指货物的价格、价钱；payment "支付，付款"，结合题意选 C。句意：目录册我们不收费，你可以免费索取。

【例 10-37】The average paycheck for marketing managers rose 4.7% to $136,100; head _____ counters got a 3% bump, up to $155,000; and plant managers took home $80,000, or 1.8% more.

  A. bean   B. corn   C. nut   D. pea

【例题解析】A。考查固定表达。bean counters 是俚语，意思是"会计（师）"；head bean counters 是"总会计师"，对应着题里的另外两个职位 marketing managers 和 plant managers，结合题意选 A。

【例 10-38】This company will use the _____ lines of its perfume and cosmetic brands to produce large quantities of alcoholic gels.

  A. produce   B. introducing   C. production   D. introduction

【例题解析】C。考查形近词辨析。produce "引起,造成",多指农产品（尤指蔬菜水果等）；introducing "介绍，引介"；production 含义广泛，不同场合有不同的意思，可表示"产品，产物"，尤指人类智力或艺术劳动的产品；introduction "介绍"是普通用词，指任何作品开头对读者或听众说明或介绍该作品，起引导作用的结论部分，和全书内容是一致的。结合题意选 C。句意：该公司将利用其香水和化妆品品牌的生产线生产大量酒精凝胶。

【例 10-39】When good cost accounting procedures are _____, the company may find out that they have been producing a non-profitable product or service.

  A. contracted   B. discarded   C. implemented   D. suggested

【例题解析】C。考查词义。contracted "已定约的，契约的"；discarded "放弃的，删除的"；implemented "使生效，贯彻，执行"；suggested "暗示的"，结合题意选 C。句意：当执行良好的成本会计程序时，公司可能会发现他们生产的产品或服务是非盈利的。

【例 10-40】The use of various team reward and recognition structures is mixed with a trend toward more recognition as opposed to monetary _____.

  A. conceptions   B. considerations   C. incentives   D. incitements

【例题解析】C。考查形近词辨析。conceptions "思想，观念，概念"；considerations "体贴，关心"；incentives "刺激，诱因，动机"；incitements "激励，刺激"，结合题意选 C。句意：相对于金钱奖励，使用不同的团队奖励和鼓励机制越来越被认可。

【例 10-41】The market value of a company is driven by the expected future net income from sales of products and services and the _____ that top management's primary goal is to optimize the value of a company.

  A. assent   B. assessment   C. assumption   D. assurance

【例题解析】考查形近词辨析。assent "赞成，批准"；assessment "估价，评定"；assumption "假定"；assurance "保证，确信"，结合题意选 C。句意：公司的市场价值是由预期的未来产品和服务的销售净收入以及假设最高管理层的主要目标是优化公司的价值所驱动的。

【例 10-42】Multinational _____ like Google and Walmart are restricting "nonessential" travel. People are canceling trips and large conferences are being called off.

  A. cooperation   B. operations   C. correlations   D. corporations

【例题解析】D。考查形近词辨析。cooperation "合作"；operations "运转，起作用"；correlations "相关性"；corporations "公司，企业"，结合题意选 D。句意：像谷歌和沃尔玛这样的跨国公司正在限制"非必要的"旅行。人们取消旅行，大型会议也被取消。

【例 10-43】Most teams need to be more in tune with their customers, more aware of what they're projecting and through what _____ they're seeing, as well as having tools to most effectively interact with their customers.

  A. angels   B. eyes   C. filters   D. spectacles

【例题解析】C。考查词义。angels "天使"；eyes "眼睛"；filters "滤镜"；spectacles "精彩的表演，壮观的场面"，结合题意选 C。句意：大多数团队需要更好地跟上客户的节奏，要更清楚地意识到客户有什么规划、客户是带着什么样的滤镜看问题的，同时要拥有能够最有效与客户沟通的工具。

【例 10-44】Accounting systems have to track _____ in three business processes: order entry/sales, billing/accounts receivable/cash receipts, and purchasing/accounts payable/cash.

  A. sequences   B. steps   C. transactions   D. transfers

【例题解析】C。考查词义辨析。sequences "序列，顺序"；steps "步伐"；transactions "交易，买卖，业务"；transfers "传输"，结合题意选 C。句意：会计系统必须在三个业务流程中跟踪交易：订单输入/销售、账单/应收账款/现金收入，以及采购/应付账款/现金。

【例 10-45】Communication is a two-way _____. It requires a sender and a receiver. If no one is listening, you're just a crazy person talking to yourself.

  A. handle   B. radio   C. street   D. wire

【例题解析】C。考查词义。handle "柄，把手"；radio "收音机，无线电设备"；street "街道"；wire "电线，导线"，结合题意选 C。two-way street 表示一种双向沟通的方式。句意：沟通是双向的。它需要一个发送者和一个接收者。如果没有人在听，你只是一个自言自语的疯子。

10.3.2 备战"亿学杯"全国商务英语实践技能大赛

"亿学杯"全国商务英语实践技能大赛中平台竞赛与主题演讲两大部分各占 50%，故需针对两部分各制定一套详细的备赛方案。前期备赛需将重心放在云平台的专业知识考核上。做完一套题，将错题归类并找出知识点。团队分工将不同模块的知识点整理成文档，便于大家一起复习。后期备赛重心需放在演讲赛题上。演讲赛题出来后，分析赛题、寻找合适的公司、构思方案,并不断完善方案。

1. 云平台竞赛备考技巧

云平台竞赛题目的构成与专业课程并不相同,它主要包括国际商务基础知识与理论(20%)、国际贸易业务操作(40%)、国际商务综合(40%)三大模块,题型既有客观题,也有审单、制单和电商模拟操作等实操题。参赛选手可通过慕课或电子教材自学国际贸易理论与实务、国际结算、商务礼仪等理论知识,同时利用好平台的五套题目,努力熟悉审单和跨境电商等的操作流程。

(1)明确题型,逐个突破。赛前官方网站平台会给参赛选手提供模拟训练机会,共有五套模拟试题在平台免费开放。参赛选手在模拟过程中,尽量挑选自己不擅长的题型,把所有模拟试卷相同题型集中训练,发现答题共同点,进行专项突破。由于云平台参赛试题全部在官方平台模拟训练,且只有在竞赛之前(大约每年3月)才会开放训练,因此务必抓住机会反复训练,查漏补缺。

(2)由点到面发散思维。在做模拟试题时需要寻找单个题目的知识点,由点到面发散思维,并深度探索完整的知识背景和体系,进行针对性训练。从现有题目出发,寻找题目来源和相关知识点,针对性复习大块知识,如商务礼仪知识、外贸术语、企业管理技能等。

(3)笔记整理。从错题中学习与反思,及时总结错题或不太擅长的题目,一样的题目下次再做不出错,做到相似的题目有经验。

2. 主题演讲备赛技巧

(1)赛题分析,企业调研。比赛所给的题目有较强的指示性,能够提供一些探索方向,寻找目标企业的过程中积极运用所学知识,如商务沟通技巧、商务礼仪等,把比赛和自身专业结合起来,更快找准方向。

1)分析赛题,头脑风暴。例如2021年主题演讲题目要求为"假设你是某中国企业的市场负责人,你所在的企业打算或者已经开始尝试转型做跨境电商。针对转型过程中可能会或者已经遇到的问题,你需要提供解决方案,并向公司管理层汇报,说服他们同意你的想法。"根据比赛题目提供的背景资料和题目本身的要求,可以明确该题目的探索方向是"已经开始做跨境电商的企业"或"尝试转型做跨境电商的企业"。根据这个方向寻找下一步做调研的目标企业,并积极收集跨境电商行业相关资料,如国家政策、市场信息、客户需求等。

2)先确定领域,再确定具体企业。考虑因素包括企业所在地、主营产品和服务的类型、近年来的发展状况等。如果能另辟蹊径,内容才能更有新意。仍以2021年主题演讲题目为例,针对跨境电商可能涉及的相关行业、企业进行充分的背景调研,如食品、服装、玩具、手工制品等多个领域,根据确定好的主题提出2~3个备选方案,供后续跟进和细化筛选。

3)提前准备,高效讨论。如想保证主题演讲内容丰富、专业性强、有理有据,需要进行实地企业调研。在进行实地调研阶段要提前选定调研采访方式，并列出采访提纲、确定采访内容，提前对相关企业进行了解，如查找相关领域的文献资料、检索企业官网、搜索微信公众号等。企业实地调研需要注意以下两方面：

①懂得礼貌，虚心请教。注意采访礼仪。对于一些专业领域的知识，如果有不太清楚的地方，一定要向企业的负责人请教，他们会耐心与你分享相关知识。

②及时复盘，做好整理。及时记录想法与观点，采访结束后及时讨论与复盘。总结访谈调研内容，将企业负责人的想法与自己的想法相结合，最终确定主题演讲展示方向。

（2）现场展示注意事项。"亿学杯"全国商务英语实践技能大赛的主题演讲类似商赛中的演讲展示，但和日常英语类专业课程中的演讲展示有些差异，主要体现在"团队分工"与"演讲内容"两方面。历年主题展示都是一个团队合作的过程，2022年之前只需要参赛团队中的3人做汇报展示，2022年比赛要求团队所有成员都参与汇报展示。由于疫情影响，自2020年起，主题演讲部分改为线上进行，各参赛院校自行选择场地进行演讲视频录制，且演讲视频不得自行处理或编辑，因此对选手个人演讲水平要求和团队合作要求更加严格。

1）展示前：首先，保证演讲文本的打磨，既要有商务的简练，又不失专业性和口语的易读性，同时要确保团队中每个人的重点词汇发音正确，能够脱稿并流利熟练进行演讲。其次，确保团队每个成员体态端正、手势自然，因此需要在正式录制前反复调整和练习。最后，在展示时要考虑时长限制，近几年视频时长都要求限制在8分钟以内，还需要考虑团队中每个队员上下场如何交接。

2）展示时：要特别注意团队参赛选手交接的连贯性，注意与摄像头的距离，并且目光需一直朝向摄像机位置，不得四处游离；注意肢体语言的表现力，特别是上肢的肢体语言，需得体大方，不得夸张或拘谨；演讲者与PPT需合二为一，能够自然衔接PPT的内容，不能出现内容已经讲完而PPT还停留在之前页面的情况。

（3）现场展示PPT制作技巧。在演讲内容方面，该项赛事对于逻辑和可行性的要求更高，为了提升专业度，参赛选手可通过自学方式了解商赛展示中使用的常见模型。在逻辑和数据分析方面，学习如何快速对一个行业进行了解和进行数据收集的方法等。备赛期间，可以通过观看"贝恩杯""毕马威"等多类商赛来进行初步的了解。

1）风格设计：PPT模板选择需要契合主题，内容上应做到简洁明了，尽量突出关键字或关键信息，不要出现大段文字叙述；页面颜色搭配要做到整体统一，同时配色最好不超过三种；内容输出需要条理清晰、简洁明了。关于PPT资源的选取，商务风格PPT比较注重页面的逻辑链条设计，即每个页面可以设计整体进度条或运用思维导图型输出模式；图标设计方面尽量使用与主题相关的图标，还可配合主题自制的图标或GIF。

2）内容与结构：内容要符合主题，做到目的明确、有理有据、有创新观点。图文设计贴合所选商务情境、排版合理、界面美观，无明显文字或链接错误，适当运用多媒体元素（图片、音视频等）。

3. 参赛团队需具备的素质

（1）具有较强的学习能力。该比赛的笔试部分既有知识考核也有运用考核，而运用需要具备相关知识作为基础，因此团队成员需对学院开设的相关课程，如国际贸易、跨文化商务交际、营销有较好的学习情况而且能够自主学习课程外的相关知识。

（2）具备较强的语言能力和信息处理能力。语言能力是最基本的，而信息处理能力是指针对演讲展示部分能够快速整合信息并形成方案。

（3）具备较好的团队合作能力和抗压能力。因为比赛内容很多，所以团队成员要密切合作、合理分工，而抗压能力既指团队成员在备赛过程中能较好地抵抗备赛内容多且时间短的压力，也指他们在比赛现场能较好地抵抗短时间内完成任务的压力。

关于备赛建议，这里有三点：第一，尽早准备，尤其是笔试部分；第二，在课堂上积极发言，利用课堂发言的机会锻炼自己的口语能力和公开发言的胆量；第三，关注商务、贸易、营销方面的新闻评论和公司案例，并积累与商务实践相关的素材。

10.3.3 备战"学研汇智杯"全国高校商务英语综合能力大赛

1. 线上知识竞赛备赛技巧

"学研汇智杯"全国高校商务英语综合能力大赛初赛为赛卷闭卷，采用线上考试形式，满分 100 分，主要考核语言知识、商务知识和跨文化商务交际知识等。试题形式为客观题和主观题，涵盖语言技能和商务知识两方面内容。语言技能方面测试考生在国际商务环境中英语听、说、读、写、译的能力。商务知识涉及国际商务中的主要业务，突出国际贸易实务方面的知识。

（1）客观题备考技巧。线上知识竞赛部分的客观题题型有词汇题、选择题、判断题、完形填空题，主要涉及的商务知识包括国际贸易知识与语言理解、国际贸易知识与语言搭配、经贸类文章理解等。与前两项商务知识竞赛不同的是，该项赛事不考核听力理解部分。备赛阶段需要拓展商务类词汇的理解和用法，可以通过泛读与精读财经、商贸类文章来提高词汇的搭配与灵活运用能力，并同时提高对此类文章的理解与掌握能力。泛读的材料推荐 *China Daily* 中国日报双语新闻，以及大学英语四六级、英语专四专八的阅读理解材料和优质写作范文。精读材料则推荐参考商务英语专四专八的阅读真题、《体验商务英语》教材四、五册的课文，以及 BEC 中、高级的阅读文章或者经贸类外文期刊等。通过阅读这些材料，积累其中影响词句和篇章理解的词汇，可以大幅度提升自己商务英语方向的词汇量。此外该竞赛客观题中出现了图表分析题型，需要注意看图表标题和横轴、纵轴代表的信息，还有图例和单位。

（2）主观题备考技巧。线上知识竞赛的主观题主要包括两个方面：制单题和商务信函写作题，其中制单题主要涉及商务合同相关信息的填写。备考期间需提前了解商务合同的格式、仔细查看合同的名称。商务合同也分为很多种，比如渠道合作合同、产品购买合同、服务协议合同等。详细分析合同的具体内容，提前了解商务合同包含的条款表达方式和术语。合同中涉及的款项结算情况也是分析的主要内容，提前了解商务结算不同方式的表达，注意结算单位的表达方式和单位换算、汇率换算等。

关于商务信函的写作，商务信函在商务英语写作中是最常见的一种形式。国际商务英语信函比普通的信函更正式更严肃。正式的国际商务英语信函一般由信头、正文和信尾三个部分组成。

1）信头（Letterhead）是公司的名称、地址和联系方式。信头一般包括发信人的公司名称、详细地址、邮编以及电话、传真号码、电子邮件（E-mail）地址、公司网址等。信内名称和地址包括收信人的姓名、职务、地址（门牌号，街道名称，所在城市，邮政编码和国名）等，地址从小到大书写。商务信函的日期应该清晰明了，可以按日、月、年的顺序（英式）或者按月、日、年的顺序（美式）书写。年份要完整的写出，例如 2022 而不是 22。月份要用英文表达，不能用数字代替，月份名称可以用缩写，例如用 Sept 代替 September。日期可以用基数词或者序数词。月份和日期之间不用标点，年份之前用逗号隔开。

2）正文（Body of the Letter）是信的主体，应清晰明了地阐述写信的目的、建议、要求或相关信息，注意语气和措辞的恰当性。正文开头的称呼是写信人对收信人的一种礼貌性称谓，后接姓氏或姓名，例如：Dear Sirs、Dear Madam、Dear Mr.、Dear Ms。

3）信尾（closing）包括结尾敬语和签名。结尾敬语是商务往来的结尾信函采用客套形式，称呼与结尾敬语有相对应的关系。商务信函的签名通常是在结尾敬语下空出一行，打上写信人所在公司的名称，在公司名称下留出空白以便亲笔签名。亲笔签名下面也必须将姓名打印上去，在签名的下面可以写明自己的头衔。

商务英语写作能力的提高可以通过以下方式。第一，加大商务词汇量，提高商务英语写作能力。商务英语写作能力不是一朝一夕就能达到的，必须从最基础的词汇入手。扩大词汇量，词不离句，从而强化商务英语写作的能力。第二，通过一句多译练习训练提高商务英语写作能力。平时多做一些一句多译练习，这样有助于启发商务英语写作思路。写作时选择自己有把握的句子，灵活地表达同一内容、减少失误、提高得分率。第三，结合文章进行各种体裁的商务英语写作训练。从一些常见的文体练起，由短到长，由浅入深，循序渐进地进行。第四，通过背诵训练写作，通常文章中的句子就是规范的英语范文。把词语放在句型、段落、篇章中去理解、记忆和体味，以至于能够仿写、改写。第五，通过仿写和改写提高商务英语写作能力。仿写也是提高英语写作能力行之有效的方法，模仿写作中的格式、构思、表达方式等。但要注意灵活变通，语句要通顺，符合英语表达的意思。另外，改写也是一种很好的方法，改写就是对文章材料的文体、式样、句式等进行改编的一种训练方式。无论是改人称、改时态，还是改对话材料为叙述文字，这都有助于复习巩固所学知识，既能复习所学知识，又能起到提高商务英语写作能力的作用。

2. 微视频制作备赛技巧

（1）微视频制作方法与技巧。

微视频制作首先要拍摄素材，拍摄素材的方法和技巧很多，其中有几个比较实用、易上手：

1）剧本创作：相对于传统纸质广告来说，微视频通过情节的高低起伏来带动用户的情绪，通过对故事情节的升华，引发用户对品牌的共鸣及支持。因此，一个优秀的策划方案是优秀微视频的基础。

2）设备和分镜：要根据微视频的预算来选择拍摄器材。对于一些可有可无的设备，尽量去掉，以节省成本。根据事先准备好的拍摄草图，给不同的地方安排镜头，可以有效缩短拍摄时间。

3）场地选择：要根据微视频的类型选择场地，比如，如果是温暖治愈型的视频，那就要选择或者搭建一个光线充足、环境较为安静的场地；如果是暗黑风格的视频，那光线就要尽量暗一些。

4）拍摄素材时，设备要平稳：很多新手在拍视频时，镜头非常晃，这会导致观看体验很差，甚至会导致观众头晕、反胃。如果拿不稳设备的话，可以借助其他工具，如三脚架、相机脚架等。尽量调整设备镜头与水面平行，或者根据实际情况调整参照物水平。

5）剪辑制作：拍摄的视频用软件剪辑整理一下，还可以适当地增添一丝特效，例如调整光亮度、添加字幕、添加合适剧情的配乐，让视频整体在质量上得到保证，令其观赏性也更加完美，让整个视频达到理想的效果，这能够带给观众视听结合的感受。

除了上面说的，微视频拍摄素材还有不少技巧，比如录制角度、黄金分割线、延迟拍摄、跟踪拍摄和俯拍等，创作者可以慢慢磨练这些技巧。

（2）微视频类型。

1）手绘类：使用动画软件制作或亲手绘制。电脑端可尝试"万彩手影大师"，移动端有"美绘""美册"等。

2）动画演示类：使用动画人物、素材代替真人出镜，会更吸引观众的注意力、更具趣味性，推荐使用"右糖""来画"进行制作。

3）真人演示类：摄像头与屏幕录制，或是摄像头与板书/背景视频形式。若采用屏幕录制形式，推荐使用"傲软录屏"、Camtasia进行录制。

（3）微视频制作注意事项。

关于微视频制作的注意事项见表10-7。

表 10-7　微视频制作注意事项

模块内容		制作要点
微视频主题阐述	主题说明	选题符合要求； 选题具有时代感和可行性

续表

模块内容		制作要点
微视频主题阐述	创意说明	原创性； 形式新颖，有亮点
	语言表述	文字使用规范； 阐述思路清晰
微视频效果	成片合成	音画同步； 衔接自然
	剪辑视频素材	素材选取合理； 剪辑熟练，节奏感强
	视频转场及效果	镜头运用准确、合理； 转场效果立意鲜明，手法独特； 衔接流畅合理
微视频效果	字幕制作	字体合理，色彩搭配协调； 风格新颖，无错别字
	编辑技巧	画面构图合理，具有设计感； 整体制作效果好，风格统一； 创意新颖
	成片整体性	紧扣赛题要求，主题突出； 画面色调适当，光影运用合理； 音效逼真； 镜头运用准确，立意鲜明，衔接流畅合理

（4）微视频素材资源。

微视频的素材种类有很多，比较常见的有图片、视频、音乐等。不过，不管是哪种素材，尽量找那些无版权或可以商用的，这里提供三个素材网站：

1）包图网：包图网含有大量的图片和 AE 模板、PR 模板、视频素材等，种类丰富。从视频素材到视频封面，创作者需要用到的工具，基本都能在该网站中找到。网站内既有免费素材，也有会员素材，可以根据实际情况灵活选择。

2）淘声网：淘声网是一个提供各种音效素材的网站，创作者可以根据视频类型从网站筛选出需要的素材，并且该网站素材质量都很高，免登录即可下载，不过每天有下载次数限制。

3）pexels 网站：pexels 是一个无版权图片素材网站，知名度非常高，里面包含各类无版权图片，质量高、免登录直接下载，并且创作者还能自由调整图片分辨率，下载适合视频需求的素材。

第 11 章
英语翻译类竞赛

📖 本章导读

近年来，随着中外交流的不断深入和翻译学科的蓬勃发展，各级各类外语翻译赛事正在国内外如火如荼地展开，不少在校大学生都参与其中。为了便于同学们更好地了解和参与翻译比赛，在本章介绍一些常见的翻译赛事，包括全国大学生英语翻译能力竞赛、"LSCAT 杯"笔译大赛（江苏省）、"CATTI 杯"翻译大赛、韩素音国际翻译大赛、"普译奖"全国大学生翻译比赛、全国英语口译大赛等，也简单介绍参加翻译比赛前的准备技巧。

📝 本章要点

- 全国大学生英语翻译能力竞赛
- "LSCAT 杯"笔译大赛（江苏省）
- "CATTI 杯"翻译大赛
- 韩素音国际翻译大赛
- "普译奖"全国大学生翻译比赛
- 全国英语口译大赛
- 英语翻译类竞赛的准备技巧

11.1 认识英语翻译类竞赛

据粗略统计，目前在国内较为知名的翻译赛事有近三十项。从参赛人员学历层次上看，有为本/专科学生、研究生、博士生等设立的英语翻译比赛；从辐射层面来看，有全国比赛、省市级比赛和院校级比赛；从举办单位来看，有各地市级翻译协会、高等本专科院校、政府机关、公司企业、报纸杂志等主办的翻译比赛；从比赛地域分布来看，有在国内各个省份和国外某些区域举行的比赛；从参赛形式来看，有口笔译、线上线下、现场考试和阶段交稿等比赛形式；从比赛内容来看，有涉及文学、经济、政治、商务、法律、新闻、科技、公示语等领域的比赛。为了让同学们更好地了解翻译赛事，本节整理和分析六项翻译类赛事的相关情况。

11.1.1 认识"全国大学生英语翻译能力竞赛"

"全国大学生英语翻译能力竞赛"的主办单位是商务印书馆和《英语世界》杂志社，协办单位为广东省高教外语研究院、英文巴士、大学生英语赛事、中国英语教育研究网等。参赛对象为全国在校大学生（包括研究生、本科生、高职高专学生）。该赛事报名和提交译文时间为每年六月。

该比赛主办方表示，为贯彻落实教育部《关于加快建设高水平本科教育全面提高人才培养能力的意见》（教高〔2018〕2号）等文件精神，激发大学生学习英语的兴趣，促进大学生英语翻译能力发展，为全国在校大学生提供展示英语翻译水平和能力运用的舞台，特举办全国大学生英语翻译能力竞赛（2022年）。

该赛事奖项设置如下：

全国特等奖3名，颁发荣誉证书和奖杯；全国一等奖不超过本组参赛人数的1%，颁发荣誉证书；全国二等奖不超过本组参赛人数的3%，颁发荣誉证书；全国三等奖不超过本组参赛人数的6%，颁发荣誉证书；省级一等奖不超过本组参赛人数的10%，颁发荣誉证书；省级二等奖不超过本组参赛人数的15%，颁发荣誉证书；省级三等奖不超过本组参赛人数的25%，颁发荣誉证书。

11.1.2 认识"LSCAT杯"笔译大赛（江苏）

根据相关资料，"LSCAT杯"笔译大赛（江苏省）是为满足本省日益扩大的中外交流需求、培养高素质语言服务人才、推动高校外语教学整体发展、促进专业学科建设和语言服务行业的繁荣与发展，响应国家"一带一路"倡议、助力"长江经济带"建设、服务"中国文化走出去"国家战略，由中国翻译协会语言服务行业创业创新中心（LSCAT中心）与江苏省翻译协会、江苏省高校外语教学研究会、南京翻译家协会联合举办。

赛事承办方为中国翻译协会LSCAT中心江苏省分部，参赛者须在中国翻译协会语言服务行业创业创新中心官网报名并下载比赛指定的翻译原文，在线下完成翻译后，将完成的参赛译文作品上传提交至该网站。其学术支持为《中国翻译》期刊、《当代外国文学》期刊。

奖项设置由大赛组委会统一组织，设置"江苏省笔译之星"、一等奖、二等奖、三等奖、优胜奖及教师组织奖。其中"江苏省笔译之星"本、专科各10名，一等奖占参赛总人数的1%，二等奖占参赛总人数的5%，三等奖占参赛总人数的10%，优胜奖占参赛总人数的20%。比赛获奖名单经主办方审定后，在中国翻译协会语言服务行业创业创新中心官网公布。凡完成比赛的参赛者均可获得中国翻译协会LSCAT项目笔译方向的实践积分（20分）；比赛获奖者还将获得LSCAT项目相关语种笔译方向的能力积分。优胜奖、三等奖、二等奖、一等奖的获奖者可分别获得 10 分、30 分、50 分、100 分能力积分，实践积分和能力积分可累积用于获取中国翻译协会出具的实习实践证明或能力证书（详见 LSCAT 官网的相关说明）。一等奖以上获奖者将直接入选中国翻译协会 LSCAT 人才库，学生获奖证书可以官网下载。

11.1.3　认识"CATTI 杯"翻译大赛

"CATTI 杯"全国翻译大赛主题为"用外语讲述真实、立体、全面的中国"，主办单位为全国翻译专业学位研究生教育指导委员会、中国外文局翻译院，实施单位为中国外文局 CATTI 项目管理中心，学术支持单位为中国翻译协会人才测评委员会，协办单位包括各语种相关单位、国内外高校联盟、商业联盟、教育机构、文化机构等。

作为一项新的赛事，主办单位为贯彻落实中央有关部门关于加强翻译人才队伍建设有关精神，加强中外文化交流合作，鼓励用外语讲述中国故事，通过赛事选拔更多优秀翻译人才，提升我国国际传播能力，加强中外青少年文化交流，培养一批适应新时代国际传播需要的专门人才队伍，经全国翻译专业学位研究生教育指导委员会、中国外文局翻译院批准，特面向国内外举办"CATTI 杯"全国翻译大赛。参赛者应特别区分这一比赛与 CATTI 翻译资格证书考试是不同的，前者为翻译比赛，后者为职业资格证书考试。

11.1.4　认识韩素音国际翻译大赛

韩素音国际翻译大赛由中国翻译协会、中国翻译研究院与天津外国语大学联合主办，教育部中外语言交流合作中心支持，《中国翻译》杂志社、天津外国语大学高级翻译学院共同承办。大赛已举办三十多届，设英语、法语、俄语、西班牙语、阿拉伯语、德语、日语、朝鲜语、葡萄牙语、意大利语共十个语种与汉语的互译，共计二十个竞赛项目。参赛者可任选一项或同时参加多项竞赛。竞赛原文可参见中国翻译协会官网。相较而言，韩素音国际翻译大赛在翻译圈的认可度较高。

该赛事奖项设置如下：

（1）设一、二、三等奖和优秀奖若干名。一、二、三等奖将获得证书、奖金和刊发大赛揭晓信息的《中国翻译》杂志一本，优秀奖将获得证书和刊发大赛揭晓信息的《中国翻译》杂志一本。中国翻译协会官网、《中国翻译》杂志和微信公众号等将公布竞赛结果，竞赛获奖者将获邀参加颁奖典礼。

（2）设"最佳组织奖"若干名，面向积极组织本单位人员参赛的单位（院系、高校或企事业）。获得最佳组织奖，首先需单位提交申请，组委会经过评审确定本届最佳组织奖获奖单位。对该比赛感兴趣者可登录中国翻译协会官网或关注"中国翻译"微信公众号，了解竞赛最新动态。

11.1.5　认识"普译奖"全国大学生翻译比赛

为响应国家语言文字工作委员会《中国英语能力等级量表》的实施和推广，促进大学生英语教育教学活动的开展，丰富学生的英语学习生活，提高全国在校学生的英语应用水平，展示学生的英语运用能力，"普译奖"系列赛已举办数年。作为外语类品牌赛事，面向广大高校学生已成功举办五届"普译奖"全国大学生翻译比赛及四届全国大学生英语写作大赛，受到各高校及英语研习机构的广泛好评。2022年第六届"普译奖"全国大学生翻译比赛在此基础上由《海外英语》杂志联合我爱竞赛网、172校园活动网主办，各高校外语研究机构共同协办。

参赛学生需登录大赛官网，注册并填写个人信息，选择报名组别（组别A：英译汉、组别B：汉译英）。参赛选手可参加其中一个组别，也可两个组别都参加，需缴纳报名费（2022年为30元/组，2023年为35元/组）。

初赛阶段说明：已报名选手登录官网，查看翻译题目，并在初赛截止前提交译文作品。截止时间前未提交视作放弃参赛，取消评审资格。初赛结果在官网公布，各参赛选手可登录官网查询。决赛获奖情况在官网公示，参赛选手可登录官网查询。

11.1.6　认识全国英语口译大赛

全国英语口译比赛的指导单位是中国外文局，主办单位是中国翻译协会，承办单位是中国翻译协会语言服务行业创业创新中心、京甲申同文翻译有限公司，技术支持是苏州联跃科技有限公司。该比赛至今已举办数届，在高校学生参与的口译类比赛中较为典型。

大赛主办方表示，为造就专业化、职业化的翻译及语言服务行业人才队伍，中国翻译协会于每年3—10月举办全国英语口译大赛（以下简称"大赛"）。大赛旨在促进翻译学科建设和语言服务行业的繁荣与发展、培养高素质语言服务人才，更好地服务国家发展大局和国际传播能力建设。

该赛事奖项设置如下：

（1）大赛总决赛将产生冠、亚、季军，一、二、三等奖及特别奖（包括：优秀团队奖、由网络投票产生的译员风采奖等），大赛组委会将向获奖选手颁发荣誉证书、奖品及奖杯。

（2）半决赛将产生一、二、三等奖、特别奖及优秀奖，大赛组委会将向获奖选手颁发荣誉证书。

（3）复赛将产生一、二、三等奖、特别奖及优秀奖，大赛组委会将向获奖选手颁发荣誉证书。

（4）组委会还将设置最佳组织奖以及各级别的优秀指导教师奖等奖项。

参赛者另需注意：作为大赛组织管理、平台运维以及出题评审支出，所有参赛选手需在参赛登记时向大赛报名平台缴纳费用60元；此后晋级复赛、半决赛的选手每次晋级后需向相应承办方缴纳费用300元。因参赛产生的住宿、通信、交通以及自主选择的缴费培训项目等支出由选手自理。因不可抗力因素（如疫情）影响赛事，大赛组委会有权改变赛事方案（如赛事延期），或终止赛事。

11.2　了解各英语翻译类竞赛要求

翻译比赛参与者应进一步了解相关翻译比赛的具体要求，也就是社会对学生外语水平与翻译能力的要求，不盲目参赛。

11.2.1　"全国大学生英语翻译能力竞赛"要求

该赛事有两种报名方式：一是，赛点院校，负责老师统一组织报名参赛；二是，非赛点院校，参赛者个人扫描海报二维码进竞赛官网自行报名。竞赛分为英译汉组和汉译英组，参赛者既可报名其中一个组别，也可以两个组别都报名参加，分别参与评奖。译文提交方式一般为参赛者个人直接在竞赛官网个人中心提交。参加该赛事需缴纳报名参赛费（2024年为49元/组），参赛者个人或学校可申请开具发票。

赛事组织方特别说明：

全国奖项证书均为纸质版，颁奖时邮寄给获奖者个人或赛点院校老师。省级奖项证书可提供电子版和纸质版（电子版于颁奖时在官网下载；纸质版领取办法：①赛点院校可由老师统一接收纸质版省级奖项证书并颁发；②非赛点院校可由本校团委老师或某获奖者指导老师统一接收并颁发）。未获奖的将提供电子版参赛证明。非赛点院校根据初评成绩排列省级一、二、三等奖项，复评排列全国特、一、二、三等奖项。赛点院校老师参与本校译文评审，本校前50%可获得省级奖项（其中前10%可晋级全国奖项评审）。参赛者同时参加英译汉组和汉译英组并都获得全国奖项的，将额外颁发"英汉互译之星"荣誉证书奖励。全国特等奖获奖者及指导老师可获赠《英语世界》杂志，并有机会被推荐在《英语世界》上发表作品。

11.2.2　"LSCAT杯"笔译大赛（江苏）要求

该比赛目前设英译中本科组、中译英本科组、英译中专科组、中译英专科组、法译中、中译法、德译中、中译德、日译中、中译日10个组别。参赛者可任选一个方向或同时参加多个方向竞赛，所有普通高校在校学生均可自愿报名参加相应比赛。

个人报名：每年2—4月，参赛者可通过中国翻译协会语言服务行业创业创新中心官网或微信公众号"LSCAT"注册并提交报名信息（已注册者，直接凭用户名与密码登录）。团体报名：各学校负责教师在官网"团体报名通道"下载报名表格模板，按照表格要求填写学生信息并上传报名表。学生收到短信通知，登录其个人账号，完善信息后完成报名。

关于下载翻译原文和上传参赛译文作品：完成报名的参赛者可通过上述官方网站或微信公众号下载比赛指定的翻译原文，在线下完成译文后，于比赛截止时间前上传参赛译文作品，完成赛事程序。该竞赛不接收打印稿。

参赛译文要求：参赛译文须独立完成，杜绝抄袭现象。一经发现，将取消参赛资格。请参赛者在大赛截稿之日前妥善保存参赛译文，请勿在书、报刊、网络等任何媒体公布自己的参赛译文，否则将被取消参赛资格。

参赛译文应为 Word 电子文档，中文宋体、英文 Times New Roman 字体（日语、德语、法语用常规字体即可，无特定要求），全文小四号字，1.5 倍行距，文档命名格式为"×××（姓名）英译中"或"×××（姓名）中译英"。译文正文内请勿书写参赛者姓名、地址等任何个人信息，否则将被视为无效译文。每项参赛译文一稿有效，不接收修改稿。

组委会发布的其他有关注意事项：

（1）敬请各高校相关院系做好竞赛宣传与组织工作，各校参赛者不限学历、专业、不限人数，欢迎翻译爱好者踊跃报名。如有问题，可发送邮件至本次大赛组委会工作邮箱：Caifr@lscat.cn。

（2）参赛者通过官网或微信公众号"LSCAT"报名缴费时，任选一参赛组别需支付报名费 60 元，英语语种组别的参赛者注意根据所在院校性质选择本科或专科组，有关票据由协办单位南京浙大方圆科技有限公司提供办理。

（3）参赛者可通过微信公众号"LSCAT"及时获取相关参赛成绩公布和获奖证书领取的最新通知。请悉知并留意查看。

11.2.3 "CATTI 杯"翻译大赛要求

该翻译赛事 2022 年首次设置，参赛对象分不同组别，职业组为专／兼职翻译工作从业者。大学组包含 A、B 两类，A 组为普通本科院校在读研究生或本科生；B 组为民办院校、独立学院、高职高专院校在读本科生或专科生（鼓励 B 组范围人员参加 A 组比赛，但 A 组范围人员不得参加 B 组比赛）。此外还有通用组与外籍组，通用组指热爱翻译的国际学校学生、翻译爱好者、高中生等，外籍组指参赛对象为外籍人士。根据国家"双减"有关政策，不建议义务教育阶段学生参加。

在比赛语种及类别方面，目前语种含中英、中日、中韩；类别为口译、笔译两类。

比赛安排分为初赛（校选赛）、复赛（省赛）、全国决赛（国赛）三个阶段。奖项设置情况：复赛设特等奖、一、二、三等奖；全国决赛设一、二、三等奖。获得全国奖项的选手将进入中国外文局翻译院翻译人才储备库，代表中国参加各类国际翻译大赛，推荐参与相关项目，并根据个人申请优先提供实习、就业等机会。

报名方面，一般为登录大赛微信公众号"全国外语赛事"完成报名。另设团体报名：由各翻译协会、学校、企事业单位统一组织报名。具体报名方式将在报名通道开启前公布在微信公众号和官网上。此外，大赛将视情况举办医学、科技、法律等各细分领域赛事，具体计划待各分领域组委会确定后，另行发布通知。

11.2.4 韩素音国际翻译大赛要求

该赛事要求参赛者年龄为 18～45 周岁。与其他相似赛事一样，该比赛的组织方强调参赛译文须参赛者自主独立完成，杜绝抄袭现象，一经发现，将取消参赛资格。自公布竞赛原文至提交参赛译文截稿之日，参赛者不可在任何媒体公布自己的参赛译文，否则将被取消参赛资格。

参赛流程如下：

（1）国内选手报名：关注"中国翻译"微信公众号→对话框内输入"竞赛报名"→弹出报名表→填写报名信息（每人每个组别只有一次报名机会，请务必确认信息正确）→支付报名费（30元）→报名成功，获得参赛资格。电子邮箱和微信收到"报名确认通知"（内含由数字或字母组成的12个字节的"报名凭据"等）。报名凭据查询：可通过"中国翻译"微信公众号→对话框内输入"报名记录查询"→填写姓名和证件号→查询个人报名信息（报名凭据）。

（2）外籍选手报名：登录中国翻译协会官网→韩素音国际翻译大赛专栏→××届专栏→"外籍选手报名通道"→"在线报名"→填写报名信息（每人每个组别只有一次报名机会，请务必确认信息正确）→提交报名表→等待审核（约5个工作日）。通过后，获得参赛资格，电子邮箱收到"报名确认通知"（内含由数字或字母组成的12个字节的"报名凭据"等）。报名凭据查询：可通过中国翻译协会官网→韩素音国际翻译大赛专栏→××届专栏→"外籍选手报名通道"→"结果查询"查询个人报名信息（报名凭据）。

（3）网站在线提交参赛译文：报名成功后，请在规定日期前登录中国翻译协会官网韩素音国际翻译大赛专栏，单击相应的提交参赛译文链接，填写姓名和报名凭据后，系统会在线显示报名信息，参赛者请根据提示在线提交相应组别的参赛译文。

要注意参赛译文提交的要求：

（1）译文内容与报名时选择的参赛组别须一致，不一致视为无效参赛译文。如：选择参赛组别为英译汉，提交译文内容若为汉译英，则视为无效译文。

（2）汉语与英语双向互译的参赛译文须将文字直接拷贝粘贴至提交译文的文本框内。

（3）其他语种参赛译文须为 Word 文档的 docx 格式文件，大小不超过 2M。

（4）文档内容只包含译文，请勿添加脚注、尾注、译者姓名、地址等任何个人信息，否则将被视为无效译文。

（5）截止日期前未提交参赛译文者，视为自动放弃参赛资格，组委会不再延期接受参赛译文。每项参赛译文一稿有效，不接收修改稿。

（6）为避免服务器过度拥挤，请尽量提前提交参赛译文。

11.2.5 "普译奖"全国大学生翻译比赛要求

该比赛的英译汉和汉译英的初赛为一篇400字左右的英文文章或中文文章，决赛为一篇500字左右的英文文章或中文文章。

比赛初赛采取"人工智能+专业老师"评审，决赛采取"人工智能+专业老师评审+翻译专家"评审。决赛评审将对所有译文进行人工智能筛查初审，人工智能主要针对译文是否使用软件翻译等情况，接下来则由组委会和各高校协办单位的专业老师进行复审。最后由翻译专家组成的大赛评审委员会负责参赛作品的终审工作。参赛译文一经发现作弊情况（包含但不限于软件翻译、抄袭、雷同、代写），即取消参赛者作品评审及获奖资格。

比赛的评分标准：按照"忠实60%+ 通顺40%"的标准整体打分。"优秀"（90～100分）的标准为原文的信息全部传达，语气和文体风格与原文一致；断句恰当，句式正确，选词妥帖，段落之间、句子之间互应自然，有一定文采。"良好"（80～89分）的标准为除个别次要信息有疏漏之外，原文的重要信息全部传达，语气和文体风格与原文一致；选词较正确、得体。句子组织与安排符合汉语规范。"中等"（70～79分）的标准为有少量理解错误或个别漏译，但主要精神与原文一致；拘泥于英文的句式，行文不够顺达，但没有重大的选词和句式错误。"及格"（60～69分）的标准为有个别重大错误或遗漏，部分信息含混，但总体上基本达意；语句不够连贯，行文灰色。有个别重大的选词和句式错误。"不及格"（59分以下）的标准为误译、漏译较多，不能传达原文主要精神；用词不当，行文不通顺，语言不符合汉语规范。

11.2.6　全国英语口译大赛要求

该赛事的参赛资格为：以汉语和英语为源语言或目标语言的国内外口译学习及工作者。比赛的形式如下：

（1）大赛主赛事为交替传译，采用初赛、复赛、半决赛、总决赛四级赛制。

（2）所有交替传译参赛选手（包括学校推荐的复赛选手）都统一在大赛官网注册报名。

（3）交替传译初赛选拔出的优胜者报名参加所在省区举行的复赛；各院校单位也可根据大赛标准选拔种子选手直接参加复赛（具体人数由大赛组委会协调决定）。

（4）各省交替传译复赛选拔出优胜者晋级半决赛（一般不超过复赛参赛人数的30%，具体人数由大赛组委会协调决定）。

（5）交替传译半决赛按所在区域选拔出优胜者晋级总决赛（一般每区不超过10人，具体人数由大赛组委会协调决定）。

（6）大赛同声传译赛事采用选拔赛和总决赛两级赛事，选拔赛进入前8名的选手晋级总决赛。

赛事安排如下：

（1）交替传译初赛：每年六月前完成初赛推广与选手选拔工作。具体信息在中国翻译协会网站的"全国口译大赛"栏目及中国翻译协会语言服务行业创业创新中心网站发布。

（2）交替传译复赛：复赛承办单位由大赛组委会统一指定，各省承办单位应在复赛登记截止日期前完成本省可直接入围复赛的校方推荐选手的确认。六月月底前，复赛各省承办单位组织本省区域同时在线举行大赛复赛。具体信息在中国翻译协会网站的"全国口译大赛"栏目及中国翻译协会语言服务行业创业创新中心网站发布。

（3）交替传译半决赛：按大赛组委会要求分区在线举行半决赛。具体信息在中国翻译协会网站的"全国口译大赛"栏目及中国翻译协会语言服务行业创业创新中心网站发布。

（4）同声传译选拔赛：按大赛组委会要求在线举行同声传译选拔赛。具体信息在中国翻译协会网站的"全国口译大赛"栏目及中国翻译协会语言服务行业创业创新中心网站发布。

11.3　备战各英语翻译类竞赛

要想在翻译类竞赛中取得好成绩，就要掌握翻译比赛的应试准备技巧，尤其注意翻译原则、翻译方法和翻译过程的把握。同时，我们应该认识到，翻译能力的提升不是朝夕之事，却在朝夕苦练里，参加翻译比赛是提升个人翻译能力的有效方式。

11.3.1　掌握英语翻译技巧

相关翻译比赛在评分标准方面区别不大，比如都注重原文的信息全部传达、语气和文体风格与原文一致；断句恰当，句式正确，选词妥帖，段落之间、句子之间互应自然，有一定文采或个性。

翻译类比赛对参赛者的外语水平和翻译能力有一定要求，而翻译能力的提升并非是一朝一夕的事情。翻译方向的在读学生仍处于翻译的入门阶段，对此一定要有清醒的认识。本章编者曾将译员比作飞行员——如果说飞行员的飞行小时数代表了其飞行能力，那么一名翻译人员译过的字／词数便代表了其翻译能力，没有数万字以上的翻译经历者，休谈其翻译水平如何如何。因此，对外语专业、翻译专业或外语类翻译方向的同学来说，最为迫切的是进行大量的练习，让翻译能力在实践中得到提升，这也体现了翻译作为一门技能的本质要求。

参加翻译比赛也是翻译练习与实践的方式之一。要想在竞赛中译出好译文、取得好成绩，除了平时努力提高外语水平、积累翻译技巧之外，下面几点尤为重要：

（1）应注重对原文的理解。正确理解原文是进行翻译表达的前提。以2022年LSCAT杯江苏省翻译比赛英译汉比赛为例，原文第一段中在介绍了出版业历史久远却又拥抱现代化改革的与众不同的情况后，紧接着说Banking or fashion might be others. 来表达"银行业或者时尚业或许也可以归入此类行业"之意，然而由于理解不透彻，大部分参赛同学都把它翻译成了"银行业或者时尚业可能是与之不同的其他行业"或"银行业或时尚业却不同"等。

（2）表达应符合原文的风格，避免出现译文句式、语法问题。例：And yet this image of publishing, of gentlemanly, book-lined offices, stuffiness and tweediness, a leisurely pace, a backward looking and dilettante air is, while being grounded in truth, also hopelessly wrong. 学生译：然而，这种出版业的形象——绅士气派，书本林立的办公室，闷热的空间和随便的衣着，悠闲的步伐，倒退的态度和浅薄的气质，虽然是基于事实，也是完全错误的。

改译：不过，如此描绘出版业——办公室绅士气派十足、四面书本环绕，环境沉闷而优雅，节奏从容悠闲，气氛守旧而有文艺范儿，这些描述虽然属实，却也错得离谱。

（3）注意结构和语序的调整。例：The number of new international students enrolling at American institutions fell by 6.6 percent during the 2017-2018 academic year, on top of a 3.3 percent decline the year before, according to a report by the Institute of International Education. 此句虽长，但只是个简单句，句末状语 according to a report by the Institute of International Education 在翻译时要根据汉语习惯置于句首。短语 on top of 在这里表示 in addition to 或 along with，即此外、还有的意思。原句可译为美国国际教育协会的一项报告显示，2017—2018 学年，美国各大学国际学生新生的数量下降了 6.6%，而上一年的下降率为 3.3%。

（4）注意一词多义的处理。在上述提到的比赛原文中（第三段）就有许多需要译者特别注意的词汇：The physical printing presses worked away in the basement... The great Venetian publisher Aldus Manutius had… 你会如何翻译这几个单词：physical、press、great？需多查字典、三思而译。（参考译文附后）

（5）注意翻译技巧的使用。如增补、省略、逆译、语态转换、正反互译、切分与合句、抽象与具体互化等，尤其是添加连词、范畴词和进行显化处理。例如，对这句：Everything matters from safety, to cost, to perhaps perceptions of visa policy, ... 在翻译名词 safety 和 cost 时，应根据汉语习惯加入范畴词"问题"，还应显化英语中的复数曲折变化形式，将 perceptions 译为"各种看法"或"种种看法"，如此，原句可译为从安全问题到费用问题，或许还有对签证政策的各种看法，所有这一切都很重要。

（6）适当添加译注。原文中可能会出现一些历史典故、地域特色等影响译文读者理解的内容，在受限于译文篇幅和影响可读性的情况下，译者应多尝试添加各种夹注、脚注、尾注等，适当添加译注有助于让译文更加易为读者所接受，在翻译比赛中也更易于赢得评委的喜爱。

以上的参赛技巧主要是针对各类笔译比赛来谈的，但对准备口译比赛也有很大的参考意义。口译是一种即席性的语言转换活动，一般的口译比赛都是交替传译，即，口译员在发言人完成一个完整的意群之后，再将译文即席翻译出来。口译的标准大致为准确、完整和流畅。口译的特点决定了口译员或口译参赛者除了有较强的语言转换和表达能力，还必须具有快速的反应能力、较强的记忆能力、逻辑思维能力（整理信息的能力）和广泛的文化背景知识。口译员或口译参赛者应训练和提升口译笔记的技巧，这是交替传译中最为重要的技能，可以在口译中发挥关键的作用，实现较好的口译效果。

口译中笔记技巧和符号是口译人员个人风格的体现，口译参赛者可根据自己的特点和喜好进行反复地练习。口译笔记的内容主要包括原语的主要观点及逻辑关系、数字、专有名词、时态和情态动词和发言人快速罗列的内容等；为方便翻页和读取，口译笔记本尽量选用可上翻页的速记本，记录和尽量抓住句子的主谓宾关键词、从左上向右下记，平行罗列的内容可由上至下垂直排列，并根据需要添加斜线或横线等标记或自己熟悉的符号。

11.3.2　掌握篇章翻译的"功能相似、意义相符"的技巧

由于翻译比赛基本都是文本翻译，而不是只专注于字词短语或单个句子的翻译，译者应注意篇章句子、段落的衔接，还要进行篇章分析。无论是英译汉还是汉译英（抑或是其他语种的翻译），首先要根据文本类型确定文本的功能，然后对原文文本进行意义分析，要弄清作者的意向，了解作者营造的情景及营造方式，以及读者受众、所传达的信息、读者反映（效果）等，从而实现译文与原文的"功能相似、意义相符"。下面简要谈一谈不同文体文本翻译的要点。

（1）广告文本的翻译。如果翻译的原文是广告文本，应根据广告所具有的信息功能、美感功能、表情功能、呼唤功能等，译文不能一味强调高度忠实于原文，而应灵活巧妙地加以变通甚或创造，使译文符合译入语广告文本的特点，从而帮助其达到宣传商品的目的。

（2）新闻文本的翻译。英语新闻注重社会效应，其特点往往是简洁性和商业性的结合，而汉语新闻注重实事求是，受习惯影响有时有空话或内容冗长等情况出现。在翻译中，译者应结合不同语言中人们的思维方式和审美习惯，英译汉时注重实事求是与表达习惯相结合，汉译英时应突出"功能相似、意义相符"的特点，确保译文信息的有效传播。

（3）科技文本的翻译。汉英科技文本用词严谨、行文规范、描述低调、平易，在翻译时应注意准确地翻译术语，注意动态语言（多动词）和静态语言（多名词）的切换、汉译英的时态，多用陈述语气，注意衔接。

（4）说明性文本的翻译。不同语言的说明文在语言表达方式、说明介绍的顺序及阐述的结构等方面都具有简明、清晰、准确以及生动、形象的特点，部分文艺性说明文也会有幽默或华美的语言特点。说明性文本重在传递信息，同时要考虑不同读者受众的审美差异和接受习惯。

（5）文学文本的翻译。文学文本包含的体裁与种类多，涉及的文化元素多，翻译的难度高，对译者的要求肯定也更高。但译者在深刻理解原文和尊重原作的基础上，仍可以有发挥的余地，正所谓"戴着脚镣跳舞"。在进行文学文本的翻译前，参赛译者应仔细阅读组织方的翻译要求。

11.3.3　案例评析

一般而言，译文不存在所谓的正确与错误，但翻译的质量高低优劣还是很容易看出来的。本部分提供一些近年热点翻译比赛的原文和译文，供同学们比较、学习。

1. LSCAT 杯江苏省翻译比赛（2022 年）英译汉原文及参考译文

英译汉（654 words）

Publishing is different. It is, for example, one of only a small but incredibly significant cluster of industries that can trace their origins back millennia, yet have, to an extraordinary degree, also modernized and embraced change. Banking or fashion might be others. But, at least in developed economies, most of us work in trades that would have been unimaginable five centuries ago. Not so the publisher.

In some ways publishing was, in the late fifteenth and early sixteenth centuries, a different universe. Culturally, technologically, economically: the contrast could hardly be starker. Yet threads of commonality are equally as arresting. Although publishers avant la lettre, the printing houses of Venice, Nuremberg, Paris, or Antwerp have startling similarities to today's publishing businesses. They too had to find and acquire content. They had to buy paper and manage plant. Production, distribution, text and book design, complex workflows and timescales, book fairs at Frankfurt, difficult authors, a constant pressure on working capital, the difficulty of assessing the right print run, relationships with bookshops and wholesalers, risk at times financial, cultural and legal, all define publishing then as now.

In many ways this historical aspect of publishing is still powerfully present. The book you are currently reading has been published by an organization dating back to 1586, although Oxford University was involved with printing for a century before that. The office of Oxford University Press on Great Clarendon Street in Oxford dates back to 1830. The Delegates that govern the Press meet in an even older home, the Clarendon Building on Broad Street, which dates back to 1715. The physical printing presses worked away in the basement of the adjacent Sheldonian Theatre, Christopher Wren's first large building. Even beyond still thriving and venerable institutions like OUP, publishing today is still an industry concerned with ink on paper, the thunder of presses, deals done with old friends over lunch. The great Venetian publisher Aldus Manutius had as his emblem a dolphin entwined around an anchor: today this same image is used as the colophon of Doubleday, an imprint of Penguin Random House, the world's largest trade publisher.

And yet this image of publishing, of gentlemanly, book-lined offices, stuffiness and tweediness, a leisurely pace, a backward looking and dilettante air is, while being grounded in truth, also hopelessly wrong. Indeed, publishing has never been a backwards looking industry. It has a long tradition to be sure, but one of radical innovation, powerfully continued today. Publishers have long been on the frontlines of change. They pioneered the first industrial technology, the printing press, the crucible of standardized mass production that defines the modern condition. With this they also pioneered industrial workflows, the complex division of labor in skilled and semi-skilled trades working in tandem around machines and intricate supply chains and dependencies. Concomitantly it was at printing houses that we see some of the earliest examples of organized labor and trades unions. Publishers drove forward the creation of intellectual property, the vital ingredient of the knowledge economy that predominates today. They adopted steam early and repeatedly revolutionized retail with everything from shops that were open to browse or Christmas presents that became essential ingredients of the festive season.

The invention of copyright and intellectual property owes much to the world of books. The first copyright law, the Statute of Anne, dates back to 1709 and gave the author ownership of the copyright: 'An Act for the Encouragement of Learning, by vesting the Copies of Printed Books in the Authors or purchasers of such Copies, during the Times therein mentioned'. The principle behind the concept of intellectual property is to foster creativity and innovation by allowing those with ownership rights to earn a return from their work.

The interplay of history and modernity, tradition and innovation; the excitement of working at the frontiers of thought and culture; the ongoing ability to, just maybe, help change the world: this is why publishing is different.

参考译文：

出版业非同寻常。比如，它属于那种为数不多但无比重要的行业，其起源可追溯到几千年前，却又在极大程度上实现了现代化、接受了变革。银行业或者时尚业或许也可以归入此类行业。但至少在经济发达地区，我们中多数人所从事的行业在五个世纪以前是难以想象的。出版社却不是这样。

在某些方面，十五世纪末十六世纪初的出版业是另一副样子，文化、技术、经济等方面的差异都极其显著。然而，诸多的相似之处也同样引人注目。威尼斯、纽伦堡、巴黎或者安特卫普的印书作坊同今天的出版业有着惊人的相似之处，尽管当时尚无出版社这个概念。它们也需要寻求并获得可供出版的内容，需要购买纸张、管理作坊，生产销售、文本与书籍需要装帧设计、需要复杂的工作流程与时限、举办法兰克福书展、和难缠的作者打交道、面对不断出现的营运资金压力、印刷数量的难以预估、处理与书店和批发商的关系、不时冒出的经济、文化、法律方面的风险。凡此种种出版业的特征，当时和现今并无不同。

在很多方面出版业的历史延续至今，其影响依然强劲。你正在阅读的这本书由一家始于1586年的机构出版，而牛津大学在此前一个世纪便已与印刷行业有了联系。牛津大学出版社位于牛津城大克拉伦登街的办公场所始于1830年。出版社的监督委员会成员办公地点则更古老，位于宽街的克拉伦登楼，建于1715年。出版社的印刷机器则在相邻的谢尔登剧院的地下室里运转，那剧院是克里斯托弗·雷恩设计的第一座大型建筑。今日的出版行业除了拥有牛津大学出版社这类让人高山仰止且依旧生机勃勃的机构，依旧离不开往纸上涂油墨、耳闻印刷机隆隆作响，以及与老友在午餐桌上谈生意。旧时威尼斯的大出版商阿尔杜斯·马努提乌斯使用的标志是一只海豚缠绕在船锚上，今天，同样的图标成了世界最大商业出版企业企鹅兰登书屋旗下道布尔戴出版社的社标。

不过，如此描绘出版业——办公室绅士气派十足、四面书本环绕，环境沉闷而优雅，节奏从容悠闲，气氛守旧而有文艺范儿，这些描述虽然属实，却也错得离谱。实际上，出版行业从来都不因循守旧。它有着古老的传统，这不错，但那是一个积极创新的传统，其活力迄今不减。出版机构长期以来都置身于变革的前沿。是他们开发了第一项工业技术——印刷机,其大规模标准化生产熔炼出现代环境。由此,开创了工业化工作流程,即组织专业与半专业行业间复杂的劳动分工,以机器、复杂供应链和附属企业为中心,协调三者的合作生产。与之相伴的,就是我们在印刷厂里看到出现了劳工组织和行业工会的萌芽。出版商推动了知识产权的确立,而这是今日占主导地位的知识经济的关键部分。他们很早就利用了蒸汽,并不断革新零售方式,采取了从可随意浏览的开架售书到已成为节日必备元素的圣诞赠礼等做法。

图书业对版权和知识产权的创立功不可没。世上第一部版权法即安妮法颁布于1709年,即《为研究鼓励学术研究而将印刷书籍之权利在规定时期内授予其作者或该权益购买者的法案》,规定著作版权由作者拥有。知识产权这一概念背后的原则,是通过允许所有权拥有者从其工作获得收益回报的方式,来促进创意,推进创新。

历史与现代、传统与创新之间产生相互影响,思想与文化前沿的探索带来兴奋,助力(哪怕仅是可能)改变世界的能力经久不衰:这些就是出版业非同寻常的原因。

2. LSCAT 杯江苏省翻译比赛汉译英原文(2017 年)及参考译文

"我最愿意看的是一个人蒙了白布,两手在头上捧着一支棒似的蛇头的蛇精,其次是套了黄布衣跳老虎。"这是鲁迅小说《社戏》对传统戏曲惟妙惟肖的描述。看社戏是传统上老少咸宜的文化活动,它不光为观众提供了一场戏曲演出,也起到了居民社会交往、商业贸易和文化传播等多方面的作用。但是,如今在隐藏于市井陋巷的戏台子前,那些听得起劲的观众多半是上了年纪的老年人。

当前,传统戏曲有两个较为极端的发展方向。一是诸如京剧、昆曲等极个别主要戏种成为公认的高雅艺术,政府支持的专业表演机构使其维持较高的艺术水准,知识群体的关注又为其增添了精英文化的属性,它们被视为中国传统文化的一张名片而受到重视。二是大量生存在民间的地方戏曲,它们没有雄厚的财力支持,更没有专业的表演团体,尽管一些地方也试图保护这些剧种,但是更多的是施以博物馆式的保护,这使得它们像化石一样失去了生命力。

传统戏曲要吸引新的受众特别是年轻人,有必要在保留精髓的基础上与时俱进。文化始终处于动态的演进过程中,抱残守缺只会让文化隔绝于世。抢救式、标本式的保护当然在特殊情况下必要,但是也可能吃力不讨好,至少无法实现传播的初衷。保护和弘扬传统戏曲艺术,要善于借力打力,让活跃在民间的文化人、表演爱好者与观众参与,尤其要创造机会吸引年轻人。一张照片、一段视频、一组漫画、一篇微信热文,都可能成为传统戏曲发展的契机。其实,年轻人并不是对传统艺术不感兴趣,而是因为他们与自己生活在不同"宇宙"。让传统戏曲进入年轻人的视野,就需要其主动改变话语方式,唱响在属于年轻人的"宇宙"中。

参考译文:

"What I expected most was a person covered with white cloth, who was holding a rodlike snake spirit overhead, next was someone putting on yellow cotton garment and playing the tiger jump". This is a lifelike description on the traditional opera by the novel of LuXun—Village Opera. Watching the Village Opera is traditionally a cultural activity suitable for all ages. Not only does it offer an opera performance to the spectator, but also serves the functions of social communication, commercial trade and cultural transmission for residents.

At present, there are two extreme developing orientations for traditional opera. On one hand, precious few main operas such as Beijing Opera and KunQu Opera are generally acknowledged as elegant arts. The professional performing agencies supported by the government maintain their higher artistic levels. In addition, the attention focused by the intelligentsia increases their property of refined culture. They are highly valued as a visiting card of Chinese traditional culture. On the other hand, large amounts of folk operas survive in the folklore. They enjoy neither abundant financial backing, nor any professional performing teams. Although some locations attempt to preserve these kinds of operas, more measures are acting a way like museum style, which makes them lose their vitality as fossils.

If traditional operas prefer to target at new spectators especially the young, they are supposed to keep up with the time on the basis of holding their essence. Since culture is always keeping in a dynamic process, keeping the incomplete will isolate the culture from the world. Styles of salvage and specimen, of course, are essential under particular situation. However, both the two ways might be arduous but fruitless; at least they can't achieve the initial expectation of culture transmission. For the sake of preserving and propagating the traditional opera arts, we are obliged to transform the coming force to focus on the opera by attracting the active intellectuals in the folklore, performing lovers and the spectators to get involved, especially providing opportunities to attract the young. A photo, a video, a cartoon or even a WeChat post would possibly become a turning point for the developing of the traditional operas. Actually, young people are not indifferent with the traditional art, they just live in a "cosmos" differ from the traditional operas. In order to heave the traditional opera into young people's vision, we'd better to change the mode of discourse initiatively and let it sing loudly in the cosmos of the young.

3. "普译奖"全国大学生翻译比赛原文及优秀译文

（1）决赛英译汉。

How The Downturn Affects Students?

Students are traditionally low on funds, but how will the recession affect their immediate futures? A report out last week suggests badly, with a fall in graduate vacancies. David meets the next generation reconsidering their career options. There is a chill wind blowing through the campus of Keele university these days and it's nothing to do with the weather. Students fear the recession and the downturn in graduate recruitment, may mean their studies lead them nowhere, but a dole queue. Students' Union president already has her degree, and will give up her union post this summer, but she's not looking forward to launching herself onto the jobs market. The fact that, you are graduating today and tomorrow, you might not be able to get a job, is a very very scary prospect, I think it also has an impact on the students that have just graduated from high school, or leaving at 16, and they're thinking "Is it worth coming to university, is it worth getting a degree?" In the campus, student life goes on as it always has. But these undergraduates know the bubble of academia will not protect them from the recession for long. Particularly over Christmas and Easter when you're only home for months, no one's got any jobs to give out for a few weeks. My dad works for Halifax and Bank of Scotland which obviously he knows, has just gone under, so that's a fact that means he is gonna be made redundance by probably at least an hour, and he was one of the main offers of money for helping with bills and he's used to paying my tuition fees. As the recession deepens, some students find themselves with a dilemma: do they stay at university, continue their studies, and hope the graduate job market improves by the time they leave, or do they bailout now and take a job, any job, so they don't get left on the employment shelf. Keele's performance in the graduate jobs market has been good so far. The latest figures available show 95% of students leaving do get a job, but that was before the economy fell off a cliff, and the university is working hard to equip its students with the skills to compete in an ever gloomier employment field. I think the important thing for us is actually to give them tools and ability to actually respond to the environment, I think our students are well enough, aware of the external circumstances. It's been a long time since the degree guaranteed a job when you left university. But never in the living memory of these students have their job prospects looked so bleak.

优秀译文1：

经济萧条下，学生走向何方？

缺钱是学生生活的一种常态，然而，经济的衰落会对他们产生多大的影响？一份报告指出，从毕业招聘的数量来看，情况不妙。记者大卫对面临职业选择应届生进行了采访。气候怡人，寒意却充斥着基尔大学的校园。学生们害怕经济萧条与应届生岗位的缩水让他们的学业功亏一篑，毕业即意味着排队领救济金。学生会主席已经拿到了毕业证，即将辞退主席职位，但她还没有准备好投身就业市场。"毕业即失业"的确是一个令人胆战心惊的事实，这同样也让高中刚毕业或是打算16岁就找工作的学生们产生困扰："大学真的有用吗？文凭真的值得吗？"在校园内，学生们过着一如既往的生活。但是这些本科生们心里其实很清楚，象牙塔的泡沫只能庇佑他们一时。在圣诞节和复活节期间，你回家只待几个月，短期的工作更是尤其难找。我父亲在苏格兰哈里法克斯银行工作，银行生意最近不太景气，这意味着他每天上班的时候至少有一个小时无事可做。而我的父亲是我平时账单和学费的主要支付者。随着经济的持续衰落，一些学生面临着两难的抉择：到底是留在学校继续学位，指望毕业时就业市场会有所起色？还是现在离开，随便找份工作以不至于失业？基尔大学，在毕业生就业方面，目前为止还差强人意。最新数据显示95%的毕业生都能找到一份不错的工作，不过，那是在经济断崖式下跌之前。现在，基尔大学正努力让学生掌握技能，以便能在日益萧条的就业市场中竞争。我认为，最重要的是给予学生们正确的工具、教会他们相应的本领，让他们适应当前的环境。至于外界局势，我们的学生自己已经非常清楚。虽然，"学位＝就业"的观念早已过时，但是，在这批学生们看来，他们的就业前景从未如此黯淡。（王思琪 同济大学）

优秀译文2：

经济下行如何影响学生？

一般来说，学生都并不富裕，那么，经济衰退如何影响到他们不远的将来呢？上周发布的一份报告指出，毕业生就业岗位呈下降趋势，就业情况不容乐观。大卫也正面临新一代学生的难题，正思考自己未来的职业选择。近几天，基尔大学里弥漫着凄凉的气氛，而这却与天气无关。学生忧思重重，害怕当前的经济衰退以及毕业生就业率下滑可能意味着他们前途未卜，只能在救济办公室的门口大排长龙。学生会主席已经获得了她的学位，并且也即将在今年夏天就辞去其在学生会内的职务，但是，对于自己能否在就业市场上赢得一席之地，她也不抱希望。事实是，你总会毕业，不过是早晚的问题，但你或许并不能获得一份工作，这一前景似乎十分令人恐惧。我认为，不仅是毕业生，那些刚从高中毕业的学生以及在16岁辍学的学生也会受此影响，他们正在考虑"上大学值得吗？拿到一份学位值得吗？"在大学的校园里，学生们的生活一如往常。但是研究生们深知学历泡沫也无法再长久地保护他们，让他们免受经济衰退之苦了。尤其是在圣诞节和复活节后，当你只能在家待上数月之久时，数周的时间里，没有人能够出门工作，也没了经济来源。我的父亲在苏格兰哈里法克斯银行任职，他非常清楚银行当前也面临营收下滑的困境，因此，这一现实意味着，或许他马上就会被裁员。更糟糕的是，父亲的收入是家里的主要经济来源之一，帮助家里支付各项账单以及我的学费。随着经济衰退不断加深，许多学生也发现他们自己正处在两难的境地：是应该留在学校继续完成学业，盼望着等到毕业之时，就业市场有所好转呢，还是现在就离开学校，随便找一份工作，以保证自己不会为就业市场所遗忘，无事可做呢。目前为止，基尔大学的毕业生就业率一直都十分可观。最近公布的数据显示，该校95%的学生在离开学校后都找了工作，但这也只是经济发生断崖式下降前的数据了。为此，校方也在努力提高学生们的各项技能，让他们能够在日渐不景气的就业市场上更具竞争力。我认为，我们当前最重要的事情就是授学生以渔，提高他们的能力从而精准地应对市场环境的变化，并且我认为，我们的学生都已经对外部环境有了清楚的认识。学历保证毕业时获得一份工作，这一现象早已离我们远去了。但是，在人们的记忆里，工作前景像现在这般惨淡的还是头一次。（韩婉秋 中南财经政法大学）

优秀译文3：

经济衰退下大学生的就业困境

通常而言，大学生手头的资金并不宽裕，那么经济衰退又会如何影响其就业呢？

上周发布的报告显示,随着职位空缺减少,毕业生就业前景很不乐观。大卫和一些重新思考择业观的毕业生进行了交流。这几日,基尔大学校园里寒风萧瑟,但这并不是因为天气的原因,在这个经济衰退,低迷的毕业季,学生们担忧自己的一身学识可能无处施展,相反,还成为领取救济金的一员。虽然基尔大学的校学生会主席已经拿到了学位证书,并在夏季的时候卸任,但她并没有打算直接就业。想想,如果你今天或明天就毕业了,但却找不到工作,这副场景是真的让我感到很恐惧。我觉得这也会对那些刚从高中毕业的学生产生影响,他们会想:"还有必要去大学去拿个学位吗?"虽然在校园的生活一如既往,但是这些大学生知道,连学校这个"象牙塔"也不能一直确保他们免遭经济衰退的影响。特别是在圣诞节和复活节期间,你可能会在家几个月,但是几个星期都没有人找到工作。我父亲在苏格兰哈利法克斯银行工作,他自己也知道,银行已经濒临破产,所以很有可能下一秒就会被银行炒鱿鱼,但是他是家里财政方面的顶梁柱,我的学费通常都是他付的。随着经济衰退的加剧,有些学生又徘徊在了人生的十字路口:是留校深造,希望就业市场在他们再次毕业时会有所改善,还是毕业就投身职场,以免成为失业人口?其实,基尔大学的毕业生在就业市场上的表现一直不错。根据最新的数据,95%的毕业生都找到了工作,不过这发生在经济衰退前。当前,校方也在竭尽全力,帮助学生多学一点知识技能,好在日益不景气的就业市场中更有竞争力。我认为从校方角度来说,很重要的一点是帮助学生获得一些技能和能力,来应对当前的经济环境。我觉得我们的毕业生还是很优秀的,能够意识到外部环境的变化。"毕业包分配",虽然很久之前的历史了,但如今大学毕业生的就业前景如此惨淡,这是前所未有的。(杨安训 中山大学)

(2)决赛汉译英。

原文:志愿服务的参与程度,彰显着一个社会的文明素养;千千万万志愿者,展现着泱泱大国的文明形象。志愿者们身体力行,让爱心在行动中播撒,让正能量在传播中延续,吸引带动更多人参与其中,形成人人为我、我为人人的良好社会风尚。那些原本是老师、公司职员、快递员、水电工、学生的人,在新冠肺炎疫情防控阻击战中有了一个共同的名字——"志愿者";他们原本都是普通市民,却化身为信息员、采购员、宣传员;他们利用休息时间,成了照顾邻居孩子的"临时妈妈"、纾解情绪的"知心姐姐"。从城市到乡村,从线上到线下,一个个"红马甲"在疫情面前站出来、在关键时刻顶上去,在各个岗位上发光发热,成为防控一线不可或缺的力量。事实上,除了注册志愿者,还有很多自发参与抗疫的无名英雄,他们向邻居伸出援手,在街道助人为乐,在本职工作之外作出贡献。即便是举手之劳同样值得点赞,他们的默默付出同样值得铭记。"聚是一团火,散是满天星。"无论在什么岗位上,志愿服务的经历都将成为他们宝贵的人生财富,那种奉献、友爱、互助、进步的精神都将成为凝聚人心的融融暖意,那种同舟共济、众志成城的合力都将成为国家和社会勇毅前行的坚实支撑。

优秀译文1:

The civilization of a society is marked by the participation of voluntary activities; the civilized image of a major country is embodied by hundreds of thousands of volunteers. By earnestly practicing what they advocate, volunteers show their kindness in action and hand down the positive energy by spreading it one after one, attracting more people to get involved to foster an excellent atmosphere featuring "the others help me, and I help the others" among the whole society. In the fight against COVID-19, a collective name "volunteer" was gained by those who used to be teachers, company employees, deliverymen, plumbers, electricians, and students. They were merely common citizens before the outbreak of the pandemic, yet they took on the responsibility of information collecting, purchasing, and publicizing during the special fight. Even in their spare time, they played the role of a "temporary mom" who took care of neighbor's children and a "considerate sister" who comforted others' feelings. No matter in urban or rural areas, and no matter online or offline, these volunteers, wearing a "red vest", faced up to the pandemic and performed their duties at the critical time. Each of them did perfectly well in what he or she was in charge of, forming an indispensable power at the front line of prevention and control of the pandemic. Apart from registered volunteers, there were many anonymous heroes fighting against the pandemic voluntarily. After completing their usual work, they helped their neighbors and served their communities, contributing a lot to our society. Even though these were not difficult to do, they should be praised and remembered. "When gathered together, we are like a fire; when separated, we are like stars that glow all the same." No matter what job they take on, the experience of voluntary activities will be a precious treasure for them. The spirit of devotion, friendliness, mutual assistance, and progress will become a kind of warm the emotion that unifies people, and the join force of sharing weal and woe and working in unity will be solid support for the whole nation and the whole society to walk ahead bravely.（庄玉蓉　中南大学）

优秀译文2：

People's participation in voluntary services is symbolic of a society's civilization and its overall etiquette. We see in thousands of volunteers a civilized image of a country with a vast tract of land and history. These volunteers earnestly practice what they have preached, sowing the seed of love watered by their actions, and perpetuating positive energies via unremitting spreading. In this process, more people are attracted to participate in various voluntary works, forming a society-wide "all for one, one for all" culture. Those who were originally teachers, company employees, couriers, plumbers, and students, when joining hands to combat and control the COVID-19 pandemic, were honored with a shared title—volunteers. These people were no more than ordinary citizens before the pandemic, yet they transformed themselves into information officers, purchasers, and publicity activists. They sacrificed their spare time to take care of the children in the neighborhood, and helped to give vent to those who were in pain, acting mixed roles of "temporary mothers" and "intimate sisters". From cities to countryside, going online to offline, one after another ordinary hero wearing "red vest" stood out intrepidly in face of the pandemic, replacing those vacant positions at the very critical moments. They contributed their effort in assorted posts, casting themselves into irreplaceable force in the frontline against the virus. Other than registered volunteers, countless anonymous heroes self-started to involve in the fight against the pandemic. Apart from bounded duties, they made extra merits by reaching their hands to neighbors or dragging people out of trouble when in the streets. These heroic deeds in silence and obscurity need to be engraved in history, because even a hand up is worthy of praises. "When we gather together we form a fire, and when we say goodbye we turn to stars in the sky". No matter what positions they are in, the voluntary experiences will become their immeasurable treasure in life. The spirit of dedication, love, mutual assistance, and progress will represent the warmth that brings people together, while the synergy of solidarity and unity will become a strong upholder that witnesses our country dauntlessly strides ahead.（姜兆坤　厦门大学）

优秀译文3：

People's participation in voluntary service shows how civilized a society is. In other words, tens of thousands of volunteers show-case the civilization of a great country. Volunteers pass on values of love and positive energy, attracting more people to participate, aiming of forming a good social fashion in which altruism prevails. Those who were originally teachers, company employees, couriers, plumbers, and students have a common name in the COVID-19 epidemic prevention and control battle—the volunteers. Ordinary citizens as they were, they performed as informers, purchasers, and publicists. They sacrificed the rest time to become "temporary mothers" who took care of their neighbors' children, and "sisters who knew how" to relieve their emotions. From cities to the countryside, from online to offline, many volunteers wearing "red vests" stood up on the frontline of the epidemic battle at critical moments, sacrificed in various positions，and became an indispensable force for COVID-19 prevention and control. In fact, in addition to registered volunteers, there are unknown heroes who spontaneously participated in the fight against epidemics. They extended a helping hand to their neighbors, helped others in the streets, and contributed a lot beyond their work. Even if the effort is minimal, but is also worth remembering. "Gathering, we make fire; scattering, we are stars." No matter where they work, the experience of voluntary service will become their precious wealth of life, the spirit of dedication, friendship, mutual assistance and progress will warm people's hearts, and the joint efforts of working together in the same boat will become a solid support for the country and society to forge ahead bravely.（常菁　外交学院）

附录1　创新训练项目申报书模板1

××省高等学校
大学生创新创业训练计划项目申报表
（创新训练项目）

推 荐 学 校	（盖章）
项 目 名 称	×××小学自然拼读 教学现状调查与应对策略研究
项 目 类 型	□重点支持领域项目 ☑一般项目
所属一级学科名称	教育学
项 目 负 责 人	×××
联 系 电 话	×××
指 导 教 师	×××
联 系 电 话	×××
申 报 日 期	20××.××.××

××省教育厅制
二〇××年×月

填 表 说 明

一、申报表要按照要求逐项认真填写，填写内容必须实事求是表述准确严谨。空缺项要填"无"。

二、格式要求：表格中的字体采用小四号宋体，单倍行距；需签字部分由相关人员以黑色钢笔或签字笔签名。

三、项目类型为重点项目、一般项目和校企合作基金项目等。

四、项目来源：1. A 为学生自主选题，源于自己对课题的长期积累与兴趣；B 源于教师科研项目选题；C 为学生承担社会、企业委托项目选题。2."来源项目名称"和"来源项目类别"栏限 B 和 C 的项目填写；"来源项目类别"栏填写"863 项目""973 项目""国家自然科学基金项目""省级自然科学基金项目""教师横向科研项目""企业委托项目""社会委托项目"以及其他项目标识。

五、表格栏高不够可增加。

六、填报者须注意页面的排版。

一、基本情况

项目名称	××市小学自然拼读教学现状调查与应对策略研究			
所属学科	教育学			
申请金额	2000元	起止年月	20××年×月至20××年×月	
负责人姓名		性别	民族	出生年月
学号		联系电话		
指导教师		联系电话		
第一负责人曾修读创新创业课程和参与科研的情况	创新创业课程:"创造性思维与创新方法""批判与创意思考""创新创业管理"			
指导教师承担科研课题情况	在《外语教学》《西安外国语大学学报》《山东外语教学》等省级以上期刊发表论文20余篇;主持江苏省教育厅、×××等级别科研项目多项			
指导教师对本项目的支持情况	1.对本项目进行指导、监督,确保本小组成员在规定时间内完成既定任务 2.对本项目提出合理的方案和建议,使本项目更具有丰富性,可靠性和可行性 3.及时与小组成员沟通交流,耐心解决成员项目内容和项目申报的各种疑问			

	姓名	学号	专业班级	所在学院	项目中的分工
项目组主要成员					

二、立项依据（可加页）

（一）研究目的

　　小学英语是英语学习的启蒙阶段，词汇的拼读和识记是英语学习中非常重要的一个部分。自然拼读法帮助学生了解简单的拼读规则，掌握单词的拼读规律，激发学生对英语学习的兴趣，培养学生的口语表达与阅读自信。通过对××市小学英语教师对自然拼读法的了解、掌握和运用能力调查以及××市小学自然拼读法教学的起始年级与完成期限调查，以了解××市小学自然拼读法的教学现状，从而探索自然拼读法在××市教学的可实行性和针对性。学习尝试多种教学策略，丰富教学活动，以寻找最适合学生的方法进行自然拼读法教学，让学生通过生动有趣的教学活动掌握自然拼读的能力，从而优化教学策略，提高教学有效性。将自然拼读法与英文绘本相结合，采用课内外阅读互动，线上线下绘本阅读互动，来激发学生学习兴趣，培养学生自主学习能力，帮助学生搭建通往自主阅读和写作的桥梁。

（二）研究内容

　　（1）对××市有关自然拼读教学的教材编制、教学目标、教学过程、教学方法、教学评价、教学起始年级等具体情进行调研，并撰写研究报告。

　　①自然拼读法在××市小学英语教材中比重调查。

　　②××市小学英语教师对自然拼读法的了解、掌握和运用能力调查。

　　③××市小学实施自然拼读教学的起始年级与完成期限调查。

　　④××市小学将自然拼读教学与绘本阅读教学互动调查。

　　⑤××市小学英语绘本阅读的教学模式调查（课内外阅读互动、线上线下绘本阅读互动）。

　　（2）××市小学英语自然拼读教学问题分析。

　　（3）基于××市教育发展水平与英国自然拼读课程的××市小学英语自然拼读课程构建，并撰写研究报告。

　　①从教材编制、教学目标、教学过程、教学方法、教学评价、英语教师自然拼读教学培训、教学实施起始年级等多角度构建××市小学英语自然拼读课程体系。

　　②自然拼读课程构建应从学生的语言发展规律出发，融入到词汇教学、阅读教学、听说教学以及写作教学中。

　　③自然拼读课程构建应考虑到家校互动、课内外互动、电子绘本与纸质绘本相结合。

　　④××市小学英语教师自然拼读知识学习与教学技能培训。

（三）国内研究现状和发展动态

　　近些年关于自然拼读法的研究和探索越来越多，但总体数量上远不及英语教学的其他研究。国内外学者都对自然拼读法的定义、规则、在阅读教学中的应用、在词汇教学中的应用、在语音教学中的应用进行了相应研究。中国台湾、香港等地学者对自然拼读法进行了研究,并证实其对于中国孩子学习英语有积极作用。自然拼读法在中国台湾、香港地区得到了广泛推广,在中国内地还处于探索阶段,其研究仍止步徘徊于课堂的学习运用,未具体到学生自我能力的提升、自我学习的环境和课外拓展的互动准备中。

(四)创新点与项目特色

(1)本项目着眼于××市小学自然拼读教学现状及应对策略,具有较大的研究价值。

(2)本项目研究××市小学自然拼读法教学现状及应对策略,为地方教育注入活力。

(3)本项目有利于提高学生的拼读能力和学习效率。

(4)本项目研究可以锻炼大学生参与社会实践的能力。

(5)本项目能运用我们英语专业学生自身的专业知识,是提升英语专业学生专业素养和教学实践能力的有效尝试。

(五)技术路线、拟解决的问题及预期成果

(1)技术路线

①调查自然拼读法在××市小学的应用现状:观察小学课堂,了解自然拼读法应用的频率;与老师沟通,了解专业老师对于自然拼读法运用的观点和措施;观察英语课堂和学生的口语能力,追踪调查自然拼读法的影响力。

②研究自然拼读法应用的客观、主观条件:研究小学英语课本,结合国内外英语课本融入自然拼读法的实例,探究自然拼读法应用的可实行性和针对性;研究具体年龄段的学生,结合国内外对于小学生自主学习能力的研究,探究自然拼读法应用的具体阶段。

③探索自然拼读法进入课堂的策略:与老师探讨自然拼读法当前可运用的具体措施;结合学校教学任务与英语课本章节任务,研究加入自然拼读法的具体方式策略。

④调查市面英文绘本的使用情况和主要内容:线上线下同步进行市面上英文绘本的调查研究,包括绘本的主要内容以及其与教材的联系性、衔接性;了解英文绘本的购买情况和影响力,是否能对学生起到课外拓展作用。

⑤探究如何将自然拼读法融入英文绘本:了解市面上英文绘本的主要编写步骤和方法;找出可以加入自然拼读法的具体内容和步骤。

⑥将课内外阅读相结合:探索课外和课内阅读的联系,并且寻找可以建立更多内在联系的内容;将自然拼读法与教材及绘本相结合。

(2)拟解决的问题

自然拼读法在××市小学课堂匮乏现状;自然拼读法教育的可实行性和针对性;自然拼读法运用于××市小学课堂的方法策略;英语绘本结合穿插自然拼读法的相关策略。

(3)预期成果

找到自然拼读法运用于××市小学课堂的最佳方法、最佳时间;找到应用自然教学法的研究策略;找到能够将绘本和拼读法结合、与课堂结合的途径,使学生在阅读中学习,提高自主学习能力。

(六)项目研究进度安排

(1)对××市有关自然拼读教学的教材编制、教学目标、教学过程、教学方法、

教学评价、教学起始年级等具体情进行调研，并撰写研究报告。（2022年3月—2022年9月）

（2）××市小学英语自然拼读教学问题分析。（2022年11月—2022年12月）

（3）基于英国自然拼读课程的××市小学英语自然拼读课程构建，并撰写研究报告。（2023年1月—2023年9月）

（七）已有基础

（1）与本项目有关的研究积累和已取得的成绩

很多研究成果和文献资料显示，在英语学习中，词汇记忆问题仍是学生面临的最大问题之一。当下，英语词汇教学的效率还有很大的提升空间。自然拼读法能够有效将单词的音形联系起来，通过对单词的拼读记住单词，然后在读写和应用中记住单词的意义和用法。自然拼读法简单高效，符合学生学习语言的规律，能寓教于乐，减轻学生记忆英语词汇的负担，从而提高学生学习效率。

（2）已具备的条件，尚缺少的条件及解决方法

已具备的条件：自然拼读法词汇书

尚缺少的条件：

①教师对自然拼读法教学的认识及重视程度有一定偏差。

②自然拼读法在实际教学中应用较少或没有应用。

③缺少对教师认识和运用自然拼读法教学相关的研究。

④自然拼读法词汇书内容枯燥，不符合学生学习规律，自然拼读法系列绘本故事空缺，学生缺少自主学习自然拼读法的读物。

⑤自然拼读法教学活动与教学策略较少。

解决方法：

①提高英语教师专业素养以及对自然拼读法重视程度。

②自然拼读法是英语为母语的国家教儿童阅读的一种方法，是教儿童用母语阅读时普遍使用的方法。老师教学生辨认字母与语音之间的关系，先教儿童学会字母所代表的音值，然后逐个音地把新的单词的音拼读出来。

③将自然拼读法引入课本的学习和课外读本的学习，将课堂与生活融合，创新系列读本内容，简化自然拼读词汇书，并且提炼重要知识点结合入儿童绘本，提升小学生的学习兴趣，提高他们的自我阅读能力，做到寓教于学。

三、经费预算

开支科目	预算经费/元	主要用途	阶段下达经费计划/元	
			前半阶段	后半阶段
预算经费总额	2000.00	无	350.00	1650.00
1. 业务费	1800.00	无	250.00	1550.00
（1）计算、分析、测试费	150.00	无	75.00	75.00
（2）能源动力费	0.00	无	0.00	0.00
（3）会议、差旅费	150.00	无	75.00	75.00
（4）文献检索费	200.00	无	100.00	100.00
（5）论文出版费	1300.00	无	0.00	1300.00
2. 仪器设备购置费	0.00	无	0.00	0.00
3. 实验装置试制费	0.00	无	0.00	0.00
4. 材料费	200.00	无	100.00	100.00
学校批准经费				

四、指导教师意见

  该选题符合课题组成员的专业方向和调查兴趣，同时符合我国小学英语教学趋势，有利于学生将来从事外语教学工作，具有很强的实践意义。课题在论证方面也比较全面充分，具有较强的可行性和操作性，建议给予立项。

导师（签章）：

年　　月　　日

五、院系推荐意见

院系负责人签名： 　　　学院盖章

　　　　　　　　　　　年　　月　　日

专家组组长（签章）：
　　　　　　　　　　　年　　月　　日

六、学校推荐意见

学校负责人签名： 　　　学校公章

　　　　　　　　　　　年　　月　　日

负责人（签章）：
　　　　　　　　　　　年　　月　　日

附录2　创新训练项目申报书模板2

××学院
大学生创新创业训练计划项目申报表
（创新训练项目）

推　荐　学　院	（盖章）
项　目　名　称	应用型本科院校英语专业毕业生就业现状与前景——以××学院为例
项　目　类　型	✓　重点项目 □　校企合作基金项目
所属一级学科名称	文　学
项　目　负　责　人	×××
联　系　电　话	×××
指　导　教　师	×××
联　系　电　话	×××
申　报　日　期	20××年××月

××学院教务处　制

填表说明

　　一、申报表要按照要求逐项认真填写，填写内容必须实事求是表述准确严谨。空缺项要填"无"。

　　二、格式要求：表格中的字体采用小四号宋体，单倍行距；需签字部分由相关人员以黑色钢笔或签字笔签名。

　　三、项目类型为重点项目、一般项目和校企合作基金项目等。

　　四、项目来源：1．A 为学生自主选题，源于自己对课题的长期积累与兴趣；B 为源于教师科研项目选题；C 为学生承担社会、企业委托项目选题。2．"来源项目名称"和"来源项目类别"栏限 B 和 C 的项目填写；"来源项目类别"栏填写"863 项目""973 项目""国家自然科学基金项目""省级自然科学基金项目""教师横向科研项目""企业委托项目""社会委托项目"以及其他项目标识。

　　五、表格栏高不够可增加。

　　六、填报者须注意页面的排版。

附录2 创新训练项目申报书模板2

项目名称	应用型本科院校英语专业毕业生就业现状与前景——以××学院为例					
项目所属一级学科	文学			项目所属二级学科		外国语文学类
项目类型	（　）重点项目　　　（√）一般项目　　　（　）校企合作基金项目					
项目来源	A	B	C	来源项目名称		来源项目类别
	√					
项目实施时间	起始时间：20××年××月　　　完成时间：20××年××月					
项目简介（限200字）	本项目以××学院为例，通过对2018、2019、2020三届英语专业毕业生的就业调查，分析英语专业毕业生的就业情况及英语专业人才培养面向的行业人才需求现状，探讨毕业生就业过程中存在的问题及原因，并根据实际系统性提出解决策略，以期能够对应用型本科院校的英语专业人才培养定位及课程体系设置提供依据，提升英语专业毕业生的市场竞争力，从而改善英语专业毕业生的就业状况					

申请人或申请团队			姓名	年级	学号	所在院系/专业	联系电话	QQ邮箱
	主持人							
	成员							

指导教师	第一指导教师	姓名		单位	
		年龄		专业技术职务	
	主要成果	近年来，负责并完成了英语特色专业建设，主持并完成了英语专业优秀教学团队建设，完成了1项院级教改科研项目，2门网络课程建设，参与了1项国家级科研项目和多项省级科研课题研究工作，发表教科研论文十多篇，指导了4项院级和3项省级大学生创新创业训练计划项目				
	第二指导教师	姓名		单位	
		年龄		专业技术职务	
	主要成果					

一、申请理由（包括自身具备的知识条件、自己的特长和兴趣、已有的实践创新成果等）

1. 自身具备的知识条件

该项目小组成员为外国语学院英语专业二年级学生，有一定的专业基础知识，了解英语专业的人才培养目标和课程设置、发展现状和前沿动态、发展需求和就业前景。

（1）项目负责人与组员有较强的学习能力和组织协调能力，都荣获过"三好学生""优秀团员""专业二等、三等奖学金"等称号。

（2）项目组负责人与成员积极参加各类英语竞赛活动并在竞赛中获奖。

（3）项目组成员关注时事，勇于实践和创新，主动将自身所学的专业知识与实际相联系，对应用型本科院校英语毕业生就业现状及前景这一课题有着浓厚的兴趣。

2. 自己的特长和兴趣

（1）团队成员性格活泼，善于与他人沟通，在班级中成绩优异，具有很强的责任感和上进心。遇到难题会铆足了劲钻研，不达成果不罢休。

（2）团队成员拥有很好的查阅资料、整理资料与科学研究的能力，对大学生创新训练计划有着浓厚的兴趣。

（3）团队成员不仅能够虚心听取指导老师的意见，而且工作时分工明确，集思广益，互帮互助。

3. 已有的实践创新成果

×××2020—2021学年参与了《疫情下高校××××教育存在的问题以及对策分析》的研究并结项。

××× 参与了《00后大学生××××现状研究》《乡村振兴××××研究》等思政课研究选题并且于2020—2021学年第一学期已经成功申报思政项目。

××× 2019—2020第二学年参与了大创《新媒体环境下大学生××××育研究》的讨论研究。

××× 积极参与了"互联网+"《人工智能与××××的研究》。

二、项目方案

（一）项目研究背景（国内外的研究现状及研究意义、项目已有的基础，与本项目有关的研究积累和已取得的成绩，已具备的条件，尚缺少的条件及方法等）

（1）国内外研究现状。

近年来，在国家政策的扶持下，应用型本科院校的办学层次、办学质量明显提升，同时在数量和地域分布上也更加合理。但是，由于应用型本科院校的大规模扩招，英语专业毕业生的数量大大增加，就业市场趋于饱和，就业趋势走下坡路，加上经济全球化、信息全球化、合作全球化的日益加强，就业市场对英语专业毕业生在专业知识、技能及综合素质等方面提出了更高的要求，这意味着英语专业毕业生面临着就业压力增大的状况。

2010—2021年间，许多国内学者就高校英语专业毕业生的就业问题进行了较为深入的研究，取得了一定成果。中国知网的数据显示，有关高校英语专业学生就业的相关文章有85篇，研究主题分布如图1所示。

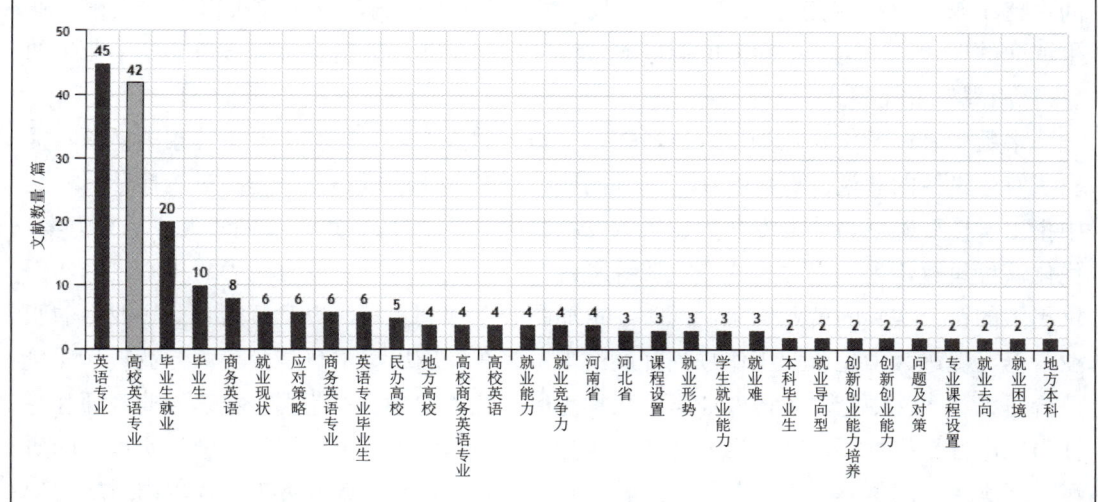

图1 研究主题分布

从主题分布图来看，大多数学者的研究问题主要集中在英语专业毕业生就业去向、就业困难情况、就业现状分析、就业质量影响因素分析、人才培养方案制定、就业及应对策略探究、社会就业需求探究、就业趋势下教学课程改革、创新创业能力培养和应用型人才培养等方面，其中应用型院校英语专业毕业生就业相关研究较少。

通过研究文献，我们发现10位学者对英语专业毕业生的就业现状做了调研。张志刚（2015）以江苏省47家中小企业为调查对象，采用问卷调查和访谈的方式，调查这些企业对英语专业人才知识与技能的需求情况，调查发现用人单位对英语专业毕业生知识与能力的需求分为核心需求和拓展需求。冯裕和陈营（2016）通过对某地方应用型本科院校2013届、2014届、2015届英语专业毕业生就业情况进行调查，发现该应用型本科院校英语专业毕业生进入中小规模民营企业人数偏多，而进入发展空间更大、知名度更高的外企和国企人数则很少，就业情况不够理想，就业质量有待提高。陈玲和张梦洁（2016）以需求分析为理论基础，采用问卷调查的方法对新疆四所高校英语专业毕业生就业形势进行调查和分析，对影响新疆高校英语专业毕业生就业的因素进行梳理，并提出建设性的意见。谌利华（2016）通过对武汉城市职业学院英语专业专科生的就业状况进行介绍，对比不同年份招生专业与学生就业方向，分析其取得成绩的原因并指出存在的问题，即灵活就业率高与正式签约率低的现状日益突出，就业率仍然有待提高。时小清和吕毅（2019）以大连海洋大学英语专业女毕业生为切入点，研究女毕业生的就业问题及对策。孟小茜（2019）分析了英语专业毕业生的就业现状，并分析了造成这一现状的原因。钟梓榛和胡月（2020）以吉林农业科技学院英语专业为例，对应用型本科院校英语专业毕业生就业岗位与专业相关性进行了调查与分析，指出英语专业毕业生在选择教育行业相关工作的人数占比最大，人数最多，达到68%，其中，在各类教育培训机构就业的占比59%，在中小学、高校任教的占比24%，在留学、网课等教育机构就业的占比17%。马静和王宏伟（2021）以英语专业学生为例，分析大庆市本地高校毕业生就业的现状，确定其中存在的问题并进行分析和诊断，提出了适应该市高校毕业生的"一体两翼"就业模式。

　　多数学者以学生就业为切入点，探讨英语专业人才培养、教学改革等相关问题，提出了有建设性的建议。郭萱仪在《提升高校英语专业就业核心竞争力的对策探赜》一文中指出学校要确立与英语专业大学生就业相适应的办学理念，进一步完善人才培养方案，优化课程设置，为大学生构建专业演练平台，注重培养大学生综合能力与核心素养，提供更多的符合实际的就业信息，同时注重加强职业规划教育，提升英语专业毕业生的职业素养，促进大学生就业工作顺利开展。李温馨在《应用型本科院校英语专业教学质量评价研究》一文中指出英语专业学生兴趣与所在院校和专业不匹配、英语专业教师理论性与应用性衔接性不足、英语专业课程设置专业性和应用性不够、学校教学实体空间质量不能满足应用型本科院校英语专业教学、学校软件基础设施服务未能体现出对应用型人才培养的特点等五个问题。陈晓丽在《论郑州港区建设与英语应用型人才培养》中指出应以实验区建设促进高校英语专业转型，以英语专业的转型服务于实验区国际事务的发展，探索多种校企合作方式，促进高校英语专业毕业生和英语运用能力较高的各专业毕业生就业，实现双赢发展。

　　基于上述分析，我们认为很有必要对应用型院校英语专业毕业生的就业现状与前景展开相应研究。通过对最近三届英语专业毕业生进行就业跟踪调查，充分了解就业现状及用人单位对毕业生质量的满意度，分析存在的问题及原因，并根据实际系统性提出了解决策略，这样既可以改善应用型本科院校英语专业毕业生的就业状况，又能帮助毕业生了解英语专业毕业生就业存在的优势与问题，促使其更好地完善自身、提高自身的市场就业竞争力。

　　（2）研究意义。

　　本研究成果有望为学校、家长和学生在就业和择业方面提供借鉴和指导，有利于学校掌握英语专业人才培养对应行业的人才需求规格，完善课程体系，加强对学生进行职业规划的引导。同时该研究成果有利于家长了解行业与学生学业现状，让学生积极做好就业择业的准备、充分了解自己的专业特点与就业前景，刻苦钻研，提高自身就业竞争力。本研究也能为其他学者提供研究依据和参考。

　　（3）研究现有基础。

　　项目团队已经查阅了大量的相关文献，了解并分析了前人研究的成果及存在的局限，进一步明确本项目的研究目标。同时，在国家推行应用型改革的背景下，本研究拟将以国才应用型考试推行现状作为一个剖析点，从而分析应用型人才培养的现状，从中汲取信息来为制定未来英语专业应用型人才培养的策略做参考。

(4)研究具备条件。

①在指导老师的指导下，我们有比较完善的团队以及学校提供的充足资源。

②项目团队成员已阅读了相关文献，了解了相关课题的基础知识。目前，所有成员已从事该课题的初步研究，目标明确，并具备了一定的研究基础。

③顺应学校的一个发展定位，朝着应用型高校发展，在学校的大背景下调研。

④在全国高校毕业生人数饱和、就业难的一个形势下，响应就业形势。

(5) 尚缺少的条件及方法。

①尚未进行问卷调查，尚未对相关学校、教师、学生进行访谈。

②研究时间及质量受到限制，所得结果具有一定的片面性。

③研究理论层次的资料恐由于时间关系有一定滞后。

(二) 项目研究目标

以××学院为例，通过对2018、2019、2020三届英语专业毕业生展开就业调查，掌握英语专业毕业生的就业情况及英语专业人才培养面向的行业人才需求现状，进而分析毕业生就业过程中存在的问题及原因，并根据实际系统性提出了解决策略，以期能够为应用型本科院校的英语专业人才培养定位及课程体系设置提供依据，提升英语专业毕业生的市场竞争力，从而改善英语专业毕业生的就业状况，提高就业质量。

(三) 项目研究内容

(1) 查阅中国知网内的相关文献资料，学习并借鉴已有的优秀研究成果，结合自身所学及理解，进一步掌握当前中国应用型本科院校英语专业人才的培养现状及存在的问题。

(2) 通过问卷和访谈，了解××学院2018届、2019届、2020届英语专业毕业生的就业情况，同时调查××学院2018—2020级英语专业在校生对自己未来职业的规划，了解其就业意向。

(3) 整理和分析数据，厘清问题，研究改进方案。

(四) 项目创新特色概述

该项目以应用型本科院校英语专业毕业生为研究对象，在国家政策大力扶持应用型本科院校办学背景下有一定的代表性和较强的现实意义。此外，我们对最近三届毕业生就业情况进行跟踪调查，在一定程度上弥补了当前国内研究的不足。

(五) 项目研究技术路线

(1) 利用图书馆、互联网等广泛搜集相关信息，查阅大量相关文献，以此来了解国内外研究现状。

(2) 进行资料信息的梳理分类及加工。

(3) 制定具体的研究计划：理论研究、比较研究、案例分析。

(4) 实践探索，在所处地××学院进行调查实践。

(5) 对所得数据进行统计分析。

(6) 得到初步模型，征询老师意见。

（7）反复调试，进行分析，得出总结，形成报告。

技术路线：

查阅相关文献、搜集信息→找出问题→资料信息梳理分类→制定具体研究计划→实地调查研究→统计分析初步所得数据→得到报告初步模型→征询老师意见→调试分析→形成研究报告。

（六）研究进度安排

本项目研究计划历时一年（2021年5月—2022年5年），具体研究进度安排如下：

2021年5－8月：广泛查阅文献资料，夯实理论基础；制定详细的工作计划，明确分工；展开相关资料的收集整理、做好调查问卷的设计。

2021年9－10月：项目组师生对问卷设计进行合理的调整、确定问卷并做好问卷的发放、回收与整理；按照分工，做好个案的跟踪调查与访谈。

2021年11－12月：小组成员对已得数据与资料进行讨论与分析，得出结论。

2022年1－3月：指导老师给予指导和建议，项目负责人完成项目，撰写关于"以××学院为例应用型本科院校英语专业毕业生就业前景"的调研报告。

2022年4－5月：项目组成员共同审视研究成果，完善调查报告，并在指导老师指导下发表相关论文。

（七）项目组成员分工

姓名	×××	×××	×××	×××	×××
组内职务	主持人	主持人（或"主要成员"）	主要成员	主要成员	主要成员
组内分工	收集信息资料、分析相关问题、撰写并修改论文	分析相关问题、撰写并修改论文、收集调查资料	提出合理化建议、讨论课题、填写申请表	收集相关资料、进行实地考察、讨论课题	收集信息资料，分析相关问题、分析相关问题

三、学校提供条件（包括项目开展所需的实验实训情况、配套经费、相关扶持政策等）

（1）指导老师对我们进行专业指导。

（2）丰富的图书馆资源供我们查阅资料。

（3）学校拥有大量知网文献供我们参考。

（4）学校为本次探究活动给予我们对老师和同学问卷调查的权利。

（5）学校管理制度有保障，工作有迹可循。

四、预期成果

本项目建设期为12个月。自2021年5月开始，至2022年5月月底结束。项目进度如下：

（1）2021年5—10月，完成材料收集，进行调查研究。

（2）2021年10月—2022年5月，对这些问题进行分析讨论，得出相应对策。并整理成一篇论文，公开发表在学术期刊上。

五、经费预算

总经费/元		财政拨款/企业资助/元		学校拨款/元	

注：总经费、财政拨款、学校拨款按照规定金额填写，校企合作项目企业资助金额不少于5000元。

具体包括：

（1）调研、差旅费。

（2）用于项目研发的元器件、软硬件测试、小型硬件购置费等。

（3）资料购置、打印、复印、印刷等费用。

（4）学生撰写与项目有关的论文版面费、申请专利费等。

六、导师推荐意见

该项目以××学院英语专业2018—2020三届毕业生为研究对象，通过调查问卷和访谈等方式了解其就业现状及相关行业人才需求规格，厘清存在问题，分析原因，并研究改进方案，从而提出相应改进对策，探究本专业就业前景。该研究有较强的现实意义，项目组成员专业知识较为扎实，调研和协调能力、分析问题和研究能力都比较强，能够完成该项目的研究。同意推荐。

签名：

年　月　日

七、院系推荐意见

院系负责人签名：　　　　　　学院盖章

年　月　日

八、专家组推荐意见

学校负责人签名：　　　　　　学校公章

年　月　日

附录3 创业训练项目申报表模板

××学院
大学生创业训练项目计划申请书

项 目 编 号			
项 目 名 称	MTIM（多语翻译嵌入模式）智能城市语言服务系统		
项目负责人	×××	联系电话	×××
所 在 学 院	外国语学院		
学　　　号	×××	专业班级	英语（师范）
指 导 教 师	×××		
E-mail	×××		
申 请 日 期	20××年××月××日		
项 目 期 限	一年期		

××学院　团委

填 写 说 明

一、本申请书所列各项内容均须实事求是，认真填写，表述明确严谨，简明扼要。

二、申请人可以是个人，也可以是创新团队，首页只填负责人。"项目编号"一栏不填。

三、本申请书为大 16 开本（A4），左侧装订成册。可网上下载、自行复印或加页，但格式、内容、大小均须与原件一致。

四、负责人所在学院认真审核，经初评和答辩，签署意见后，将申请书（一式两份）报送××大学项目管理办公室。

一、基本情况

项目名称	\multicolumn{6}{l|}{MTIM（多语翻译嵌入模式）智能城市语言服务系统}
所属学科	学科一级类：文学　　　　学科二级类：外国语言文学类
项目来源	■ A． 学生自主选题，源于自己对课题的长期积累与兴趣 □ B． 源于教师科研项目选题 □ C． 学生承担社会、企业委托项目选题 □ D． 拔尖专项 □ E． 竞赛专项 □ F． 研修专项

申请金额	3000.00 元	项目期限	一年期	拟申报项目级别		
负责人		性别		民族	出生年月	年　月
学号		联系电话				
指导教师		联系电话				
项目简介	本项目围绕现阶段外出时产生的语言不通、旅游与城市服务资源零散的问题提出 MTIM（Multilingual Translation Insertion Mode，多语翻译嵌入模式）智能城市服务系统。此系统以大数据为背景，同步连接手机语音助手、GPS 和地图。以语音助手为依托，提供多语言翻译器，游客可自主选择语言进行语音景点介绍，实现与当地人的无障碍交流。同样，MTIM 系统与各类医院、当地景点、办事机构、民宿等场所合作，让人们在任何场所都无语言交流障碍。本系统受众广泛，为国人和外国友人提供"一键通"式嵌入型平台，优于市场上现存的各种零散软件，消除了下载多个软件的麻烦。MTIM 系统针对××××的旅游业和服务行业进行了一系列线上与线下的调查和访问，发现其中存在的问题，同时了解 MTIM 智能城市服务系统的可实施程度和群众的欢迎度。得到一些数据后，我们进行方案设定、策略执行，并以书面形式成文。再经历一系列审核、建议与完善工作，完成了最终的创新设计。旨在推动人文生态与经济发展。MTIM 系统真正做到了多语翻译，开启智慧旅游；资源整合，打造成智能城市；人文关怀，提升国际形象
负责人曾经参与科研的情况	2022 年上半学年参加"挑战杯"大赛；多次选修与创新创业管理相关课程
指导教师承担科研课题情况	曾先后主持江苏省高校哲社课题和校级第七批教改课题两项，并参与××省社科精品工程外语专项课题、××市社科研究课题两项，在省级以上期刊发表论文 10 余篇，其中 EI 收录一篇。主持并参与校级网络课程建设、精品课程建设和产教融合课程建设等。曾获得××学院微课教学比赛一等

指导教师承担科研课题情况	奖。多次指导学生参加"LSCAT 杯"江苏省翻译比赛并获一等奖、二等奖等奖项;多次指导学生参加"亿学杯"全国商务英语实践技能大赛(××赛区)并获三等奖;指导大学生省级创新项目 1 项及校级项目 3 项					
指导教师对本项目的支持情况	指导老师在项目确立初期给予项目成员充足建议,帮助确定最佳选题,并提供多篇论文以及采访材料以供参考。本项目一旦立项,指导教师将在文献资料搜集整理、课题研究方法、学术论文写作与发表等方面给予指导和帮助,保证本项目高质量地完成					
企业导师担任的职务及科研情况	无					
企业导师对本项目的支持情况	无					
项目组主要成员	姓名	学号	学院	专业班级	联系电话	项目分工
	×××	×××	外国语学院	英语(师范)	×××	根据所收集的数据分析问题,找到问题的突破口,构思方案。同时结合现存行业的市场分析,进行方案的修改与完善,提高可实行度
	×××	×××	外国语学院	英语(师范)	×××	了解当地在旅游业和服务行业存在的一些问题,通过线上了解信息和线下的走访调查,收集数据
	×××	×××	外国语学院	英语(师范)	×××	了解当地群众的需求,走访旅游景点、餐馆、医院等公共资源场合。同时与潜在的合作方进行联系商谈
指导教师	姓名	工号	学院/单位	职称	联系电话	电子邮件
	×××	×××	外国语学院	讲师	×××	×××

二、立项依据（可加页）

（一）行业及市场前景

（1）市场空白优势

在传统的旅游模式中，人们往往以景区观光车为主要代步工具，但其存在着污染环境、排队购票耗时耗力等问题。对此我们所提出 MTIM 系统有效填补了旅游市场的空缺。游客仅需一部手机就可租借到其系统下的共享自行车或电瓶车，既能保护环境，又能为游客提供更加便捷的出行方式，此外，还可以通过手机语音了解游览景点以及当地特产的信息等。虽然目前众多服务可以通过手机获取服务资源，但资源非常有限，依赖手机和应用系统提供服务的市场潜力巨大。

（2）市场面临充实需求优势

如今随着全民素质提高，人们更加注重在旅游过程中的情感体验。MTIM 系统以大数据为背景，同步连接 GPS、手机语音助手，能够以各种语音模式（各种方言、各类语种）为游客全面介绍当地特色。游客也可自主开启真人语音模式，倾听由精通当地语言的大学生提前录制好的音频。此功能一方面能够满足游客的个性化需求，另一方面也能为大学生提供兼职平台，对于我们外语专业的学生而言，更是学以致用的绝佳机会。

（3）多方互利优势

如今，在全面建成小康社会的时代背景下，以××、××、××湿地为依托的××市正在进行高速发展。如若将该系统应用到××市，××市城市旅游业定会被大力带动。同时，MTIM 系统的无痕嵌入模式能够将游客引流到投资商名下的旅游场所，为其带来一定盈利。毫无疑问，MTIM 系统是真正意义上实现了与投资商、游客的互惠互利。这种与新技术、新商业相融合的智能化平台，未来定会成为微出行不可替代的新方式，受到景区和广大游客的青睐。

（二）创新点与项目特色

（1）融合多种资源，打造智慧城市

随着全民素质的提高，"浅游"已不再能满足人们的精神需求，越来越多的人关注旅行中的文化情感体验。这体验并不拘泥于景点内部，而是扩展到了城市服务。针对这一需求变化，我们提出的 MTIM 智能城市服务系统巧妙地融合了旅途中著名景点多语种特色介绍与城市服务体验，例如医院诊疗、办事服务机构找寻、特色餐厅打卡等。

（2）全新生态平台，体现人文关怀

在旅游方面，我们首次提出了旅游和多语言翻译景点风光相结合的模式，对旅游业相对落后的××市来说，该创新可以吸引更多资深游客。同时 App 的无痕嵌入系统让游客解放双手，进一步融入当地生活，了解地方文化。相较于现阶段大部分的旅游行业，我们增添了多语言语音播报和随心游模式，该创意能让游客触摸到更真实的城市温度，体验到更具象的人文情怀。

3. 全面提升城市治理能力和治理体系现代化水平

MTIM 系统坚持以城市人民为核心，多语言语音播报、随心游模式无疑能提高群众的获得感与幸福感，激发城市治理的内生动力。同时，MTIM 系统可以在××市全域使用，合理协调××市旅游业的发展格局。另外，MTIM 系统绑定大数据、云计算、人工智能等前沿技术，从数字化到智能化到智慧化，为智慧××市的建设打下了坚实的基础，无论是在形式还是内容上都是一次极大的创新。

（三）生产或运营

此项目的商业运作大体分三个步骤：一是旅游与城市服务资源；二是服务发布与受众；三是完成服务，设立中介费标准。还可以为部分投标广告商家和受众提供数据支撑服务，收取服务费用。以下是 MTIM 系统商业运作的简单图示。

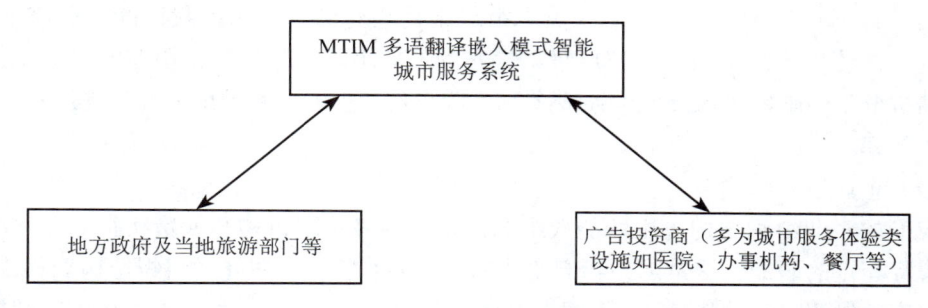

```
          ┌──────────────────────────┐
          │ MTIM 多语翻译嵌入模式智能 │
          │       城市服务系统       │
          └──────────────────────────┘
               ↑                ↑
               ↓                ↓
  ┌────────────────────┐   ┌──────────────────────────┐
  │ 地方政府及当地旅游 │   │ 广告投资商（多为城市服务 │
  │     部门等         │   │ 体验类设施如医院、办事   │
  │                    │   │ 机构、餐厅等）           │
  └────────────────────┘   └──────────────────────────┘
```

图 1　MTIM 系统的商业动作

从图 1 可以看出，地方政府、当地旅游部门等和广告投资商在 MTIM 系统运行过程中起着良好的作用，保障其运行。而广告投资商大多是城市服务体验类设施，如医院、办事机构、餐厅等，因此本项目涉及的商业谈判存在于大数据平台、App 或小程序市场、运营人员与地方政府以及当地旅游部门相关责任人之间的谈判，本着互惠互利的原则谈判和交易，从而获得信息的发布权。

下图表明大数据平台、App 或小程序在整个系统中充当中介。产品推广初期，通过大数据平台服务受众，为地方提供了大数据分析服务，为这些地方的旅游管理和城市服务提供了有力的数据支撑，赚取服务费。通过 App 或小程序为受众免费提供全面的旅游服务资源，并保障服务资源的高质量。后期可以通过广告、推荐系统再盈利。

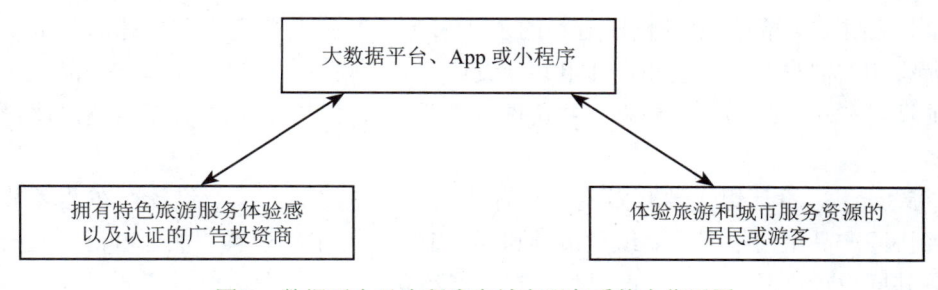

```
              ┌──────────────────────┐
              │ 大数据平台、App 或小程序 │
              └──────────────────────┘
                 ↑              ↑
                 ↓              ↓
   ┌──────────────────────┐  ┌──────────────────────┐
   │ 拥有特色旅游服务体验 │  │ 体验旅游和城市服务   │
   │ 感以及认证的广告投资商│  │ 资源的居民或游客     │
   └──────────────────────┘  └──────────────────────┘
```

图 2　数据平台及小程序在城市服务系统中作用图

（四）投融资方案

（1）项目总投入

项目完成所需投入大概是 10000 元人民币，资金将全部投入线上平台，预估两年内可以达到盈亏平衡。未来一年计划融资 20000 元，其中包括合作商和政府支持。

（2）资金用途

资金主要用于创建平台、与各大合作商协商合作、市场推广、员工补贴、接待费用等。

（3）资产估值

本项目具有新颖的形象和独特的使用体验，无形资产是不可估量的。

（五）管理模式

（1）企业管理模式

由于该项目为大学生创业，人员、组织结构相对简单，因此我们的企业将采用扁平化管理。该模式意在减少管理层级、提升管理效率。管理结构采用职能式组织结构，这种结构分工明晰，可以降低沟通成本及协调成本，也能更有效地开发和使用技能，提高工作效率。

（2）企业组织结构

我们的企业组织结构采用职能式组织结构，各级管理机构和人员实行专业化分工，各自履行一定的职能。这是因为我们团队的成员各有特长，职能式组织结构能够让人们最大程度地发挥自己的特长，且不同人群之间分工明确。此外，由于大学生流动性较强，要保持项目技术的连续性，职能部门就是最为可靠的基础。这种组织架构也利于精准地招募人才，有利于项目持续发展。

①运营组。作为以小程序为线上宣传阵地的大学生健康平台，我们的客源较大程度依赖小程序的受众。因此，小程序的运营与传播对于我们来说格外重要。

运营组的主要职能有两点。其一是负责公众号内容的把控。我们的小程序"MTIM"的定位是为××市区居民或游客提供城市服务资源和体验感的平台，因此这对于内容有两点要求。首先是要专业，要科学、易懂，容易被游客所接受；其次是要有针对性，区别于市面上其他面向大众的旅游小程序。其二是负责小程序的传播，想要小程序在居民或游客之间快速传播，必须要用某种推动力。而运营组的职能之一就是负责设计推广项目，进行小程序推广方面的策划，如策划"约夜跑"活动、抽奖活动等。

②产品组。产品是项目长期盈利的主要来源。产品生产模式主要是调研市场及居民或游客切实需求、产品组和设计组共同设计产品、联系厂商进行制作。产品组负责对市场的调研和对产品的初步构思，并负责对接厂商，表明需求，把控最终商品质量及售后服务。

③设计组。设计组主要负责两个设计方向：一是产品的工业设计，在此环节设计组需要协同产品组，根据产品组对市场和居民或游客需求的理解，加之自己工业设计的构思，共同设计产品；二是平面设计，在开展活动或运营小程序时，需要设计组设计海报或其他素材。

④财务组：财务组负责整个公司的财务计算，但由于公司开设初期体量较小，因此财务组的财务核算负担也较轻。在开设初期，财务组同时担任拉取经费的重任，与财经机构或健身产品机构进行合作，并在小程序内对产品进行推广，收取推广费用。

（六）风险预测及应对措施

（1）财务风险及规避方案

①建立完善的财务管理制度

财务收支批准流程必须明确且合理，保证各个环节公开透明，做到责任到人。制定财务决策流程、预算和标准，记录完整数据并与实际数据对比，确保所有开支科学合理，避免财务漏洞给公司带来财务风险。

②健全内控程序，降低负债的潜在风险。

如订立合同前应严格审核签订对象、企业的资信状况；订立合同后应跟踪审查合作企业的偿债能力，减少直接风险损失。科学合理分配公司利润，保证投资者公平获利。

（2）技术风险及规避方案

公司团队业务水平对于项目的成功起着极为重要的作用，项目成员每天至少进行五十分钟的培训和学习，帮助大家尽快掌握专业知识和销售技巧。希望项目成员能在两个月左右的训练后独当一面，自主开发新的客户。

（3）市场风险及规避方案

经过调研和实践，我们将逐步与各大企业进行协商合作，将市场上零散的现有资源进行整合，对现有的市场风险进行规避。改变项目管理计划，以完全消除威胁。项目负责人也可以把项目目标从风险的影响中分离出来，或改变受到威胁的目标，如延长进度、改变策略或缩小范围等。最极端的回避策略是取消整个项目。在项目早期出现的某些风险，可以通过澄清需求、获取信息、改善沟通或取得专有技能来加以规避。

（4）合作风险以及规避方案

把某风险的部分或全部消极影响连同应对责任转移给第三方。转移风险并非消除风险。转移风险策略对处理风险的财务后果最有效。采用风险转移策略，几乎总是需要向风险承担者支付风险费用。风险转移包括购买保险、使用履约保函、使用担保书和保证书等。也可以在签订协议时把某些具体风险转移给另一方。

（七）效益预测

营业收入预算表　　　　　　　　　　　　单位：千元

项目	2022年四季度	2023年一季度	2023年二季度	2023年三季度	2023年四季度	2024年	2025年
项目运营销售收入	80.00	58.00	95.00	35.00	95.00	315.00	338.00
IP周边销售收入	8.00	4.00	11.00	4.00	9.00	40.00	54.00
活动设备销售及租赁收入	2.50	1.00	2.50	1.50	2.50	9.00	10.00
线下活动合作收益	5.00	2.00	7.00	2.00	6.00	19.50	21.00
广告收入	0.50	0.30	1.50	0.30	1.00	3.00	4.00
合计	96.00	65.30	117.00	42.80	113.50	386.50	427.00

三、经费预算

开支科目	预算经费 / 元	主要用途	阶段下达经费计划 / 元	
			前半阶段	后半阶段
预算经费总额		招揽合作商		
1. 业务费		无		
（1）能源动力费		无		
（2）会议费		无		
（3）差旅费		招揽合作商		
（4）文献检索费		无		
（5）论文出版费		无		
2. 仪器设备购置费		无		
3. 材料费		无		
学校拨款				
财政拨款				

四、项目组成员签名

五、指导教师意见

　　智慧城市是当前城市建设和发展的重要趋势，智慧城市的语言服务更加依靠新技术解决城市语言管理中的问题，因此语言数据对于智慧城市建设的重要意义逐步显现。该项目借助智能手机等终端作为入口，嵌入多语言多语种翻译程序，融合各类文化旅游资源，构造智慧化城市语言服务系统。项目组的外语专业背景能够提供足够的专用语料，能够实现数字化语音语料数据的收集和制作，更好地提供语言服务"技术化"来推动宿迁智慧城市建设

导师（签章）：

年　　月　　日

六、院系推荐意见

同意推荐

盖章：

年　　月　　日

七、学校推荐意见

盖章：

年　　月　　日

附录 4　第五届全国高校商务英语竞赛真题

1. _____ her new role, she will continue to serve as the lead analyst for the network's coverage of the Women's Business World Series.
   A. With addition to　　　　　　　　B. In addition to
   C. At the top of　　　　　　　　　　D. By means of
2. _____ students must learn English in middle and high schools, the country's results in international tests are far from encouraging.
   A. When　　　B. What　　　C. As soon as　　　D. Although
3. _____ efficient market allows investors to make transactions that move the market further toward the overall goal of prudent capital allocation without being chiseled down by excessive frictional costs, which would reduce the risk/reward profile of the transaction.
   A. An essentially　　　　　　　　B. An operationally
   C. A readily　　　　　　　　　　　D. A virtually
4. _____ for work doesn't make you more productive on the job—but it does make you look and act more professional, and it upgrades your image in the eyes of others.
   A. Dressing down　　　　　　　　B. Dressing gown
   C. Dressing up　　　　　　　　　　D. Dressing room
5. _____ from producing electric-driven cars for the North American market, this US automaker also aims at increasing sales to China.
   A. Part　　　B. Parting　　　C. Parts　　　D. Apart
6. _____ you think you are not creative, you can learn the skill.
   A. Given　　　B. Despite　　　C. Even if　　　D. Hence
7. _____ refers to the state of being out of work for those who are fit to hold a job.
   A. Employment　　B. Unemployment　　C. Deployment　　D. Reemployment
8. _____ with the best sales person in the company, Justin still has a long way to go.
   A. Having compared　　　　　　　B. To compare
   C. Compared　　　　　　　　　　　D. Compare
9. _____ both sides accept the arrangement _____ a lasting peace be established in the region.
   A. Should; will　　B. If only; would　　C. Only if; will　　D. Unless; would

10. A firm that manages for strategic flexibility and constant renewal is able to _____ above-average profits and thus is rewarded for its entrepreneurial behavior.

   A. engender　　　B. generate　　　C. permutate　　　D. proliferate

11. A good _____ statement accurately explains why your company exists and what it hopes to achieve in the future.

   A. corporate　　　B. foundation　　　C. mission　　　D. public

12. A key factor in this company's success has been its wish to create a highly skilled and motivated workforce, as highlighted in its mission _____.

   A. announcement　　　　　　　　B. undertaking
   C. statement　　　　　　　　　　D. promise

13. A key sign that this country's economy is _____ trouble is the recent loss reported by one of the key companies.

   A. at　　　B. with　　　C. of　　　D. in

14. According to business analysts, building up an international brand takes not only quality but time and _____.

   A. patient　　　B. patience　　　C. impatience　　　D. patiently

15. According to the country's tourist board, Brazil is expecting _____ visitors that it has in normal years.

   A. twice number of　　　　　　　B. twice the number of
   C. the number of twice　　　　　D. two number of

16. After their house had been _____, they decided to sell it and buy a bigger one.

   A. valued　　　B. priced　　　C. cost　　　D. prized

17. An analysis to identify the areas requiring reform helps design a policy package tailored for a particular country, as opposed to a(n) '_____' approach.

   A. all-for-one　　　　　　　　　B. once-and-for-all
   C. one-at-a-time　　　　　　　　D. one-size-fits-all

18. An employer must also determine if it has the proper person sitting at the bargaining table on its _____.

   A. behalf　　　B. board　　　C. chair　　　D. committee

19. An excessive regulatory _____ will prevent this reallocation of resources from occurring, reducing the prospects for trade-generated growth.

   A. burden　　　B. package　　　C. pressure　　　D. weight

20. Application fees are usually _____, which means you don't get your money back.

   A. non-refundable　　　　　　　B. reimbursed
   C. restituted　　　　　　　　　D. inexpensive

21. At first _____, the walls of factory look anything but hurricane-proof.
    A. sight   B. seeing   C. see   D. sightseeing
22. At this point, an executive review generally approves the product for design and additional resource _____.
    A. acquisition   B. advisement   C. allocation   D. attachment
23. At this restaurant, there is a self-service kiosk where customers can _____ their orders by selecting the toppings or fillings they want.
    A. personify   B. personalize   C. personal   D. personnel
24. Budgets, target setting and the employees themselves have all become departmentalized by functional area, and this leaves top management with the task of ensuring that the sum of all those functions actually _____ value for the shareholders.
    A. assesses   B. conveys   C. creates   D. instills
25. Corporate analysts help corporations understand their customers, different cultures and different departments that make _____ the company.
    A. of   B. up   C. in   D. to
26. Creating a(n) _____ forecast requires estimating the expected monthly expenditures and matching those against the likely monthly income.
    A. cash flow   B. current account C. return   D. turnover
27. Elon Musk _____ that some Tesla employees were unhappy with working over 100 hours per week.
    A. acknowledge   B. acknowledged   C. acknowledging D. been acknowledged
28. Emergent global markets are populated by _____ companies that try to position themselves as local firms by emphasizing local content.
    A. homeland   B. homeless   C. national   D. stateless
29. Employee stock purchase _____ can be a good deal for those who participate; like incentive stock options, they can make you buy stock at a bargain price without reporting income until you sell the stock.
    A. discounts   B. plans   C. rebates   D. schemes
30. In _____ of this, more and more people assume the pace of improvement must moderate; and yet, for the first quarter of 2007, occupancy is up about 1 percentage point over last year, and room rates are up 12%.
    A. case   B. lieu   C. light   D. proof
31. In many cases, they do not get paid _____ their work and have to work for months without a day off.
    A. in   B. of   C. on   D. for

32. In the _____ of a storm, the shell would break apart and let the waves rush under the house.
    A. dent   B. event   C. prevent   D. even
33. Multinational _____ like Google and Walmart are restricting "nonessential" travel. People are canceling trips and large conferences are being called off.
    A. cooperation   B. operations   C. corporations   D. correlations
34. Music fans are very _____ about the new service this company provides.
    A. excited   B. exciting   C. excitement   D. exposed
35. Product selling price is _____ by the marketplace and is determined by analysis along the entire industry value chain and across all functions in a firm.
    A. constrained   B. contained   C. restrained   D. retained
36. Products and services offered at a large discount are generally a(n) _____.
    A. purchase   B. bargain   C. offer   D. influence
37. Products containing _____ defects that cause harm to a consumer of the product, or someone to whom the product was loaned, given, etc., are the subjects of products liability suits.
    A. ingrained   B. inherent   C. instinctive   D. internal
38. Products liability refers to the liability of any or all parties along the _____ of manufacture of any product for damage caused by that product.
    A. chain   B. creek   C. links   D. way
39. Promotions always go to the most helpful employees to their bosses; when the boss is asked for a recommendation, those helpful employees will _____.
    A. come to mind B. know their place C. step right up D. wait it out
40. Rural markets are normally arranged on a _____ basis on specific weekdays and are commonly organized at a central place in a village or district centre.
    A. ad hoc   B. casual   C. irregular   D. periodic
41. Russia's Foreign Minister has suggested that the U.S. dollar could be losing its status as the world's most important _____.
    A. current   B. weapon   C. currency   D. issue
42. Some credit cards let you borrow cash in addition to making purchases on credit, and most companies treat these cash _____ and your purchases differently; for instance, the APR may be higher than the APR for purchases.
    A. advances   B. allowances   C. rebates   D. receipts
43. Some governments are moving more _____ than others to offset the financial strain, especially for the small and medium-size firms that make up the bulk of economic

activity in Europe, by providing tax breaks, extending deadlines for tax payments and easing access to government finance schemes.

  A. aggressively B. conductively C. oppressively D. progressive

44. Some research _____ that emojis are often misunderstood.

  A. show B. has shown C. showing D. have shown

45. Some schools offer students a chance for hands-on experience with part-time _____ programs in accounting or commercial firms.

  A. internship B. practice C. study D. tutorial

46. The _____ books for manufacturers of small cars are now full following the rise in petrol.

  A. exercise B. order C. place D. trade

47. The _____ in the market was seen as a positive sign that the recession was over.

  A. upturn B. upstart C. uptake D. upward

48. The _____ successful companies all share an important quality—patience.

  A. international B. nation C. internationally D. national

49. The bank manager asked his assistant if it was possible for him to _____ the investment plan within a week.

  A. work out B. put out C. make out D. set out

50. The Bank of China offers asset-based loans, which are _____ by a company's accounts receivable, inventory, equipment, and/or real estate.

  A. assured B. covered C. obtained D. secured

附录5　近五年"亿学杯"全国商务英语实践技能大赛主题演讲真题

2023年"亿学杯"全国商务英语实践技能大赛主题演讲试题——"弘扬中国企业家精神，助力经济高质量发展"

阅读以下材料，了解与"爱国情怀""创新发展""诚信守法""社会责任""国际视野"等相关的知识，根据下方考题要求准备演讲比赛。

如果用冷暖色调标示世界经济发展的活跃程度，那么在中国这片热土上，标注的肯定是炙热的红色。中国经济发展"风景这边独好"的背后，离不开千千万万中国企业家的辛勤付出。

2023年3月，全国首个新时代企业家精神指数报告及首个中国企业家精神百强榜出炉。一大批优秀企业家在波澜壮阔的历史进程中迅速成长，形成了具有鲜明时代特征、民族特色、世界水准的中国企业家队伍，为促进经济社会发展、增强综合国力作出了重要贡献。

那么，新时代中国企业家精神应该是什么样的？早在2020年，习近平总书记在企业家座谈会上就已经高度概括当代企业家精神，即"企业家要带领企业战胜当前的困难，走向更辉煌的未来，就要在爱国、创新、诚信、社会责任和国际视野等方面不断提升自己，努力成为新时代构建新发展格局、建设现代化经济体系、推动高质量发展的生力军。"对企业家明确提出了五点希望：厚植爱国情怀，弘扬创新精神，坚持诚信守法，积极承担社会责任，不断拓展国际视野。党的二十大报告指出："完善中国特色现代企业制度，弘扬企业家精神，加快建设世界一流企业。"这是党中央基于新时代新征程党的使命任务作出的重大战略部署，为广大企业改革发展指明了方向和目标。

如今我国正处于从制造大国向制造强国、科技强国迈进的重要关口期，弘扬优秀企业家精神，加快建设一批产品卓越、品牌卓著、创新领先、治理现代的世界一流企业，实现经济高质量发展，这是时代的呼唤，也是党心所向、民心所望。

题目和要求：

请对一家正在或即将进行变革或致力打造一流企业的企业进行调研，分享该企业在求新求变过程中秉持弘扬新时代企业家精神，进行了哪些尝试和取得哪些成果，可包括但不限于国际视野、研发设计、生产制造、经营管理、市场营销、品牌推广、国内外贸易、社会责任等方面，同时提出你自己的看法或建议。

2022年"亿学杯"全国商务英语实践技能大赛主题演讲试题——数字中国

阅读以下材料，了解与"数字中国""数字经济""数字生态""企业数字化转型升级"等相关的知识，根据下方考题要求准备演讲比赛。

2022年2月20日晚，随着主火炬"大雪花"缓缓落下，盛大焰火腾空而起，北京冬奥会在欢呼声中闭幕，一个个精彩瞬间镌刻在人们的记忆深处。本届冬奥会，不仅见证了竞技体育的荣誉与梦想，也尽显"黑科技"的无穷魅力。比如，"5G+8K"技术呈现了史上"最清晰"冬奥会，颠覆观赛体验；"猎豹"和"飞猫"高清摄像系统完美捕捉了赛场精彩瞬间，维护比赛公平；数字人民币覆盖了40多万个冬奥场景，提升支付便利；冬奥气象预测系统实现了"百米级""分钟级"精准气象预报，为赛事保驾护航……这场"冰雪之约"，不但让数字媒体、智慧通信、人工智能、虚拟现实、数字孪生、智慧医疗、智慧交通、智慧城市等科技成果大放异彩，也让人们深刻感受到数字中国发展的磅礴之势。

2021年3月11日，十三届全国人大四次会议表决通过的《中华人民共和国国民经济和社会发展第十四个五年规划和2035年远景目标纲要》将"加快数字化发展，建设数字中国"单独成篇，并从"打造数字经济新优势、加快数字社会建设步伐、提高数字政府建设水平、营造良好数字生态"等四个方面对未来5～15年数字中国建设做出了顶层设计。可以预见，未来数字中国建设将会进一步加速推进，人们的生产方式、生活方式和社会治理方式都将发生巨大变化。

数字中国是新时代国家信息化发展的新战略，是驱动引领经济高质量发展的新动力，是赋能传统产业转型升级、催生新产业、新业态、新模式的新引擎，涵盖经济、政治、文化、社会、生态等各领域信息化建设，包括"宽带中国""互联网+"大数据、云计算、人工智能、数字经济、电子政务、新型智慧城市、数字乡村等内容，推动信息化发展更好造福国家和人民，为决胜全面建成小康社会、开启全面建设社会主义现代化国家新征程提供强大动力。

对于企业而言，数字化转型升级是大势所趋，无论大企业也好，中小微企业也罢，都无法回避这个问题。面对来自同行业的升级和创新，具有互联网基因的企业切入传统行业市场等带来的激烈竞争现状，企业在发展过程中必须学好、用好新的数字技术，借助数字化转型升级来保持自身的竞争优势。同时随着电子商务、移动互联网的发展，客户需求更加多样化，消费节奏也越来越快，企业需要通过数字化转型升级来提升自身能力来适应不断变化升级的客户需求。

题目和要求：

请对一家正在或即将进行数字化转型或升级的企业进行调研，分享该企业数字化尝试和取得成果，包括但不限于研发设计、生产制造、经营管理、市场服务、对外贸易等方面，同时提出你自己的看法或建议。

2021年"亿学杯"全国商务英语实践技能大赛主题演讲试题——跨境电商

阅读以下材料，了解跨境进出口贸易及跨境电商平台的相关知识，为本次演讲比赛做准备。

近日，国务院办公厅发布《关于加快发展外贸新业态新模式的意见》（国办发〔2021〕24号）主要提出的六种新业态中，跨境电商作为当前发展速度最快、潜力最大、带动作用最强的一种外贸新业态，已经成为各地产业带发展新动能、转型升级新渠道。据官方统计，2020年中国跨境电商进出口1.69万亿元，同比增长31.1%，远远高于同期中国外贸1.9%的增速。其中出口增长40.1%，增速大约是中国出口整体增速的10倍。2021年上半年，我国跨境电商进出口继续保持良好发展势头，跨境电商进出口8867亿元，同比增长28.6%。其中，出口6036亿元，增长44.1%；进口2831亿元，增长4.6%。在传统外贸受到极大冲击的情况下，跨境电商凭借其灵活性，近年来逆势上扬，表现十分亮眼。

当然，跨境电商快速发展离不开国家政策支持。2020年6月，海关总署新增9710、9810两个监管代码，分别对应跨境电商B2B和海外仓模式，用新体系进行专项管理。2020年11月9日，国务院办公厅印发《关于推进对外贸易创新发展的实施意见》，明确要促进跨境电商等新业态发展。2021年7月为止，中国跨境电商综合试验区已经增加到105个，覆盖30个省区市，不但提升各地发展跨境电商的积极性，而且推动这一贸易新业态迎来更大发展。

跨境电商持续发力领跑外贸新业态，加上政策支持力度大，带动了大批传统贸易和制造企业转型升级。但所有的改革和创新必然不会一帆风顺，企业在转型跨境电商中会遇到：

（1）入驻商家激增，平台规则越来越严。随着线上交易愈加火爆，越来越多企业入驻跨境电商平台。然而平台注册审核要求变得更加严格，通过率降低不少。此外，所有的操作、设置、推广等都需要按照平台规则来走，平台在各个环节都设置了各种条条框框，卖家必须遵守这些规则，否则就有可能被封号。比如2021年4月亚马逊展开大规模封号，据统计此次封号共波及超过5万中国商家，行业损失预估超千亿元。在亚马逊给出的封号原因中，被平台审查出"不当使用评论功能""向消费者索取虚假评论""通过礼品卡操纵评论"等违规行为占了大多数。平台的各项规则极大限制卖家的推广打法。

（2）产品同质化严重。举个简单的例子，在任何一个跨境平台中搜索一款产品，会发现搜索结果页面上几乎是一模一样的产品和图片，甚至连参数和厂家都是一样。如此严重的同质化问题造成了价格战的必然，导致企业经营利润被稀释，抑或积压库存，最终亏本销售。

（3）文化差异，导致沟通障碍。每个国家、每个地区在语言、法律法规、消费等方面都会因国情、当地风俗习惯以及时代要求的不同而产生较大差异。沟通障碍已经不仅仅局限于基础的听、说、读、写能力，还囊括了文化和商业习惯差异等。比如我国出口跨境电商客服在与西方客户进行沟通的过程中，会使用一些我国较为习惯的表达方式，如一些礼节性的语句及客套的语句等，主要目的是表现出对客户的尊重。但西方客户更喜欢简单、直接的表达方式。如果在沟通过程中过多使用礼节性语句，会被客户认为是在逃避问题，从而使双方出现严重误解。

（4）跨境电商人才缺口大，尤其是产品和运营人才。跨境电商起步之初，企业大多采用铺货模式（即在各大平台上架产品），对人才的要求相对较低，只要懂得平台操作、能用基本英语沟通即可。而随着跨境电商行业向"精细化"和"爆款"模式的转型，企业急缺能够对市场和产品进行精准定位、并通过各类营销推广手段提升产品曝光率的人才，这类人才不仅要懂得海外的市场需求、法律法规、最新的外贸政策，还需要懂得运营推广。而从传统外贸转型过来的外贸业务员往往缺乏的就是这种运营思维。有数据显示，目前我国跨境电商人才缺口依旧比较大，60%以上的企业有跨境电商方面的专业人才需求。人才的短缺给传统外贸企业的转型造成了一定的影响，加大了难度。

所以我国中小外贸企业想要得以顺利转型，必须对当前遇到的问题进行认真剖析，以总结适合自己的转型方法。

题目和要求：

假设你是某中国企业的市场负责人，你所在企业打算或者已经开始尝试转型做跨境电商。针对转型过程中可能会或者已经遇到的问题，你需要提供解决方案，并向公司管理层汇报，说服他们同意你的想法。

（注：1. 建议选取真实公司，可通过企业调研或二手数据搜集，梳理该公司相关案例或数据；2. 演讲内容属于创意提案，但同时要注意商业上的可行性；3. 演讲内容和材料不可体现学校名称等敏感信息。）

2020年第四届"亿学杯"全国商务英语实践技能大赛演讲题目——企业的发展策略

阅读以下材料并完成演讲题目：

2020年，注定是不平凡的一年。疫情已经持续了将近5个月，对中国和世界经济发展造成了危机。在疫情高峰时期，消费停滞、企业运营骤停，各行业受到不同程度的冲击。如今，"报复式消费"并没有出现，疫情对人们的心理影响还会持续一段时间。据统计，2020年第一季度国内生产总值同比下降6.8%，创下40年来新低。从全球来看，疫情不断蔓延，各国逐步采取了严格的防控措施，外需骤然萎缩，外贸企业接连倒闭，外贸行业遭遇重创：2020年第一季度，中国外贸进出口总值同比下降6.4%。

疫情带来了危机，然而，有些企业却能安然渡过这次危机。截至2020年2月月底，耐克在大中华的数字化渠道销售额保持了30%的增长，一定程度上冲抵该地区实体门店关闭的影响。有些企业甚至转危为机——朴朴超市、盒马鲜生、学而思网校……疫情就像一个"洗牌手"，重洗了各行业的格局，也催生了新产业：直播行业骤然兴起，人人变主播；线下培训机构纷纷关门，但在线教育呈飞跃式增长；五星级酒店开启了外卖业务，苏宁老总也开始在朋友圈卖"内裤"，"面子""高身段"在企业生存面前都不堪一击；广交会被搬到了线上举办，成为了会展行业的创新之举；外贸企业转做内销，超1.5万家外贸企业借助阿里巴巴、京东和拼多多等国内电商平台转内需市场。这些格局的调整一方面离不开数字经济在中国的发展，另一方面恰恰揭示了营销的一个本质——用户在哪里，企业的营销阵地就应该在哪里。未来，直播绝不只是为了带货，而将成为企业与用户交互的一种方式。同样，抖音短视频、微信小程序、朋友圈卖货、社区团购、社区到家等都是企业通过数字化工具与用户重塑关系的方式。

其实，即使没有这次疫情，中国的大部分行业已经到了"用户短缺"的时代，疫情只是加速了危机的到来。但那些懂得利用数字化工具给自己企业的目标用户画像、依靠系统工具与用户连接、实现产品与服务的线上沟通运营的企业大都平安渡过了这次危机，甚至转危为机。

然而，我们今后的生活都只能从线上触达吗？从另一个角度看，数字化转型并不是万能的。线上教育质量参差不齐，究竟哪些企业可以在这场厮杀中成功，仍需拭目以待；酒店、餐饮与服装等行业的线下体验感无可替代；而外贸企业通过国内电商平台转内销，也面临着很多困难，毕竟国内市场需求（包括产品设计、质量、定价等）与目标国市场存在很大区别。

如今，国内疫情已基本得到控制，企业的线下经营在逐渐复苏，但全球疫情仍在蔓延，存在很多不确定因素。在这种情况下，企业将面临更加艰难的抉择：是坚持转型还是走回老路？如何在多种不确定因素的夹击下找到最适合自己的下一步战略？相信每个企业都有自己的答案。

题目与要求：

请对企业在疫情中受到影响、应对策略以及未来的规划进行更加深入的调研，并形成自己的观点。基于自己的调查发现，完成本次演讲要求。具体要求：

1．自由选择某一个行业中的某一企业，根据该企业面临的机遇或挑战，结合自己的研究发现以及该企业自身的特点，提出相应的发展策略方案（要注意方案的商业可行性）。

2．用全英文撰写PPT演讲报告。

3．根据PPT录制全英文演讲视频，时长不超过10分钟。

4．团队5名成员中至少有3名参与演讲。

（注：1．建议以真实企业和案例为佳；2．要注意方案在商业上的可行性；3．演讲内容和材料不可体现学校名称等敏感信息。）

2019年"亿学杯"全国商务英语实践技能大赛演讲比赛题目

阅读以下材料,并为本次主题为"品牌口号"的演讲比赛做准备。

2013年6月,海尔发起了一场主题为"一句话的力量"的大型网络互动活动,邀请全球网友共同参与,为迈入网络化战略阶段的海尔制定新的品牌口号。该场活动声势浩大,覆盖全球20多个国家,1亿多人次,共征集41万余条口号,最终确定了"你的生活智慧,我的智慧生活"这句话作为海尔新的品牌口号。新的口号体现了互联网时代,人与人之间、海尔与用户之间,交互无处不在,非常贴合海尔的互联网战略。

"一句话的力量"体现了品牌口号的重要性:它是品牌战略和核心理念的浓缩,指引着品牌的发展方向;它是品牌最直白的名片和对外宣传的核心,能够快速有效地向顾客传递品牌形象以及品牌的核心价值。因此,品牌口号一旦确定,企业通常不会轻易更换它。如果必须要更换口号,那就意味着品牌的战略、理念和价值已经或即将发生转变。

2011年3月,阿迪达斯启用了新的品牌口号 Adidas is all in,替换掉了之前的 Impossible is Nothing。新的品牌口号旨在将阿迪达斯旗下三大品牌系列的形象统一在一起:从赛场到秀场、从体育馆到街头、从文化到生活,用同一种声音诠释阿迪达斯的品牌理念——"如果你正从事所爱的事业,就请全倾全力"。这又意味着在阿迪达斯的未来战略中,年轻人市场将成为其主要的目标市场,代表街头和时尚精神的运动经典和运动时尚产品线将会占据更重要的位置,以区别于在专业运动领域占据第一位置的耐克。阿迪达斯新的品牌口号准确把握了消费趋势,将体育、文化和生活紧密结合在一起,赋予品牌和产品新的价值,并成功引发消费者共鸣。

而在阿迪达斯更换口号前不久,李宁公司用 Make the Change 替换掉了"一切且有可能"的品牌口号,目的是攻占"90后"市场并迈向国际市场。只不过,新口号和新战略引发了李宁主流消费群体"70后"和"80后"的失落和不满,甚至有人因此口号抵制李宁。由此可见,企业在制定或改变品牌口号时,必须要先对市场、消费者、品牌自身的发展、定位、价值与理念等多种因素进行深入考量。

题目和要求:

假设你是某品牌公司的负责人或品牌经理,公司需要你和其他几个主要负责人分别制定一个品牌口号供大家讨论和选择。请准备一次与品牌口号提案相关的演讲，说服听众同意你提出的口号。

请按以下要求准备你的 PPT 演讲：

1. 必须提出明确的口号并详细说明原因。
2. 采用全英文演讲，时间控制在 8 分钟以内。
3. 至少有 2 名团队成员参与演讲环节，但 3 名成员在台上都要有所表现。

（注：1. 建议以真实企业和案例为佳；2. 演讲内容属于创意提案，但同时要注意商业上的可行性；3. 演讲内容和材料不可体现学校名称等敏感信息；4. PPT 制作建议使用 Office 2013 或 WPS，请勿使用 Keynote。）

附录6 "学研汇智杯"全国高校商务英语综合能力大赛线上竞赛样题

参考样题（线上知识竞赛模块）

Part I. Match the terms with the definitions given below.（10%）

Acceptance
Irrevocable letter of credit
Confirmed L/C
Revocable letter of credit
Sight draft
Commercial bill of exchange   Shipping agent
Time draft
Governmental guarantee
Drawee

1. _____ is a letter of credit that cannot be canceled or changed with the consent of all parties involved.

2. _____ is a commercial bill of exchange calling for payment to be made at some time after delivery.

3. _____ is a person or party who is to receive a draft.

4. _____ is a letter of credit that can be changed by any of the parties involved.

5. _____ is a commercial bill of exchange that requires payment to be made as soon as it is presented to the party obligated to pay.

6. _____ is a letter of credit to which a bank in the exporter's country adds its guarantee of payment.

7. _____ is an instrument of payment in international business that instructs the importer to forward payment to the exporter.

8. _____ is an agreement of the government to be responsible for the fulfillment of someone else's promise.

9. _____ is a ship owner's representative whose job is to find the ships to carry.

10. _____ is a statement made by other conduct of the offerees indicating unconditional consent to an offer.

Part II. Put T for true or F for false in the brackets at the end of each statement. （10%）

1. If the Issuing Bank appoints the Bank of China as its Advising Bank of L/C, then the Issuing Bank may ask the Bank of Asia to advise amendments to the L/C. （   ）
2. According to UCP600, if documents are in correspondence with L/C's stipulations, discrepancies between the documents themselves are allowed. （   ）
3. A Certificate of Origin can be used only to prove the time when the export commodities were produced. （   ）
4. When dealing in international trade (exporting and importing), a businessman has to face a variety of conditions which differ from those to which he has grown accustomed in the domestic trade. （   ）
5. Price terms are mainly applied to determining the prices of commodities in international trade. （   ）
6. If you have signed a contract with a Japanese buyer on the basis of FOBST, you must be responsible for stowing and trimming the goods at your own expense. （   ）
7. When there are optional ports in the contract, the goods may be unloaded at any one of the ports at the shipping company's disposal. （   ）
8. B/L is a transport contract in which the shipping company promises to transport the goods received to the destination. （   ）
9. Under FOB, the seller must give the buyer prompt shipping advice as the goods are shipped on board the vessel. （   ）
10. On CIP terms, the seller must pay the freight rate and insurance premium as well as bear all the risks until the goods have arrived at the destination. （   ）

Part III. Choose the best answer (only one) to complete the following statement. （10%）

1. Before shipment, the buyers generally send their _____ to the sellers, informing them of the packing and marking, mode of transportation, etc.
   A. shipping documents   B. shipping requirements
   C. shipping advice   D. shipping marks
2. International trade pricing method which is often used in our country is _____.
   A. pending price   B. provisional price
   C. price set after   D. a fixed price
3. The international chamber of commerce, in order to adapt to the new development of international trade, has set two new terms in Incoterms 2010, including _____.
   A. FOB&CIP   B. CFR&DAT   C. DAP&DAT   D. CIF&DDP
4. The total cost of a goods for export is RMB 55,000, foreign exchange net income after

export is $10,000, if the Bank of China's foreign exchange rate is $100 against 650 yuan, the export profit and loss rate is _____.

  A. 18.2%   B. 33.7%   C. 45.9%   D. 36.7%

5. In general case, CIF shall take more _____ into consideration than the FOB price.
   A. foreign freight, domestic expenses B. abroad freight, insurance premium
   C. abroad costs, domestic expenses D. abroad insurance premium and net profit

6. We are very anxious to know when you can definitely _____ shipment.
   A. affect B. effect C. carry D. load

7. We regret to say that your price is not _____ the current world market.
   A. on a level with B. at a level with
   C. in a level with D. in level with

8. The goods are urgently needed, we _____ hope you will deliver them immediately.
   A. in the case B. therefore C. so D. in level with

9. _____ any change in the date of delivery, please let us know in advance.
   A. There should be B. Should there be
   C. There would be D. Would there be

10. If direct steamer is not available for the transportation, _____.
    A. the goods will not be shipped B. partial shipment should be allowed
    C. the goods have to be separated D. the goods have to be transshipped

11. A facility in fund arrangement for buyers or sellers is referred to _____.
    A. trade finance B. sales contract C. letter of credit D. collection

12. _____ is the reason why international trade first began.
    A. Uneven distribution of resource B. Patterns of demand
    C. Economic benefits D. Comparative advantage

13. To the importer, the fastest and safest method of settlement is _____.
    A. letter of credit B. cash in advance
    C. open account D. banker's draft

14. Some provisions of the contract are "$1, 000 per metric ton CIF Singapore", the price should be ___.
    A. price set after B. provisional price
    C. fixed price D. to be determined

15. The price which is according to the date of bill of lading or the average price for the month of shipment is _____.
    A. price before shipment B. price upon shipment
    C. price after shipment destination D. price upon the goods at the port of

16. We trust you will look _____ the matter without delay upon receiving the substantiating data concerning the damage.

    A. on   B. upon   C. in   D. into

17. Please charge all the expense incurred ____ our account.

    A. on   B. to   C. for   D. of

18. Since the purchase is made _____ the FOB basis, you are to ship the goods to Liverpool by a steamer to be designated _____ us.

    A. on; by   B. for; for   C. on; for   D. For; to

19. _____ the goods were examined by a public surveyor upon arrival at your port, we cannot but accept your claims as tendered.

    A. If   B. Despite   C. Though   D. Since

20. The packing list is one of the documents _____ must be included with good shipped, stating the type and the number of items on board.

    A. /   B. that   C. whose   D. what

Part IV. Choose one or more than one suitable answers to complete the following statement. （10%）

1. Under the indirect pricing method, the amount of foreign currency decreases, indicating _____.

    A. the local currency will remain unchanged

    B. the local currency will depreciate

    C. the foreign exchange rate will rise

    D. local currency exchange rate rises

2. Which of the following indicators can reflect the direction of international trade geography _____.

    A. proportion of a country's exports in the world's total exports

    B. proportion of a country's imports in the world's total imports

    C. the manufactured goods exports accounted for the proportion of world exports

    D. countries imports of manufactured goods accounted for the proportion of total imports of the world

3. Based on a deal on CFR terms, the total cost of the export factors includes _____.

    A. purchase cost   B. domestic expenses

    C. export tax   D. import tax

4. If a deal is done with CIFC 3% terms, export exchange net income should deduct the price of _____.

  A. purchase cost   B. freight

  C. insurance premium   D. commission

5. Parties of collection include _____.

  A. the principal   B. the entrust bank

  C. the collecting bank   D. the payer

6. The word method to describe quality includes _____.

  A. sale by specification standard   B. sale by brand trademark

  C. sale by the name of origin   D. sale by specification and design

7. The classification of e-commerce is _____.

  A. business to business-commerce (B2B)

  B. business to consumer-commerce (B2C)

  C. business to administration (B2A)

  D. consumer-to-administration (C2A)

8. Regulation method for Usance draft payment is _____.

  A. payable at sight   B. several days after sight

  C. pay several days after draw   D. pay several days from date of B/L

9. Natural condition is the foundation of international division of production and the development, the conditions include _____.

  A. land area

  B. geographical geological conditions

  C. climate condition

  D. natural resources

10. CIPC 3% usually involve abroad costs _____.

  A. the overseas freight

  B. foreign insurance premium

  C. commission

  D. bank dees

Part V. Reading（30%）

Task A

Directions: Choose the best answer from A, B, C, D to fill in the blanks in the following passage.（10%）

  The value of the planner's responsibility cannot be ___1___. Richard P. ("Rick") Werth, CPP, former president of Event & Meeting Security Systems, uses a worksheet to ___2___ the importance of providing __3__ insurance and security from the outset. All too often, these basic risk management components are overlooked, added as an __4__ or __5__ too expensive to include in the event __6__. Showing the "bottom line" of what is at risk helps put the situation in __7__ for senior managers who base decisions on quantifiable input. In addition to the actual cost of an event's __8__ components, the value of all the "human capital" must be considered. What would it cost the company or organization to locate, recruit, and train employees to __9__ those lost in a disaster? How much business might be lost if the skill and experience of upper management attendees had to be replaced suddenly? When presented in this quantitative framework, the costs and benefits of adding the necessary funds to provide adequate risk management are obvious. Whether special insurance, security, __10__ both, the incremental cost usually comes out to no more than 1 or 2 percent of the overall budget—well worth the proactive investment.

1. A. understated   B. understood
   C. underestimated   D. undergone
2. A. explain   B. demonstrate
   C. argue   D. support
3. A. adequate   B. enough
   C. complete   D. supplementary
4. A. afterthought   B. afterclap
   C. aftereffect   D. aftermath
5. A. accused   B. charged
   C. blamed   D. deemed
6. A. expense   B. cost
   C. input   D. budget
7. A. point   B. perspective
   C. highlight   D. place
8. A. logistic   B. logic
   C. logo   D. log
9. A. substitute   B. refurnish
   C. replenish   D. replace
10. A. and   B. or
    C. hence   D. in

Task B (10%)

Directions: Read the form about the facilities available at HKTDC Hong Kong Watch & Clock Fair 2015 and their prices, and answer the following questions.

HKTDC Hong Kong Watch & Clock Fair Services

Form 5	HKTDC Hong Kong Watch & Clock Fair 2015 香港貿發局香港鍾表展 2015 8-12/9/2015	Return to: Exhibition Services Department Hong Kong Trade Development Council Unit 13, Expo Galleria, HKCEC,
Deadline 28 Jul 2015	AV, Plant & Communications Facilities (Not Applicable for Custom-built participation Exhibitors)	1 Expo Drive. Wanchai, Hong Kong Attn: Ms. Jessica Fong Email: hkwcf.es@hktdc.org Fax:(852)3521-0450

NO.		Description of Facilities (HK$ column for Hong Kong exhibitor only, US$ column for all overseas exhibitor)	Unit Rate (5 DAYS HIRE)		Qty	Total Amount	
			HKD	USD		HKD	USD
Audio Visual Facilities							
1#	AU002*	Thermal Fax Machine (with 1 roll fax paper) (Fax Transmission Line and Power Supply Excluded)	950	127			
2#	AU005*	32* LCD / Plasma (Power Supply Excluded)	2200	293			
3#	AU006*	42* LCD / Plasma (Power Supply Excluded)	5000	667			
4#	AU008*	DVD Player (Power Supply Excluded)	600	80			
Plant							
6#	PL001A	Potted Plant-Chrysalidocarpus (approx. 1mH)	170	23			
7#	PL001B	Potted Plant-Scheffiera (Gold Capella) (approx. 1 mH)	170	23			
8#	PL001C	Potted Plant-Boston Fern (approx.0.3mH)	170	23			
9#	PL001D	Potted Plant-Codiaeum Tree or Calathea (approx.0.3mH)	170	23			
10#	PL002	Fresh Flower Arrangement (approx 0.3mH)	350	47			

1. How many days did this fair last?
   A. 3　　　　　B. 5　　　　　C. 8　　　　　D. 12
2. What was the unit rate (5 days hire) for 32″ LCD /plasma (power supply excluded) in HKD?
   A. 950　　　　B. 5000　　　　C. 600　　　　D. 2200
3. What was the unit rate (5 days hire) for fresh flower arrangement (approx. 0.3mH) in USD?
   A. 47　　　　　B. 170　　　　　C. 350　　　　D. 23
4. Which of the following was NOT included in communications facilities provided?
   A. telephone line　　　　　　　B. laptop computer
   C. fax transmission line　　　　D. 2M broadband line
5. Which of the following was NOT a payment method applicable?
   A. cheque　　　B. Visa　　　C. UnionPay　　　D. Mastercard

Task C

Directions: Read the following passage on the importance of evaluating customers before making product presentations first, and then make judgments on the following statements. (10%)

Find out What the Customer Needs Before Presenting the Product

We all know the expression "You only get one chance to make a first impression". It holds true when it comes to presenting your product to your customer. For starters, the last thing you want to do when a customer walks into your office is to present the first product that pops into your head.

Before you present a product to your customer, you must first find out exactly what your customer wants and needs.

The first thing you do is to introduce yourself to your customer. Offer him a seat and make him feel as comfortable as possible. Get to know your customer, talk about non-business subjects. This will take some of the pressure off both of you and make it easier to talk to each other. Once you believe that you and your customer both feel comfortable with each other, begin to evaluate your customer's needs.

Start by asking questions to find out his reasons for coming to see you. Find out what products he currently has and uses and how much he pays for them. Find out all you can about the company he obtained his products from, and what he thought of the customer service of the company.

It is important to know these things for comparison.

Once you have evaluated your customer, have had a pretty good idea of what his needs are and have got ready to present the products you have, you can be sure that your products satisfy his needs.

But before making your presentation, be sure that you are prepared. Have all the materials you need to make your presentation a solid one at your fingertips. Such materials would include brochures and literature which you not only give to your customer, but also go over with your customer. Unfold the brochure in front of him as you discuss the product. Literature will be a good resource for reference in case you are hit with a question you can't answer.

The point that I am trying to make is: Present to your customer a product you believe they will need. Your presentation should be based on the information that you have gathered from your customer during your session.

You could be the greatest presenter of products in the world, but if you are presenting products that customers don't need, you'll never sell a thing, so be sure to evaluate your customers before you start presenting your products.

Directions: Write T for true and F for false.

1. As a salesperson, when a customer walks into your office, you may immediately present the product you are proud of. (   )
2. There's no need to first introduce yourself to your customer before presenting your products. (   )
3. As a salesperson, you shall never talk about non-business subjects. (   )
4. A successful salesperson evaluates his customers because he enjoys doing so. (   )
5. The greatest presenter of products in the world can sell whatever products he presents to his customers without first figuring out what they need. (   )

Part VI Documentation (15%)

Directions: Fill in the contract form in English with the particulars given in the following letters or telexes.

(1) Incoming letter.

Vancouver, July 25, 2009

LI DU TEXTILE IMP&EXP CORP.

Beijing, China

Re: COTTON BATH TOWELS

Dear Sirs,

A customer of our firm, who is one of the biggest importers in Canada, is in the market for the subject commodity. We would therefore ask you to make us an offer as soon as possible.

When offering, please quote your lowest prices on the basis of CFR Vancouver including our commission of 3% with indication of colors, assortments, method of packing and any additional information you consider necessary. We shall appreciate it if you will arrange for shipment to be made as early as possible by direct steamer for Vancouver.

We are looking forward to receiving your offer.

Yours faith fully,

VANCOUVER TRADING CO. LTD

(2) Outgoing Letter.

Beijing, August 2, 2009

VANCOUVER TRADING CO. LTD

Vancouver, Canada

Dear Sirs,

Thank you for your letter of July 25 inquiring for COTTON BATH TOWELS.

We are glad to send you under separate cover our quotation sheet No. AC-8115 for your reference. Sample cuttings of each design have been dispatched today by air parcel. We expect our quotation will reach you in due time and assure you of our best and prompt attention to your requirements at any time.

Your early reply will be highly appreciated.

Yours faithfully,

LI DU TEXTILE IMP&EXP CORP.

(3) Incoming Telex.

RE: COTTON BATH TOWELS

TKS FR UR LTR AUG 2 AS WELL AS SMPL CUTTINGS OF THE SUBJECT GDS. ON EXAMG UR SMPLS, OUR CSTMRS HV FND INTRST IN ART NO. G3030 N WISH TO PLACE TL ORDER FR 1000 DZ IN WHILE N YELLOW COLOR EQUALLY ASSORTED FR SHIPMT OCT/NOV. AS USUAL, OUR SIGHT IRRE-LC WL B OPND IN UR FAVOR 30 DAYS BFR SHPMT TIME. RGDS

(4) Outgoing Letter.

VANCOUVER TRADING CO. LTD

Vancouver, Canada

Dear Sirs,

Thank you for your order of August 10 for 1000 dozens COTTON BATH TOWELS.

We are now making you the following offer, subject to your confirmation reaching us not later than August 20, 1000 dozens of Art. G3030 COTTON BATH TOWELS (details as per your telex of August October).

Please not that, there is no direct steamer available for Vancouver in October, we find it only possible to ship the goods with transshipment at Hong Kong. The goods are to be packed in cartons each containing 5/10 dozen at Buyers' option.

We look forward to your early acceptance.

Yours faithfully,

LI DU TEXTILE IMP&EXP CORP.

(5) Incoming Telex.

TK U FR UR LTR AUG 11 OFR 1000 DZ COTTON BATH TOWELS ACEPTED. V R NOW ARRANGING WITH OUR BK FR RELEVANT LC. AS TO PACKG, V PREFER CTNS CONTAINING 5 DZ. PLS SEND CONTRACT ASAP.

SALES CONTRACT

Contract No. 09-110

Sellers:

Buyers:

This Sales Contract is made by and between the Sellers and the Buyers whereby the Sellers agree to sell and the Buyers agree to buy the under mentioned goods according to the terms and conditions stipulated below:

Commodity:

Specification:

Quantity:

Unit price:

Total Value:

Packing:

Shipping Mark:

Insurance:

Port of shipment:

Port of Destination:

Time of Shipment:

Terms of Payment:

Done and signed in Beijing on this 20th day of August 2009.

VII. Writing. (15%)

Directions: Write a reply to the following counter offers.

F & A

Telephone Supplies Co., Ltd.

128 Taiyoun Road, Kuala Lumpur, Malaysia

Tel: 00603 25678821 Fax: 00603 25679900 E-mail: fcy@fatele.com

March 20, 2015

Shanghai Jinyuan Import & Export Co., Ltd.

224 East Jinling Road

Shanghai, China

Dear Mr. Zhao,

  Thank you for your letter dated March 10, 2015 and attached quotation of your telephone.

  After careful examining and comparison with other brands of similar products, such as CLEAR, SNOIRE, and YOSHOYA, we found that that your price is higher than the average in the market. In order to allow us a better competing position, we shall be grateful if you could reduce your price by 5%.

  We are looking forward to hearing from you soon.

  Yours sincerely,

  F&A Telephone Supplies Co., Ltd.

  Fung Cho Yuet

试根据上述来函及信后要求，拟写还盘函。

要求：若对方订单超过 10000 美元，可给予减免 2% 的优惠

强调本公司电话机的特点，如铃声可以调节、数字不是印刷的而是刻制的、外壳材料经特殊处理经久耐摔。

参考文献

[1] 何望. 青年红色筑梦之旅社会实践案例分析[J]. 科技创业月刊, 2021, 34（8）：144-146.

[2] 张萌萌, 李满. 大学生创新创业项目申报及实施过程问题剖析[J]. 大众投资指南, 2019（17）：260.

[3] 郑金华. 大学生创新创业项目计划书写作探讨[J]. 江西电力职业技术学院学报, 2019, 32（9）：69-70, 73.

[4] 安娜. 外语专业大学生创新创业能力培养探索研究[J]. 海外英语, 2022（11）：83-34, 91.

[5] 鲜京宸. "互联网+"背景下外语类大学商科大学生创新平台建设[J]. 文学教育, 2017（2）：162-165.

[6] 商应美, 周冰, 刘馨璐, 等. 大学生创新型人才培养典型载体研究：以"挑战杯"中国大学生创业计划竞赛为例[J]. 创新与创业教育, 2015, 6（5）：34-38.

[7] 外研社. 2019"外研社·国才杯"演讲大赛冠军王嫣决赛视频CUT[EB/OL].（2019-12-17）[2023-7-31]. https://baijiahao.baidu.com/s?id=1653439067675144780&wfr=spider&for=pc.

[8] 王之圣. 大学生英语演讲比赛中修辞手法的应用和分析：以"21世纪杯"英语演讲比赛全国总决赛选手为例[J]. 校园英语, 2021（6）：241-242.

[9] 如初. 即兴演讲需注意的问题[EB/OL].（2019-4-15）[2023-11-15]. http://www.xuexila.com/koucai/yanjiang/jixing/4192354.html.

[10] 演说秀. 演讲时如何克服紧张的心理？[EB/OL].（2019-7-23）[2023-8-9]. https://zhuanlan.zhihu.com/p/74830333?utm_source=cn.wps.moffice_eng.

[11] 英语学习资源中心. 2019外研社·国才杯全国英语演讲大赛冠军！华东师范大学王嫣：Round Table[EB/OL].（2020-1-8）[2023-4-17]. https://mp.weixin.qq.com/s__biz=Mzg3ODEwNTQ4NQ==&mid=2247489975&idx=1&sn=992dd441d2769a96316808e1f62b6797&chksm=cf199f55f86e16435a154cc8ad92ff73e135bb9a5c89a456d86c477025784e128e8e465b2386&scene=27.

[12] Metisfess. 曹丰：21世纪杯全国大学生英语演讲比赛分析[EB/OL].（2018-6-12）[2023-6-17]. https://zhuanlan.zhihu.com/p/38004560.

[13] 陶曦. 英语辩论[M]. 北京：北京大学出版社, 2015.

[14] 吴明海. 英语辩论：构建全球视角（第二部分）术语的汉译实践报告[D]. 沈阳：沈阳建筑大学, 2019.

[15] 赵俐, 马淑彬. 高校辩论活动对大学生学术能力的影响研[J]. 荆楚理工学院学报, 2023, 38（2）：89-96.

[16] 陈宏薇, 李亚丹. 汉英翻译教程[M]. 上海：上海外语教育出版社, 2018.

[17] 李长栓. 非文学翻译理论与实践[M]. 北京：中国对外翻译出版公司, 2004.

[18] 谭卫国, 蔡龙权. 新编英汉互译教程[M]. 4版. 上海：华东理工大学出版社, 2015.